Kaviaar

De merkwaardige
geschiedenis en
onzekere toekomst van
de meest begeerde
delicatesse ter wereld

Kaviaar

Inga Saffron

met een woord vooraf van Jacobus Toet

TIRION

Oorspronkelijke titel: *Caviar*

Gedrukt in de Verenigde Staten

Bezoek onze website: www.broadwaybooks.com

Eerste druk 2002

Design door Donna Sinisgalli
Kaart geïllustreerd door Laura Hartman Maestro

Vertaling: Studio Imago, Eddy ter Veldhuis en Ammerins Moss-de Boer
Zetwerk en redactie: Studio Imago, Amersfoort

ISBN 9043905410

1 3 5 7 9 10 8 6 4 2

Voor Sky,
die van kaviaar houdt,
en voor Ken,
die niet van kaviaar houdt.

Inhoud

Woord vooraf

Turbulente wereld

Deze uitgave is net zo exceptioneel als de kostelijke materie waaraan zij is gewijd, kaviaar. In feite gaat het om een boeiende en uitvoerige ontdekkingsreis door de wereld van de steur, gekenmerkt door schaars geworden culinaire verrukkingen, tomeloze begeerte en meedogenloze hebzucht tegen de achtergrond van falende overheden die zelf maar al te graag profiteerden van het zwarte goud. Wat in meer dan honderd miljoen jaren niet mogelijk was, lukte in onze moderne geschiedenis bijna: het uitroeien van de steur. En nog is deze uitzonderlijke vissoort, die dinosaurussen wist te overleven, niet voor honderd procent uit de gevarenzone.

In vroeger tijden werd steur vooral gevangen voor consumptie van het vlees. De eitjes kwamen niet zelden in de varkenstrog terecht. Nadat dit 'afval' werd ontdekt als verfijnde delicatesse begon de overbevissing, zowel in Europa als Amerika. Daardoor ontstond de welhaast traditioneel geworden schaarste, die sindsdien in wisselende gradaties behoort bij de mythes rond kaviaar. Paradoxaal genoeg trad het communistische regime van de Sovjet-Unie in de vorige eeuw regulerend op om rijke kapitalisten in het westen te kunnen voorzien van regelmatige aanvoer. Na de opdeling van de USSR in vijftien staten was het hek van de dam en kwam de steur in groot gevaar, omdat de maffia zelfs explosieven gebruikte bij onafgebroken stroperijen.

Iran heeft Rusland inmiddels als vooraanstaande kaviaarproducent van de troon gestoten, zeker als het om kwaliteit gaat. Er gloort weer hoop, nu Rusland in navolging van Iran een zorgvuldig kweekprogramma opzet om de steur van de ondergang te redden tegen de achtergrond van diverse milieumaatregelen om het water in de Kaspische Zee en de daarin stromende rivieren te zuiveren.

Niettemin zal kaviaar vooralsnog een schaars product blijven, dat uitsluitend is bestemd om de gehemelten te strelen van een beperkt aantal beter gesitueerden.

Het is belangrijk dat het complete verhaal van de kaviaar nu in boekvorm is gegoten. De Amerikaanse schrijfster Inga Saffron is diep in deze materie gedoken en weet op boeiende wijze alle aspecten op een rijtje te zetten, en ze getuigt van een grote mate van kennis en deskundigheid.

Ik heb het gelezen als een spannend boek dat je moeilijk weglegt totdat de allerlaatste bladzijde is bereikt. Het is zo compleet dat het gerust kan worden bestempeld als een bijbel op kaviaargebied. Als connaisseur die al 25 jaar in dit vak zit, ervaar ik deze uitgave als een echte aanrader voor eenieder die zich wil verdiepen in de mysterieuze en turbulente wereld van de prehistorische steur en zijn kostbare nakomelingschap.

SCHEVENINGEN, SEPTEMBER 2003

JACOBUS TOET

Proloog

Dromen van kaviaar

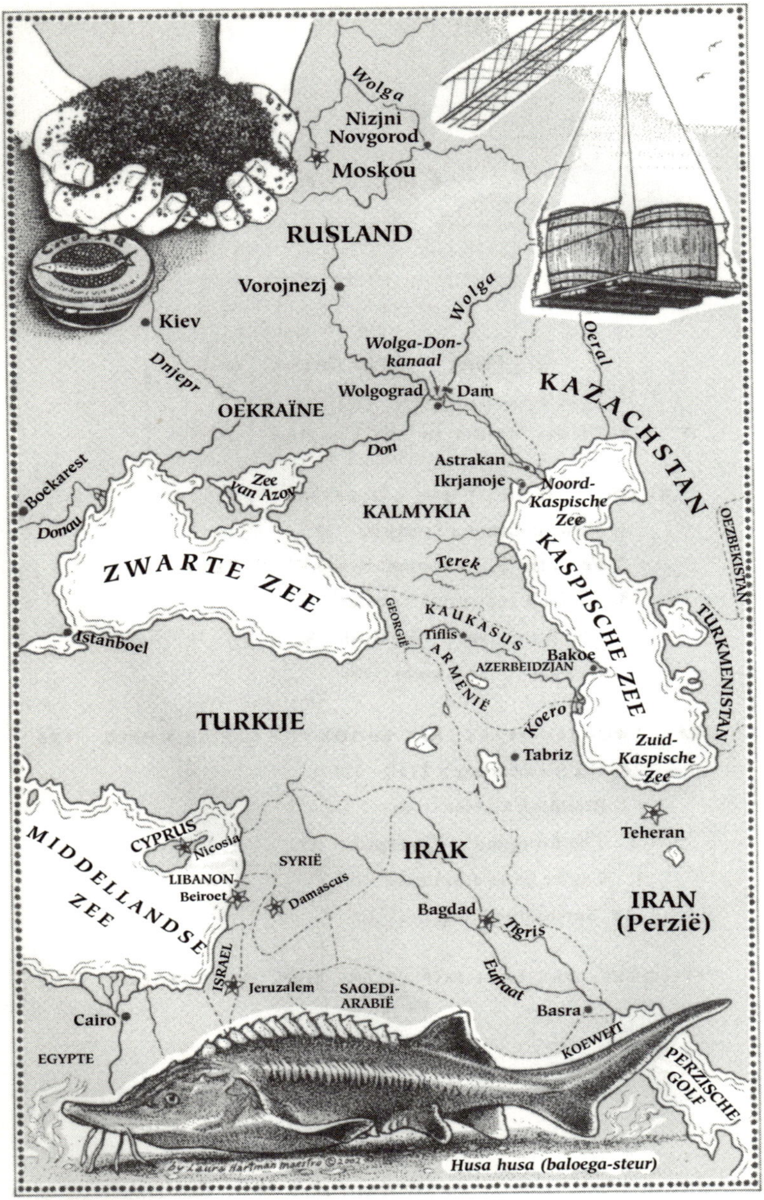
Wolga
Nizjni Novgorod
Moskou
RUSLAND
Vorojnezj
Kiev
Wolga
Oeral
Wolga-Don-kanaal
Dnjepr
Wolgograd
Dam
KAZACHSTAN
OEKRAÏNE
Don
Astrakan
Ikrjanoje
Noord-Kaspische Zee
Boekarest
Zee van Azov
KALMYKIA
Donau
OEZBEKISTAN
KASPISCHE ZEE
Terek
ZWARTE ZEE
GEORGIË
KAUKASUS
Tiflis
Istanboel
ARMENIË
AZERBEIDZJAN
Bakoe
TURKMENISTAN
TURKIJE
Koero
Tabriz
Zuid-Kaspische Zee
Teheran
MIDDELLANDSE ZEE
CYPRUS
Nicosia
IRAK
SYRIË
LIBANON
Beiroet
Damascus
IRAN (Perzië)
Bagdad
Tigris
ISRAEL
Eufraat
Jeruzalem
SAOEDI-ARABIË
Basra
Cairo
KOEWEIT
PERZISCHE GOLF
EGYPTE
Husa husa (baloega-steur)

Proloog

Dromen van kaviaar

De kuit van de Russische steur is waarschijnlijk meer bij belangrijk internationaal overleg aanwezig geweest dan alle Russische hoogwaardigheidsbekleders uit de geschiedenis tezamen. Dit ogenschijnlijk eenvoudige ingrediënt heeft zijn plaats veroverd naast parels, sabelbont, oud zilver en kopjes van Cellini.

JAMES BEARD[1]

Ik verbleef maar een paar weken in Moskou toen ik voor het eerst at wat M.F.K. Fisher[2] ooit omschreef als 'bijna genoeg kaviaar'.

Ik had, voordat ik in 1994 als correspondent voor de *Philadelphia Inquirer* naar Rusland ging, misschien een keer of twee kaviaar geproefd, maar in zeer kleine hoeveelheden. De eerste keer was als eerstejaarsstudent. Een vriend, die later mijn man zou worden, nam me mee naar een restaurant in Greenwich Village dat gespecialiseerd was in omeletten. Het was eigenlijk een tamelijk pretentieus diner, maar voor een zeventienjarige die voor het eerst in New York was leek het een elegante en volwassen maaltijd. Toen ik mijn ogen liet dwalen over de menukaart stopte ik bij de combinatie kaviaar met zure room. Tot dan toe was het nooit bij me opgekomen dat kaviaar iets was dat ik lekker zou kunnen vinden.

Toen ik echter in die stille ruimte zat, terwijl het wegebbende winterlicht op de randen van de formicatafeltjes viel en ik me afvroeg of het diner eigenlijk een date was, wist ik dat kaviaar precies datgene was dat ik wilde.

Toen de omelet arriveerde zag ik dat er een spoor van zure room langs de rand droop. Ik herinner me dat ik onder de korst van gekookte eieren een paar verspreide zwarte puntjes in de zachte eidooiers zag drijven. Van de smaak kan ik me niets meer herinneren, alleen dat ik het lekker vond. De afwezigheid van een duidelijkere herinnering heeft mijn gevoel voor kaviaar niet in het minst gekleurd. Kaviaar is niet alleen een kwestie van smaak. De glinsterende zwarte bolletjes vormen een culinaire Rorschach-afbeelding die onze diepgewortelde opvattingen over rijkdom, luxe en leven verraadt.

Hoewel ik jarenlang geen kaviaar meer at, stond het voor mij voor het Russische voedsel bij uitstek, zoals ik dat tenminste uit de negentiende-eeuwse romans had begrepen. Toen ik in Moskou opnieuw kaviaar proefde, voelde het alsof ik in elk eitje het hele universum van de teloorgegane literaire salons van St. Petersburg en de landgoederen kon proeven, op dezelfde manier als een hamburger van McDonald's de Russen een tijdelijke kennismaking biedt met het leven in de Amerikaanse voorsteden. In Amerika was kaviaar een abstract begrip geweest. In het begin van de jaren negentig werd er overal in Moskou kaviaar verkocht, zelfs door de straatventers. Ik kon er maar geen genoeg van krijgen.

Aanvankelijk kocht ik mijn kaviaar in een luxe supermarkt op de Arbat[3]. De stoffige potjes die nog altijd het stempel droegen van de niet langer bestaande USSR, waren kort ervoor verplaatst naar een schap ergens achter in de zaak. Op hun plaats stonden nu kunstige piramides van Lipton-thee, Europese chocolaatjes en andere mysterieuze importartikelen die in die tijd door Russen werden beschouwd als het toppunt van beschaving. Kaviaar was echter het enige product in de hele winkel dat me interesseerde. Toen ontmoette ik Magomed.

Magomed kwam uit Magatsjkala, een havenstad in Dagestan aan de Kaspische Zee, in het zuiden van Rusland, waar de meeste steur, de vissen die de kaviaar produceren, voorkomen. Hij was een donkere pezige man, die altijd in trainingspak, licht bezweet en ongeschoren bij me aan de deur kwam, alsof hij de nacht met een reizend voetbalteam in de trein had doorgebracht. Een paar weken nadat ik in Moskou was gaan werken, belde hij me voor het eerst op. Hij was altijd nerveus als het om bellen ging, zoals veel mensen in Rusland. Hij sprak zijn naam supersnel uit, alsof we oude bekenden waren. Het zou beter zijn als hij bij mij op kantoor langs zou komen, siste hij. Dit vond ik niet ongewoon. Hele generaties buitenlandse correspondenten voor me waren zomaar uit het niets aangeklampt door dissidenten, spionnen, excentriekelingen en andere mysterieuze lieden die verhalen te vertellen hadden.

Magomed arriveerde met twee flinke plastic tassen in plaats van een verhaal. Het verhaal moest ik later zelf schrijven. Hij grijnsde toen hij een groot blauw blik uit zijn tas tevoorschijn haalde en het op mijn bureau neerlegde voor inspectie. Even werd ik afgeleid door zijn goudgelakte mond vol tanden. Ik dacht dat er in het blik Deense boterkoekjes zaten, die toen een ware rage vormden in Moskou, tot mijn ogen vielen op de bekende woorden *Malosol* en *Russkaja Ikra* – mild gezouten Russische kaviaar. Met het zwierige gebaar van een chef-kok schoof Magomed het deksel van het blik. In het blik was een laag glanzende zwarte kaviaar te zien. Het was meer kaviaar dan ik ooit in mijn leven was tegengekomen.

Tegen die tijd was mijn Russische assistente binnengekomen om te zien wat er gaande was en ze bleef stilstaan toen ze zag wat er op het bureau stond. Magomed spoorde ons aan de kaviaar te proeven. We namen een paar theelepeltjes en vielen aan. Ik rolde de eitjes over mijn tong en liet een paar van de gespannen bolletjes per keer knappen, hopend de smaak zo lang mogelijk vast te houden. De zoutige, boterige rijkdom vulde mijn mond met een welhaast nucleaire intensiteit. Nieuwe en andere smaken doemden in explosieve uitstortingen op toen de aanvankelijk vissige smaak plaats maakte voor complexere smaken en aroma's. Het deed me denken aan andere volle smaken als olijven, pijnboompitten en gerookte zalm. Dit was echter vooral een fysieke sensatie, de manier waarop de stevige omhulsels van de eieren meegaven en knapten tussen mijn tong en verhemelte.

Ik besefte dat kaviaar iets was dat je in je mond ervoer, niet in je maag. Vergeleken met de kaviaar van Magomed was het spul dat ik op de Arbat had gekocht waardeloos, even smakeloos en futloos als drilpudding.

Zo kocht ik dus mijn eerste kilo kaviaar van een smokkelaar. Ik gaf Magomed voor het blik 125 dollar in Amerikaanse bankbiljetten. Later liep de prijs op tot 150 dollar voor een kilo – ik wist dat dit een schijntje was vergeleken met de prijs die Amerikanen ervoor betaalden in speciaalzaken, waar de potjes in de palm van je hand pasten en werden uitgestald als juwelen op geschaafd ijs. Mocht ik ooit de moeite hebben genomen om Magomed te vragen waar zijn kaviaar vandaan kwam of hoe hij het naar Moskou vervoerde, dan was ik ongetwijfeld al tevreden geweest met het vaagste antwoord.

Die eerste avond at ik lepels vol kaviaar. Als avondeten hadden we kaviaar met blini's[4] en zure room. 's Ochtends smeerde ik kaviaar op het geroosterd brood van mijn twee jaar oude dochter. Zelfs mijn echtgenoot, een fervent vishater, voelde zich gedwongen mee te doen. Als er vrienden in ons appartement op bezoek kwamen liet ik crackers opgehoopt met kaviaar rondgaan. Als we niet het hele blik hadden opgekregen voor Magomed weer langskwam, voerde mijn schoonmaakster de kliekjes aan haar kat.

We waren bij lange na niet de enige buitenlanders die smachtten naar kaviaar. Magomed en zijn kameraden hadden een exemplaar van een telefoonboek waarin de nummers van alle buitenlanders in Moskou stonden, en ze gingen de lijst even systematisch af als een Amerikaans telemarketingbedrijf. Op dineetjes bij buitenlanders thuis kwam de gastvrouw steevast uit de keuken met een groot blik kaviaar van Magomed, een andere met zure room en een enorme stapel blini's. De gasten deden zich dan te goed aan de kaviaar en zure room tot ze vol waren. Een correspondent die we kenden, was zo geobsedeerd dat hij in de lunchtijd even snel naar huis ging om kaviaar direct uit het blik te eten, alsof het pindakaas was.

Tegen deze tijd begon kaviaar ook op grote schaal in het voedingbewuste Amerika door te dringen. Kaviaar was in Amerika altijd verkrijgbaar geweest in speciaalzaken, maar het kostte enige moeite en kennis om de kaviaar te vinden. Die situatie veranderde kort nadat de Sovjet-Unie en haar handelsbeperkingen in 1991 ophielden te bestaan. In de grote steden van de Verenigde Staten openden kaviaarwinkels hun deuren. De verkoop van kaviaar werd onmiddellijk een commerciële handel. De blikken en potten werden ostentatief in etalagezuilen tentoongesteld. Je nam de prijslijst door en maakte je keuze. Een verkoper wikkelde je kaviaar dan in een ijszak en overhandigde het in een kleine winkeltas, vaak met het logo van de winkel erop. Al spoedig kon je redelijk goede Russische kaviaar krijgen op vliegvelden, via het internet en zelfs in supermarkten in de voorsteden. Je kon ook veel dikke zwarte gelei krijgen. Soms hoorde je mensen in de trein praten over de hoeveelheid kaviaar die ze voor oudjaar bestelden en soms kwam je advertenties voor kaviaar tegen in het culinaire deel van de krant. Mensen uit de middenklasse zagen in kaviaar een aristocratische luxe die ze zich konden veroorloven.

Het was een prachtige fantasie zolang deze nog opgeld deed. De werkelijkheid was dat kaviaar nooit was bedoeld als een delicatesse voor de grote massa, even gemakkelijk te krijgen als een doos chocolade. Steur, de prehistorisch aandoende vis die de felbegeerde zwarte kuit produceert, is een groot log dier, door de natuur slecht uitgerust voor een tijdperk van industriële bevissing. Ze zijn ongelofelijk gemakkelijk te vangen in de speciale grote netten van de vissers die werken op de rivieren die uitkomen op de Kaspische en Zwarte Zee. Als je een vrouwtje vangt, dan neem je niet alleen een buik vol kaviaar mee naar huis, maar vernietig je de toekomst.

De mystiek van kaviaar is het resultaat van zijn intense smaak, de hoge prijs en vooral de beruchte schaarste. Deze reputatie wakkert ons verlangen alleen nog meer aan. In onze gedachten blijft het een hapje van de tsaren. In de hele wereld hoef je alleen maar 'kaviaar' te zeggen om het fenomeen van aristocratische decadentie aan te geven. Deze associatie is zo sterk in ons collectief geheugen verankerd dat Russische kaviaar gedurende zeven decennia communistisch bewind een luxeproduct bleef.

IN HET MOZAÏEK van de Russische cultuur is kaviaar slechts een klein stipje. Als eenvoudig gerecht, waarbij zout door de eitjes van de steur wordt gemengd, prijkt kaviaar al minstens een millennium regelmatig op de eettafels van Rusland. Misschien omdat de Russen hun identiteit door de lens van de zwarte bolletjes bekijken, hebben ze de delicatesse een groot deel van hun geschiedenis gierig verborgen gehouden. Ze controleerden de handel in kaviaar met een ijver die de geldelijke waarde voor de natie ver te boven ging. Meer dan vier eeuwen lang bepaalde de Russische staat hoeveel steur er mocht worden gevangen, hoeveel kaviaar er mocht worden gemaakt en hoeveel ervan in het buitenland mocht worden verkocht.

Het sovjetsysteem stond erom bekend dat het niet in staat was om fatsoenlijke televisie te produceren of de nationale behoefte aan worst goed in te schatten, maar op een of andere manier was het wel in staat om een kartel op te richten dat deze culinaire delicatesse produceerde en afzette bij een selecte rijke westerse cliëntèle. Samen met Iran controleerde de Sovjet-Unie gedurende het grootste deel van de twintigste eeuw de wereldhandel in kaviaar. Hoewel ze niet bepaald milieuvriendelijk waren, hielden de sovjets de steur op een wijze die verlicht lijkt in vergelijking tot de huidige destructieve visserij. Dankzij de communisten bleef kaviaar een delicatesse voor enkele gelukkigen.

Met het uiteenvallen van de Sovjet-Unie in vijftien aparte staten stortte ook het gedisciplineerde kartel ineen. Vandaag de dag grenzen vijf landen aan de Kaspische Zee, die alle niets liever doen dan geld uit de rivier te wringen. Rusland is niet langer in staat om een staatsindustrie in kaviaar te leiden. De verwerkingsfabrieken en de boten zijn goedkoop van de hand gedaan aan plaatselijke ondernemers – of, afhankelijk van je opvatting, de maffia. In de regio rond Astrakan, die sinds de zestiende eeuw het centrum van de Russische kaviaarproductie is, is iedereen die een lijn met een haakje in de rivier laat zakken feitelijk een producent van kaviaar. Zij, die azen op steur, zijn vaak werkloze mannen die in wezen geen andere keus hebben dan de vis uit het water te stelen.

ONDER DE DEKKING VAN DE NACHT gaan ze het water op en dromen ervan de jackpot te winnen en niet gewoon een steur te vangen, maar eentje die bol staat van de eieren. Als ze geluk hebben krijgen ze voor een nacht werk twintig dollar, in de Russische provincies een groot bedrag.

Het is moeilijk precies na te gaan wanneer kaviaar niet langer het pièce de résistance was op de eetfeestjes in Moskou. De tijd tussen de telefoontjes van Magomed werd steeds langer, en tijdens een verblijf in Azerbeidzjan, dat aan de Kaspische Zee ligt, voorspelde een mistroostige medewerker van de Verenigde Naties die ik interviewde, dat wij de laatste generatie zijn die kunnen genieten van de smaak van kaviaar. Die bewering leek mij destijds sterk overdreven. Er is genoeg te koop in Moskou, wierp ik tegen. 'Ja, en hier doet kaviaar dertig dollar per kilo op de markt. Dat is het probleem', zei hij. In de ontwrichte wereld van na de Sovjet-Unie was niemand verbaasd dat iets wat zo schaars was, zo goedkoop werd aangeboden.

Kaviaar was ineens mijn leven binnengekomen, maar de delicatesse verdween veel geleidelijker. Ik at niet meer regelmatig kaviaar, maar ik bleef erover nadenken. Voor korte tijd deed kaviaar ons geloven dat we allemaal aristocraten waren. Ik wilde niet geloven in een wereld zonder kaviaar. Slechts vijf jaar later leek deze mogelijkheid helemaal niet onwaarschijnlijk. Het werd tijd het verhaal te vinden dat Magomed me nooit had verteld, uit te zoeken waar deze delicatesse vandaan kwam, en of er nog iets zou overblijven voor de kinderen van mijn dochter.

1 Culinair schrijver, ook wel 'de vader van de Amerikaanse gastronomie' genoemd (1903-1985).

2 Mary Frances Kennedy Fisher, Amerikaanse culinair recensente en schrijfster (1908-1992).

3 Fameuze wandel- en winkelstraat in Moskou.

4 Pannenkoekjes van boekweitmeel.

Inleiding

Crisis in de Kaspische Zee

Inleiding

Crisis in de Kaspische Zee

Het ligt in de aard der dingen dat de fantastische kaviaar zeldzaam is, anders voldoet het niet aan zijn functie.

MAGUELONNE TOUSSAINT-SAMAT[1]
A HISTORY OF FOOD

De Russische dichter Velimir Chlebnikov[2] klaagde eens in een brief aan zijn avant-gardistische kring in St. Petersburg dat hij van zijn stad Astrakan hield, met uitzondering van de hitte, de provinciale onverschilligheid voor literatuur en met name 'het feit dat alles hier om vis draait'. Toen Chlebnikov de tekortkomingen van de stad in 1913 opsomde, moeten zijn vrienden hebben begrepen dat de vis in kwestie de steur was, en dat in Astrakan alles draaide om kaviaar.

Tegenwoordig waait de hete steppewind 's zomers nog altijd over Astrakan, en nog steeds is in de stad geen fatsoenlijke boekwinkel te vinden, maar de scherpe vislucht waar Chlebnikov zo slecht tegen kon, is merkbaar afwezig. Aan de kades langs de Wolga, waar de kaviaarbereiders de reusachtige steur die wanhopig naar lucht hapte altijd opensneden, is geen spoor over van de oude houten pakhuizen die voor de Russische revolutie werden bestierd door beroemde namen als Dieckmann & Hansen uit Hamburg, of Romanoff uit New York.

De sovjetplanologen verplaatsten het smerige zaakje lang geleden uit het zicht, en tegenwoordig zijn de oevers van de Wolga omzoomd door een sierlijke promenade. Deze verbeteringen zouden Chebnikovs gevoel voor ironie zeer hebben aangesproken, vooral omdat de familie van de dichter in de negentiende eeuw een van de meest prominente kaviaarhandelaren voortbracht. Je wacht er niet meer op de ondiepe schuiten die met spartelende vissen arriveren; tegenwoordig zie je er een hoop door hormonen gedreven pubers over de promenade slenteren, in dezelfde richting als de steur ooit nam om verder stroomopwaarts kuit te schieten.

Gelukkig is het de sovjets nooit gelukt al het leven uit Astrakan weg te poetsen of het kloppende hart van een natuurlijke handelsvestiging volledig stil te zetten. Astrakan was ooit een belangrijke pleisterplaats op de Zijderoute, waar Chinese konvooien en Venetiaanse kooplieden marchandeerden over exotische waren. Het witgeverfde Kremlin[3], dat door Ivan de Verschrikkelijke werd gebouwd, staat nog altijd boven de oude stad. Het wordt gesteund door stenen die werden meegenomen uit de paleizen van de Gouden Horde in Sarai, de schitterende hoofdstad die door Batoe Khan werd gebouwd, de Mongoolse krijgsheer die in de dertiende eeuw heerser over Rusland was. De hoofdstraat van Astrakan loopt geleidelijk af naar de Wolga, en de burgerlijke flatgebouwen in de moderne stijl van de twintigste eeuw maken plaats voor solide negentiende-eeuwse koopmanshuizen versierd met houtsnijwerk, overblijfselen uit het vorig bestaan van de stad als centrum van de wereldhandel in kaviaar.

Op een avond in mei haastte ik me met mijn vriendin Mira naar de promenade om mee te doen met het flaneren. We hadden amper een paar stappen langs de rivier gelopen, toen we beiden werden overweldigd door de onweerstaanbare geur van geroosterd eten. De geur steeg op van de openluchtrestaurants langs de kade.

'Het is sjasliek van steur', verklaarde Mira met glimmende ogen. Sjasliek is een Slavische variant op kebab, waar Russen dol op zijn, vooral als er sprake is van dikke stukken goudkleurige steur.

We liepen het eerste restaurant binnen dat we tegenkwamen. Mira stopte om de bediende aan de grill te vragen of hij steur serveerde.

'Nog niet', mompelde hij en draaide zich weer om naar zijn rijen kebabs van varkens- en lamsvlees. Het vet droop in de barbecue, die de vorm van een doodskist had.

'Wat bedoelt u met "Nog niet"? Is het steurseizoen nog niet aangebroken?' hield ze vol, omdat ze heel goed wist dat dit het hoogtepunt was van de trek van de lentesteur, als de volwassen vissen de Kaspische Zee verlaten en de Wolga opzwemmen om hun kostbare eieren te leggen. Mira was professor linguïstiek aan een hoogstaande universiteit in Moskou en hield erg van sjasliek, daarom leek het of ze een professionele verplichting voelde om de semantische dubbelzinnigheid van de restaurantbediende te onderzoeken.

'Misschien krijgen we hem later', antwoordde hij. Hij keek ons nu aan. Zijn karamelkleurige huid en zwarte haar duidden erop dat hij behoorde tot een van de etnische minderheden die Zuid-Rusland bevolken, misschien een Armeniër of een Azeri. Hij knipoogde en toonde een glimlach vol Kaukasisch goud. 'Goed dan, kom over twintig minuten maar terug', zei hij.

We praatten na over deze mysterieuze houding terwijl we verder wandelden en wachtten. Waarom zo moeilijk doen? We probeerden alleen maar de plaatselijke specialiteit in een restaurant te bestellen, maar het voelde alsof we bezig waren een drugsdeal te sluiten. Misschien was dit stiekeme kom-later-maar-weer logisch geweest als we om kaviaar hadden gevraagd. De internationale kaviaarhandel was een zeer lucratieve en grote zwarte handel geworden in de jaren dat het monopolie van de sovjets verdween. Maar wie wilde er buiten Rusland nu vlees van de steur? We wisten dat de visstand van de steur in de Kaspische Zee te lijden had onder de voortdurende stroperijen, maar de vis werd nog in heel Rusland geserveerd.

Toen we de tuin van het restaurant een halfuur later naderden, duwde Dima, de man die stond te grillen, ons naar een tafeltje achteraf, beschaduwd door een bladerrijke boom. Vooraan kweelde een kleine zangeres met duidelijk Mongoolse trekken Russische popdeuntjes met een band mee, terwijl een groep vrouwen op hoge hakken loom tussen de tafels doorliep, alsof ze werden betoverd door een slangenbezweerder. Er werden twee borden met een grote hoop uiringetjes geserveerd. Ik maakte een kuiltje in de uien en ontdekte blokjes goudbruine steur onder alle uien. Ik proefde. Onder de knapperige korst bevond zich botermals, zacht en zoet vlees, een tegenhanger van een heerlijk runderlapje in zeebanket. Ik was verbaasd dat een bedreigde diersoort zo lekker kon zijn.

We dronken net ons bier op toen Dima langskwam om te zeggen dat we hem apart voor de steur moesten betalen. Terwijl we hem het equivalent van acht dollar gaven, vroegen we waarom hij eerder zo terughoudend was. We hadden nu al door dat onze maaltijd was bereid met steur van de maffia, gevangen door stropers. Maar Dima lachte onze vragen gewoon weg. Het werd tijd dat we toegaven aan onze ware drijfveer. Ik vroeg of Dima ons met deze stropers in contact kon brengen.

Zijn gezicht betrok. 'Die barbaren', ziedde hij en we verbaasden ons over zijn beschuldigende toon. 'Weet je dan niet dat ze de steur al hebben vernietigd? Het duurt niet lang of er is geen steur meer.' Hij liep weer naar zijn barbecue, nog altijd chagrijnig kijkend vanwege dat vooruitzicht, maar wel bereid mee te doen aan de vernietiging van de steur.

DIMA HAD gelijk wat de toekomst van de steur betreft. Na een decennium van economische wanorde in Rusland, verkeerde de Kaspische steur in ernstige moeilijkheden. Jarenlang hadden wetenschappers gewaarschuwd voor het feit dat de steur dreigde uit te sterven door kaviaarstropers en ongecontroleerde bevissing. De Russische ambtenaren negeerden de raad of beweerden dat de voorraden nog altijd overvloedig genoeg waren om een beperkte hoeveelheid commerciële bevissing toe te staan.

Het lijdt geen twijfel dat er wereldwijd meer kaviaar werd geconsumeerd dan ooit. En al werd het vlees van de steur in de restaurants van Astrakan onder de toonbank verkocht, kaviaar stond gewoon in de koelschappen van de westerse supermarkt. Toen ik in de lente van 2000 in Moskou was, lukte het me om een potje van honderd gram zeer goede *osetra*[4] te kopen voor twaalf dollar in een luxe supermarkt in Zwitsers eigendom. Mijn Russische vrienden berispten me, omdat ik volgens hen te veel had betaald. In Astrakan, het epicentrum van de internationale kaviaarhandel, begon men echter steur en kaviaar te beschouwen als iets uit het verleden. Op dezelfde avond dat Mira en ik op jacht gingen naar een sjasliek van steurvlees verzamelde zich een enorme menigte bij een openluchtconcert, gesponsord door een Russische oliemaatschappij, om de oliespuiter in de wateren bij Astrakan te vieren. De mensen vertelden ons dat alles in Astrakan nu om olie draaide, de nieuwe bron van rijkdom uit de Kaspische Zee.

Ooit was kaviaar de bron van de welvaart van Astrakan. Steur komt op de hele noordelijke hemisfeer voor, maar nergens in zulke hoeveelheden en in zo'n verscheidenheid als in de Kaspische Zee. Het licht zoute water bevat een geconcentreerde soep van steur, waaronder de drie soorten die het meest gewild zijn om hun eieren: de beloega, de Russische steur en de Stellatus of spitssnuitsteur. Deze grote grijze dieren worden gekenmerkt door golvende scherpe kammen die schubben worden genoemd en over de ruggengraat en langs de zijkant lopen, sterk aflopende snuiten en vleesachtige lippen die zich aan de onderkant van de kin bevinden. Ze zien er even prehistorisch uit als ze daadwerkelijk zijn. De steur is sinds de tijd van de dinosaurussen amper veranderd.

Elke lente verlaten deze prehistorische vissen de Kaspische Zee en beginnen ze hun gevaarlijke tocht de zijrivieren op om kuit te schieten. Tijdens deze reis vormen ze een gemakkelijke prooi voor de duizenden vissers die langs de oevers staan te wachten. Sommige steuren zwemmen de Wolga op in de richting van Astrakan, andere zwemmen in oostelijke richting naar de rivier de Oeral in Kazakstan, of naar het westen, de Koera in Azerbeidzjan op. Welke route ze ook nemen, overal zijn vissers die hun enorme netten als drijvende hekwerken door het water trekken in de hoop een rijp vrouwtje te vangen met een buik die een fortuin aan eieren bevat.

Niet alle steureitjes zijn gelijk. Elke soort produceert zijn eigen karakteristieke kuit. De grijze eieren van de beloega zijn bijna zo groot als kogellagers en hebben een boterachtige smaak. Ze kosten meer dan andere soorten. De Russische steur levert iets kleinere eieren, maar met een intensere smaak. Deze eieren worden osetra genoemd. De slanke, gestroomlijnde spitssnuitsteur produceert de zoute speldenknopeitjes die sevroega worden genoemd. De Russen houden ook van de kleinkorrelige kuit van andere steursoorten uit de Kaspische Zee, bijvoorbeeld sterlet en Shipp, al worden deze maar zelden in het Westen verkocht. Veel van de zevenentwintig soorten steur kunnen worden gebruikt om uitstekende zwarte kaviaar te maken.

Gedurende de negentiende eeuw kwam het leeuwendeel van de kaviaar op de wereld niet uit de Kaspische regio, maar uit de rivieren die uitkomen op de Atlantische oceaan. In de zomer van 1913, toen Chlebnikov zichzelf naar Astrakan verbande, had de drukke Kaspische havenstad nog maar net de rivier de Delaware in New Jersey ingehaald als de belangrijkste bron ter wereld voor kaviaar van de steur. Tot dan toe had de kuit van de Atlantische steur en de schoffelneussteur de meeste kuit ter wereld geleverd, al bereikte deze nooit de kwaliteit van de Kaspische soorten. Toen de Amerikaanse wateren waren leeggevist, trokken de kaviaarbedrijven naar de riviermonding van Astrakan om aan de Europese vraag naar kaviaar te kunnen voldoen. Al snel hadden ze inmakerijen en vloten vissersboten verworven.

Tegen de tijd dat de communisten in 1917 de macht grepen was Astrakan de belangrijkste producent van kaviaar in de wereld geworden. De communisten nationaliseerden de familiebedrijven die kaviaar maakten. Ze waren echter onervaren en de kaviaarproductie slonk dramatisch. De delicatesse leek dezelfde weg op de gaan als de dynastie van de Romanovs. Toen de communisten echter eenmaal de productie van kaviaar onder de knie kregen, keerde de handel terug op het oude niveau en had ook dezelfde klanten als voor de revolutie. De sovjetregering centraliseerde de productie tot een massief, maar desalniettemin verbazingwekkend efficiënt staatsmonopolie dat de hoge eisen van kwaliteitscontrole handhaafde. Te midden van alle politieke veranderingen die op de ineenstorting van de Sovjet-Unie in 1991 volgden, werd er maar weinig aandacht geschonken aan de gelijktijdige ineenstorting van de staatsbedrijven die kaviaar produceerden. Binnen een jaar was de handel in handen van particuliere bedrijven, alsof het communistische regime een korte onderbreking was geweest. De boten en verwerkingsmiddelen van de staat werden verdeeld onder een nieuwe generatie van particuliere Russische producenten, die er allemaal van overtuigd waren dat er nog genoeg steur in de zee zwom.

JEVGENI APTJEKAR was een van die optimisten. Hij belandde halverwege de jaren negentig bij toeval in de kaviaarhandel, nadat hij zijn baan in de assemblage was kwijtgeraakt. In heel Rusland sloten de fabrieken en het was hem duidelijk dat hij iets anders moest gaan zoeken, alleen wist hij niet wat. Hij was nog in de twintig, slank en blond, met pafferige trekken en fonkelende blauwe ogen. Hij probeerde eerst te werken als pendelende venter en reisde naar bijvoorbeeld Turkije en Dubai om goedkope consumptiegoederen in te kopen en deze, terug in Rusland, te verkopen.

Na een paar reizen in het buitenland besloot Jevgeni dat de pendeldienst de moeite niet loonde. Hij besefte dat hij dichter bij huis beter werk kon vinden. Op slechts een paar flats van zijn woning in Astrakan vandaan bevond zich een kaviaarfabriek, die de omwentelingen had overleefd en nog altijd het enige Russische product leverde waarnaar de wereld smachtte. Hij kocht een paar blikken, nam ze mee in de trein naar Moskou en verkocht alle kaviaar binnen een dag. In de loop van de tijd legde hij een lijst aan van buitenlandse klanten, zag hij af van de lange treinreis naar Moskou en begon de kaviaar rechtstreeks vanuit Astrakan naar distributeurs in Europa en Amerika te verschepen.

Tegen het einde van de jaren negentig was Jevgeni een legale en erkende groothandelaar in kaviaar. Zijn bedrijf Karon-TM Ltd. produceerde en verpakte zijn eigen kaviaar.

Toen zijn zaak steeds groter werd ging Jevgeni zich geleidelijk met alle aspecten van kaviaarproductie bemoeien. Hij kocht een vloot, een verzameling netten en tweedehands gereedschap om de kaviaar in te blikken. Vervolgens huurde hij vissers in om de Wolga af te struinen naar steur. Zijn bedrijf had 350 mensen in dienst in de regio rond Astrakan. Jevgeni verhuisde zijn kantoor naar een oude koopmanswoning in het hartje van Astrakan. Hij liet een van zijn vroegere kameraden uit de assemblage airconditioning installeren om de verzengende zomers in Astrakan dragelijk te maken. Hij decoreerde zijn kantoor met een verzameling antieke samowars[5]. De zaken gingen zo voorspoedig dat Jevgeni het zich kon veroorloven zijn beide dochters naar een internaat in Engeland te sturen. Na een decennium in de kaviaarhandel had hij een enorm belang in het overleven van de steur.

Ik had van westerse zakenlieden goede dingen gehoord over Jevgeni, en toen ik hem in Astrakan ontmoette, begreep ik waarom ze hem mochten. Anders dan veel Russen die na 1991 in de handel gingen, nam hij geen voorbeeld aan de personages uit *The Godfather* – geen gouden kettingen, geen bodyguards met dikke nekken en geen maffiahouding. Toen ik zijn kantoor binnenkwam, droeg hij een gebleekte Levi-spijkerbroek en een wit overhemd zonder kraag en was hij druk doende gegevens in een computer in te voeren.

Voor veel westerse importeurs was de kaviaarhandel uiterst riskant geworden. Ze werden onafgebroken door hun Russische leveranciers te grazen genomen, bijvoorbeeld doordat ze verse beloega beloofden en vervolgens zure sevroega leverden. Je kon op die manier snelle winst maken, maar Jevgeni had al lang geleden besloten dat hij voorgoed in de kaviaar zou blijven werken. Hij geloofde dat de beste manier om zijn westerse klanten te behouden, was ze te geven wat ze wilden hebben.

Zelfs met de allerbeste bedoelingen was dat in Rusland niet erg gemakkelijk. Verschepingen werden bij de douane vastgehouden en de inspecteurs moesten worden omgekocht. Bureaucraten deden er weken over om zijn cargolijsten te verwerken. Toch leerde Jevgeni hoe hij met ze om moest gaan. Tot zijn regelmatige klandizie behoorde Dieckmann & Hansen, het grootste kaviaarhuis van Duitsland, en Caviarteria, een snelgroeiend bedrijf uit New York.

In Astrakan was Karon nog altijd een kleine producent die probeerde groter te worden. 'Je kunt als handelaar maar korte tijd overleven. Je moet je zaak uitbreiden als je wilt overleven', zei Jevgeni. Tegen de lente van 2000 maakte hij plannen om een klein verkoopkantoor in New York op te richten. Net toen zijn bedrijf klaar was om uit te breiden, kondigde de Russische regering aan dat de kaviaarhandel aan banden zou worden gelegd.

In de chaotische tijd aan het begin van de jaren negentig werd praktisch alles in Rusland te koop aangeboden. Iedereen kon vissen op steur en iedereen kon kaviaar exporteren. Zo is Jevgeni begonnen. Deze laissez-faire had echter zijn tol geëist in het bestand van de Kaspische steur. Op aandringen van de milieuactivisten in de wereld stemde Moskou erin toe de bevissing te reguleren. Jevgeni kreeg te horen dat alle kaviaarproducenten een vergunning moesten kopen om hun kaviaar in het buitenland te mogen afzetten. In het buitenland deed een pond steur wel $500, anno 1996 tienmaal zoveel als de prijs in Rusland.

Dit was nog maar de eerste van vele nieuwe bepalingen. Aan het begin van het visseizoen in de lente van 2000 besefte de Russische regering dat de exportvergunningen niet voldoende waren om het stropen tegen te gaan. Moskou zou ook de bevissing moeten beperken. Jarenlang hadden wetenschappers er bij Moskou op aangedrongen om realistische vangstlimieten in te stellen, die gebaseerd waren op het werkelijke steurbestand. Jevgeni vernam dat de Russische wetenschappers de totale vangst hadden vastgelegd op slechts vijfhonderd ton. De vangst zou worden verdeeld over een paar grote kaviaarproducenten, die bij een staatsverkoop een bod moesten doen op een deel van het totaal. De winnaars kregen een quotum op basis van hun deel.

Jevgeni was vastbesloten een deel van de vangst in de wacht te slepen. Zonder zijn wettelijke quotum zou hij werkeloos zijn. Op de dag van de verkoop deden alle grote producenten een bod. Jevgeni zette hoog in. Hij vond dat hij zijn bedrijf te groot had gemaakt om zomaar op te geven. Om er zeker van te zijn deed hij ook een bod op een aandeel in de vangst van Turkmenistan. Turkmenistan, dat aan de oostkust van de Kaspische Zee ligt, had zich ook bereid verklaard om dergelijke maatregelen te nemen. Beide pogingen van Jevgeni hadden succes en hij kreeg twee vangstquota. Zijn bedrijf was nu een van de slechts twaalf producenten die legaal mochten vissen op de migrerende Kaspische steur. Jevgeni meende dat zijn beide aandelen hem tot de top van kaviaarproducenten zouden tillen.

Tegen mei 2000, halverwege het voornaamste visseizoen, waren de vooruitzichten van Jevgeni veel minder gunstig. Hij kreeg geen recordverkoop en het gevoel bekroop hem dat hij een vreselijke blunder had begaan. Hij vertelde me dat hij zich zorgen begon te maken of hij wel in staat zou zijn voldoende steur te vangen om de kosten van zijn investeringen in de vangstquota weer terug te verdienen. Iedereen wist dat de nieuwe bepalingen van de regering het stropen niet hadden doen stoppen, toch was hij verbaasd dat zijn dagelijkse vangst dermate was geslonken. Hij verkeerde nog niet in paniek. Het was hem echter niet ontgaan dat zijn grootste concurrent, het bedrijf Russkaja Ikra, al zijn werknemers van de verwerkingsfabriek naar huis had gestuurd omdat er geen kuit was om in te blikken. Jevgeni hoorde ook geruchten dat een Armenisch kaviaarbedrijf, dat in Astrakan was gevestigd, problemen had om zijn quota te vullen. Elke dag ontving Jevgeni de dagelijkse vangstberichten van zijn visstations aan de Wolga. De aantallen waren vreselijk. Jevgeni besefte dat ook hij, tenzij de toestand verbeterde, niet in staat zou zijn om zijn quota te halen.

Jevgeni wist dat er een manier was om het verschil goed te maken, maar het was niet helemaal legaal. Zijn vissers mochten alleen vissen op steur die de Wolga opzwom. Aangezien steur slechts eenmaal om de zoveel jaren kuit schiet, zwommen nog voldoende volwassen vissen in de Kaspische Zee. Jevgeni vond dat de regering hem moest toestaan om het verschil goed te maken door hem op de Kaspische Zee te laten vissen, omdat hij toch al had betaald voor zijn deel van de steurvangst. Eerst zou hij echter moeten praten met de wetenschappers van het Kaspische Visserij Onderzoeksinstituut. Zij waren degenen die de populatie van de Kaspische steur in de gaten hielden en de vangstquota's vaststelden. Alleen zij waren in staat om het vissen in de zee legaal te maken.

Bij toeval had ik al een afspraak met een van de grootste specialisten van het instituut op het gebied van de steur, Raisa Chodorevskaja. Ik was haar naam in tientallen wetenschappelijke artikelen over de Kaspische steur tegengekomen en wilde haar graag ontmoeten.

Het Kaspische Visserij Onderzoeksinstituut werd opgericht ten tijde van de negentiende-eeuwse kaviaarkoorts in Astrakan en het was opgenomen geweest in het ambitieuze wetenschappelijke programma van de Sovjet-Unie. Zoals alle onderzoeksinstituten van de sovjets maakte ook dit instituut een moeilijke tijd door. De hal was donker toen Mira en ik halverwege de ochtend arriveerden, en op de tast zochten we onze weg door de onverlichte gangen naar het kantoor van Raisa. Ze wachtte op ons in een grote kale kamer met een oud houten schoolbureau. Zoals zoveel Russische wetenschappers werkte ze zonder het gemak van een computer. Raisa was een warme vrouw met brede heupen en een breed gezicht, met een natuurlijke neiging om haar bezoekers te bemoederen. Ze gebaarde ons naar binnen terwijl ze op zoek ging naar een paar stoelen.

Raisa had meer dan dertig jaar gewijd aan het volgen van de Kaspische steur. Ze was de eerste wetenschapper die de sterke afname in de vangst aan het begin van de jaren negentig inzag. Doordat ze geregeld naar de visstations ging om met de vissers te praten, wist ze dat er meer stropers bij waren gekomen. De meeste stropers waren arme dorpelingen die uit wanhoop visten, maar in gebieden als Dagestan werd op zeer georganiseerde wijze aan stropen gedaan. Stropersbendes gingen er op klaarlichte dag te werk en sleepten hun netten achter grote boten aan. Rond 1993 smeekte ze de bestuurders in Moskou iets te ondernemen. Ze wilde dat de regering van Boris Jeltsin de visbepalingen uit het sovjettijdperk weer instelde. Uiteindelijk trokken haar wetenschappelijke artikelen of de verdwijnende steur de aandacht van westerse milieuactivisten, die Moskou onder druk zetten om iets te doen.

De grote overwinning van Raisa was dat ze had meegeholpen Moskou over te halen om in 1998 een internationaal verdrag te sluiten, waarin de kaviaarexport werd gereguleerd. Ze lobbyde bij de bureaucraten van de visserij om de visvangst op de Kaspische steur te verlagen tot vijfhonderd ton ten opzichte van de twaalfduizend ton die in 1990 officieel uit de Russische wateren werd gehaald. De quota van vijfhonderd ton hield in dat maar een handjevol producenten legaal op steur mochten vissen, en zij dacht dat het hierdoor gemakkelijker zou worden om stropers op te sporen. Onderdeel van de overeenkomst was dat de visserijpolitie beloofde dat het verbod op het vissen op open zee, zoals dit in het sovjettijdperk gold, weer van kracht werd.

Toen Jevgeni dus naar haar toeging en toestemming vroeg om op de Kaspische Zee te mogen vissen was Raisa geschokt. Raisa was tegen het vissen op steur op open zee om dezelfde redenen als de milieuactivisten tegen het kappen van bossen zijn. Als grote schepen hun netten over de bodem van de Kaspische Zee slepen, maken ze geen onderscheid tussen de vrouwelijke steurexemplaren vol eitjes, de mannelijke exemplaren, de jonge exemplaren en alle andere soorten vis. Hun lange netten woelen de zeebodem om en vernielen kolonies weekdieren en wormen die het voornaamste voedsel vormen van de steur. Zelfs de Sovjet-Unie, niet bepaald de meest milieubewuste natie aller tijden, had in 1962 het vissen op open zee verboden toen ze viervijfde van de Kaspische Zee onder haar hoede had. Nu er vijf naties rondom de Kaspische Zee liggen is het onmogelijk iedereen op een lijn te krijgen als het om een verbod gaat.

De Russische stropers visten samen met de Azeri, de Dagestani, de Kazakken en de Turkmenen illegaal op steur. Rusland verbood zijn vissers nog altijd om op de Kaspische Zee te vissen, maar ook Raisa wist dat het moeilijk was het verbod op te leggen als de andere landen er niet op toezagen en hun vissers vrijelijk op zee lieten vissen. De klacht van Jevgeni was dat de restricties oneerlijk waren jegens de Russische producenten die zich aan de wet hielden, zoals hijzelf. Hij had zich aan de regels gehouden. Hij was naar de verkoop gegaan en had zijn recht om te vissen gekocht. De stropers die niets hadden betaald, konden vissen waar en wanneer ze maar wilden. Jevgeni zei tegen Raisa dat hij alle vormen van controle zou accepteren als zij het verbod maar iets wilde afzwakken. Hij begon wanhopig te klinken en beloofde toe te stemmen in beperkingen op grootte en op tijd. Hij zwoer zelfs dat zijn vissers jonge exemplaren weer terug zouden zetten. Raisa geloofde hem niet.

Als visbiologe die de directe leefomgeving van de steur had bestudeerd wist ze hoe weinig tijd er nog restte. Raisa meende dat alleen een volledig verbod op het vissen de steur kon redden. Ze had met tegenzin de quota van vijfhonderd ton geaccepteerd, maar alleen om dat dit het beste compromis was dat ze van Moskou kon krijgen. Het was geen verrassing voor haar dat Jevgeni zijn quota niet kon vullen. Ze had de crisis de hele tijd al voorspeld.

Er was nog iets anders dat haar zorgen baarde. De quota werd uitgedrukt in aantallen vis, niet in kaviaar, al waren het de eitjes waar de hele handel op dreef. Producenten als Jevgeni hadden de regering betaald voor een bepaald aantal tonnen steur, maar ze wilden alleen de kaviaar. De mannelijke steur en de onvolwassen vrouwtjes waren voor hen praktisch waardeloos. De vissers bestempelden ze als 'legen', terwijl een steur met een buik vol eieren een 'koe' werd genoemd. De legen behoorden op dezelfde wijze als de koeien gerekend te worden tot de quota van vijfhonderd ton. Maar tegen mei vernam Raisa allerlei alarmerende geruchten dat de visbedrijven de mannelijke exemplaren stilletjes weggooiden, zodat ze niet bij de vangst zouden worden opgeteld. Dit betekende dat de feitelijke, legale vangst eerder zo'n duizend ton besloeg. Als gevolg hiervan werden de vrouwelijke steuren nog zeldzamer dan de mannetjes. 'Momenteel bestaat slechts vijftien procent van de vis die de rivier opzwemt uit vrouwtjes', vertrouwde Raisa me toe toen ik het voorstel van Jevgeni te berde bracht. 'Als de particuliere bedrijven alleen vrouwelijke exemplaren selecteren, wat blijft er dan nog over?'

Rationeel gezien begreep Jevgeni de situatie. Hij behoorde tot de nieuwe generatie kaviaarhandelaren die beseften dat je niet straffeloos kon blijven vissen in de zee. Hij bouwde een steurkwekerij en hiermee had hij de onderzoekers van het instituut voor zich ingenomen. Samen met Raisa en andere wetenschappers had Jevgeni het besluit van Rusland ondersteund om de steur op de internationale lijst van bedreigde diersoorten te plaatsen.

De motieven van Jevgeni waren niet geheel onzelfzuchtig. Hij zal de eerste zijn om dit toe te geven. Hij zag het systeem van quota als een manier om de producenten op de zwarte markt enigszins tegen te gaan. De quota's maakten het de stropers veel moeilijker hun kaviaar uit Rusland te exporteren. In het buitenland was kaviaar meer waard dan goud. Karon was een van slechts twaalf bedrijven, die legaal Russische kaviaar konden verkopen aan bekende buitenlandse handelaren als Petrossian en Caviarteria.

Wat stelde de toegang tot de westerse markt echter nog voor als er geen kaviaar was om te verkopen? Toen het lenteseizoen vorderde, werd Jevgeni steeds meer ongerust. De dagelijkse hoeveelheden die zijn vissers doorgaven waren ver beneden zijn meest pessimistische schattingen. Nog meer zorgen baarde het, dat bijna driekwart van de gevangen vis bestond uit mannetjes.

Zijn angst werd een paar dagen na zijn gesprek met Raisa bewaarheid. Alle viswerkers in Astrakan mopperden over de slechte vangst in de Kaspische Zee. Het was niet alleen de steur, zeiden ze, maar elke commerciële vissoort die in de lente de Wolga opzwom – snoek, karper, haring en zelfs de onbeduidende *wobla* of voorn, die gewoonlijk werd gedroogd tot de vis de consistentie van een houten plank had en als hapje bij bier werd verorberd. 'Het duurt niet lang meer of er komt geen zwarte kaviaar meer uit de Kaspische Zee', zei Jevgeni tegen me op een even pessimistische toon als Dima.

Niemand wilde echter geloven dat de zee, die Rusland eeuwenlang had gevoed, nu was uitgeput. Misschien was het gewoon een slecht jaar, suggereerde Jevgeni hoopvol. Misschien had de ongebruikelijk hoge stand van het water in de lente de reis van de steur op de rivier vertraagd. Misschien hadden de stropers dit jaar betere netten. Jevgeni wist het gewoon niet. Misschien vertelden zijn vissers hem niet alles.

Het was één ding om dagelijks telefonisch de vangst van de dag te vernemen, maar het was iets heel anders om aanwezig te zijn als de netten binnen werden gebracht. Er waren nu zo weinig steuren dat ze allemaal moesten worden geteld. Jevgeni besloot dat het tijd was zijn trouwe vismanager Benjamin Ivanovitsj naar de delta te sturen.

'De beschaving houdt hier op', snoefde Benjamin Ivanovitsj toen de asfaltweg ophield en hij zijn witte Audi Sedan over de harde zwartkleurige aarde van de Kaspische steppe manoeuvreerde, op ruim 200 kilometer ten zuiden van Astrakan. Hij nam nauwelijks de moeite om te remmen toen hij over het verschroeide grasland reed. Mira en ik bereidden ons voor op een hobbelige tocht.

We zouden op steur gaan vissen, maar niets in het landschap wees op de nabijheid van de vruchtbare delta van de Wolga. Afgezien van een paar gedomesticeerde kamelen die in het kreupelhout stonden, zagen we meer dan een uur lang niets dat op menselijke bewoning wees. Na meerdere pogingen besefte ik dat het geen enkele zin had Benjamin te vragen om een gedetailleerder verslag van de voortgang. Al had hij zich dan geschaard bij de Russische particuliere zakenlieden en een buitenlandse auto gekocht en een zonnebril die zijn ogen volledig aan het zicht onttrok, toch behield hij de manieren van een oude sovjetbaas. Hij hield niet van vragen. Hij deelde liever de lakens uit. Dus bleef hij bochten maken rond de aarden *moguls* die door de wind waren uitgesleten, en sprak in zijn eigen tempo over de steur.

Benjamin had ongetwijfeld geleerd om informatie achter te houden tijdens de vele jaren die hij als financieel directeur werkte op een sovjetfabriek. De Sovjet-Unie wemelde van dit soort staalgrijze managers met stekeltjeshaar. Toen het communistische systeem ineenstortte, vochten velen van hen om hun positie en prestige te behouden nadat de fabrieken al lang waren opgehouden iets te produceren. Maar veel van hen eindigden in de ellendige massa oudere mensen die hun ongewilde fabrieksproducten op de hoek van de straat aan de man brachten.

Benjamin had geluk gehad. Hij kreeg een baan bij Jevgeni Aptjekar. Ze pasten goed bij elkaar. Jevgeni wist hoe je dingen moest verkopen. Benjamin kon een productieorganisatie leiden. Hij kende de steur ook. Benjamin was opgegroeid in de delta en kon in een oogopslag het verschil zien tussen een koe en een lege. Zijn huidige rol was het toezicht op de visstations van Karon langs de Wolga, ervoor te zorgen dat de kaviaar juist werd verwerkt en iedereen in dit afgelegen rijk eerlijk en hardwerkend te houden. Hij was niet meer de hoogste baas, maar de vissers wisten genoeg om hem aan te spreken als 'meneer de directeur'.

Net toen het erop begon te lijken dat Benjamin ons de hele steppe door naar Centraal-Azië reed, dook er een fluweelgroene kloof op in de kale woestijn. De Wolga maakt een ongelooflijke indruk. Na de niet aflatende steriliteit van de steppe lijken de oevers van de rivier even weelderig als de Everglades in Florida. De wilgen en eiken langs de rand rijzen op uit waterbronnen als waternimfen, die uit een betovering tevoorschijn zijn gekomen. Tweehonderd meter landinwaarts is het landschap echter een droge boomloze vlakte. Het contrast in landschap langs de Wolga neemt naar het zuiden steeds meer toe. De rivier volgt zijn loop van bijna 3500 km, van de breedte van Moskou naar de Kaspische Zee, en voert het smeltwater af van het Russische binnenland naar de woestijnsteppe. Wanneer de Wolga de zee nadert, ontvouwt hij zich als een enorm groen blad, dooraderd met honderden smalle kanalen. De langste rivier van Europa verandert in het grootste moerasland met veel slib en riet, een oase voor vogels, schildpadden, wolven en de grootste zoetwatervissen.

Onze bestemming was een oud kozakkengehucht met de verloren naam Wolveneiland, zo'n vier uur rijden ten zuiden van Astrakan. Volgens de legende was de plaats aan het eind van de zeventiende eeuw gesticht door een bende afvallige kozakken, die een plek zochten waar ze zich konden verbergen nadat een revolte tegen de tsaar was mislukt. Het leek alsof er sinds die tijd slechts een handjevol verbeteringen waren aangebracht. Het dorp bestond nu uit enkele tientallen vervallen houten huizen, zo verweerd dat ze op leken te gaan in de stoffige steppe. In de omheinde tuintjes liepen kippen en lagen verroeste machineonderdelen. De hoofdstraat was een hobbelweg met gaten en bergen vuil. Het was moeilijk voor te stellen dat de dorpelingen iets wisten te oogsten op de droge steppebodem. Benjamin had gelijk. Wolveneiland was het einde van de beschaving.

Wolveneiland had zijn bestaan volledig te danken aan zijn strategische ligging aan de rand van de delta. Het dorp bezet het laatste stukje droog land voordat de Wolga in zee stroomt. Aangezien elke steur die in de Wolga hoopt kuit te schieten, door het labyrint van riet rond Wolveneiland moet zwemmen, is er geen betere plek om een net te laten zakken om steur te vangen.

Toen Herodotus tweeduizend jaar geleden over dit deel van de wereld schreef, was hij getroffen door de wilde natuur. De delta 'heeft veertig monden, die op een na uitkomen in moeras, waar naar verluidt mensen wonen die rauwe vis eten'. De overvloed aan dergelijke vissen heeft nomaden sinds de Oudheid al naar de delta doen trekken, maar Wolveneiland werd pas voor het eerst permanent bewoond door de kozakken. Het vissen had succes en ze bleven er. Hun afstammelingen voorzagen in hun levensonderhoud door te leveren aan de kaviaarhuizen in Astrakan. Toen de sovjetregering in 1917 arriveerde, werden de dorpelingen georganiseerd in viscollectieven, kolchozen[6] genaamd. Gedurende zeventig jaren communisme leverden de inwoners van het dorp zwarte kaviaar aan de staat, die tegen harde valuta in het Westen werd verkocht. Na de ineenstorting van de Sovjet-Unie zou de stoffige afgelegen stad misschien weer aan de wolven zijn prijsgegeven als Jevgeni Aptjekar niet was langsgekomen en vissers had ingehuurd om voor zijn bedrijf Karon te werken.

De vissers op steur in de delta van de Wolga werkten noodgedwongen in teams. Hoewel één man met een haak en een lijn in principe een steur kan vangen, vraagt het inhalen van deze grote grijze dieren vele handen. Toen eind negentiende eeuw haringnetten met open mazen werden geïntroduceerd, werd het vissen op steur nog meer teamwork. Deze netten werden oorspronkelijk gemaakt van katoen en later van stevig nylondraad. Ze konden van zichzelf al honderden kilo's wegen. Ieder team bakende zijn eigen visgronden, *tonja's* genaamd, af. Een ander team mocht er niet vissen. De vissers van de tonja bouwden kleine hutten op hun deel van de oever om hun gebied te markeren en hen een plaats te bieden om te koken en een dutje te doen. Vroeger boden deze hutten ook een schaduwrijke plek om kaviaar te maken.

Aan de oever van Wolveneiland had de hele ochtend al een van de schippers van Karon liggen wachten om ons naar de tonja van het dorp te brengen, op enige afstand van het dorp zelf gelegen. Toen we de dichte delta binnenvoeren, begreep ik meteen waarom Benjamin een professionele schipper nodig had om door de delta te varen. Hoge biezen omzoomden het kanaal en blokkeerden elk uitzicht op de delta, met uitzondering van een strook hemel en water. Het sturen van het kleine motorbootje door de smalle doorgangen was alsof je een auto met hoge snelheid door een wasstraat reed, alleen sloegen er rietstengels tegen de zijkant van de boot in plaats van borstels. Na de vale steppe was de tocht door de delta opbeurend. De delta was even levend als de steppe dood was. Blauwe reigers vlogen door de lucht en moeraseenden plonsden hun kopjes onder water op zoek naar vis. Ons pad werd verlicht door groepen felgele lotusbloemen. Ik dagdroomde over het feit dat we zó de motor konden afzetten, de boot achter een partij riet konden schuiven en een lijn konden uitzetten om steur te vangen. Benjamin moet hetzelfde hebben gedacht. Terwijl hij vriendelijk naar de schipper knikte, riep hij boven het gebrom van de motor uit: 'Deze vent is een van de stropers'. De schipper, een gebruinde jongeman in legertenue, grijnsde alleen maar schuldig.

Voor iemand die werkte voor een legale kaviaarproducent had Benjamin een merkwaardige fascinatie voor stropers. Hij vertelde ons de hele tijd verhalen over het gemak waarmee je de visbeperkingen kon omzeilen. Hij schepte zelfs op over een vriend die op de zwarte markt handelde in kaviaar. Hij verdiende flink aan het inkopen van kaviaar aan de Kaspische kust van Dagestan en het transport van de kaviaar naar handelaren in Polen. Kaviaar uit Dagestan kost een dollar per pond, een prijs die absoluut gezien zelfs nog minder was dan wat de kozakken een eeuw geleden voor hun kaviaar kregen. Anders dan de kozakken moest de vriend van Benjamin echter duizenden dollars smeergeld betalen aan de politie om de smokkelwaar door Rusland en Wit-Rusland naar de Poolse grens te brengen. Ondanks deze hoge tol vertelde Benjamin dat zijn vriend nog altijd vijfduizend dollar per levering van tweehonderd kilo kaviaar aan zijn Poolse connectie overhield. De Polen verdienden het echte kapitaal door de kaviaar naar West-Europa of Amerika te brengen. Benjamin droomde van het idee kaviaar te verkopen zonder de beperkingen van quota's of reguleringen die de regering had opgelegd.

Al dit gepraat over kaviaar moet de eetlust van Benjamin hebben opgewekt. Toen de boot de geïmproviseerde aanlegsteiger van de tonja aanraakte, sprong hij aan land zonder op ons te wachten en brulde: 'Waar is de lunch?'

Nikolaj, de ploegbaas van de tonja, een kalende man van eind veertig die bezig was geweest zijn team te helpen met het uitzetten van de netten, haastte zich om zijn baas te begroeten. 'Meneer de directeur', dweepte hij en schudde theatraal zijn hand. Benjamin gaf hem een familiair klopje op de schouder en ging toen naar de keuken. Zijn inspectieronde moest maar even wachten.

We zaten amper aan de tafel, die uit een plank bestond, of Benjamin deelde enorme kommen dampende soep uit, een bouillon die even geel was als de lotusbloemen die we in de delta waren gepasseerd. Ik was verbaasd de bekende stukken vis aan de oppervlakte te zien drijven. Alleen in mijn kom al moet een pond steurvlees hebben gezeten, genoeg om het bord dat ik in Astrakan had gehad op een tussendoortje te doen lijken. De vissoep was *oecha*, het ontbijt, de lunch en het avondeten van vissers van de tonja, een waardige tegenhanger van de bouillabaisse uit Marseille of een chowder uit Amerika. Traditioneel liet de kok van de tonja altijd een pot op het vuur pruttelen, die hij in de loop van de dag aanvulde met verse, pas gevangen vis. De vissers van de delta verwachten steur in hun oecha aan te treffen, net zoals Yankee-vissers in Amerika kabeljauw in hun chowder verwachten. Vanwege alle lofprijzingen voor de steur die ik in Astrakan had gehoord, ging ik er echter van uit dat oecha tot het verleden behoorde, dat de vis te zeldzaam was geworden om deze te verspillen aan vissers of hun gasten.

Steursoep is een ontzettend stevige maaltijd, ideaal voor het calorieverbrandende werk van het vissen. Er wordt beweerd dat het vlees meer cholesterol bevat dan varkensvlees. Na ieder een halve kom te hebben gegeten, hadden Mira en ik het gevoel dat we dagenlang niet meer hoefden te eten. Al spoedig kwam echter een tweede gang met steur op tafel, ditmaal de rauwe steur die Herodotus had beschreven, een hele emmer vol. Het wordt *balyk* genoemd en was die ochtend met zout bestrooid, met lagen ui bedekt en in de zon gezet om te marineren. Ik wist dat Benjamin beledigd zou zijn als we er niet iets van zouden proeven, en hij was al behoorlijk geïrriteerd. Ik pakte een klein stukje vis op. Terwijl ik het met het knapperige brood combineerde, dacht ik voor een moment na over een nieuwe theorie over de ondergang van de steur: de vissers aten ze allemaal op. Of misschien was het de schuld van Mira en ik. We zaten al propvol, maar konden maar niet stoppen te kauwen op de pittige stukken vlees.

Benjamin verliet de eetkamer even abrupt als hij was gekomen en liep als een pauw naar de oever. Hij wilde zien hoeveel steuren de vissers binnenbrachten. Ze waren net bezig het net langs een spil, die aan het dek van een kleine boot was bevestigd, te laten zakken. Aan weerszijden van de spil stond een visser die het net het water in loodste. Het net gleed er zo gemakkelijk in als een lint van een spoel. In de tussentijd stond een dozijn mannen van de tonja's in het ondiepe water te wachten om het touw beet te pakken. Wanneer de boot het hele net had laten zakken, besloeg het net een stuk rivier van vierhonderd meter doorsnede. Dat was bijna even lang als twee huizenblokken in een stad. De mazen van dit gigantische net waren amper groter dan mijn hand, klein genoeg om een haring mee te vangen. Om ervoor te zorgen dat het net niet naar de bodem zonk, werd aan de bovenste rand een reeks plastic drijvers bevestigd.

Het was een tijdrovend karwei om een dergelijk groot net te openen. De boot deed er dertig minuten over om de andere oever te bereiken. Vervolgens maakte hij een U-bocht en voer weer naar ons toe, zo een grote kraal vormend die zich helemaal uitstrekte tot aan de bodem van de rivier. Wanneer het net maximaal was uitgestrekt, reikte het tweeëntwintig meter onder de waterspiegel.

De zoektocht naar de grootste luxe van de wereld bleek ontzettend saai werk te zijn. Vissen op de rivier kent niets van de gevaren, onzekerheid of romantiek die wordt geassocieerd met vissen op de oceaan. Het is een mechanisch proces. De hele dag sleept de boot het net door het kanaal en haalt het dan weer in als een strik. Zodra de vissen uit de greep van het net zijn bevrijd, begint de hele operatie opnieuw. De vissers doen het grootste deel van de tijd niet veel meer dan in het koude water staan en de rand van het net ophouden, zodat het niet verstrikt raakt.

Benjamin keek gespannen toe terwijl de vissers de lus steeds kleiner maakten. Een tweede haspel aan land kreeg het meeste gewicht te verduren, maar de vissers vormden een cordon om het net en gebruikten al hun krachten om de vis in het net te houden. Ze wilden niet dat de vangst aan de bovenkant zou ontsnappen. Terwijl de cirkel steeds kleiner werd, zagen we dat er zilverkleurige vissen in het net gevangen zaten. Het net had alles wat op zijn pad kwam gevangen – snoek, karper, haring, sterlet en ook steur. Benjamin vond slechts een ding belangrijk.

'Hoeveel steur heb je gevangen?', vroeg hij de vissers.

'Niet een', antwoordde de ploegbaas Nikolaj overgedienstig.

'Ik zie een spitssnuitsteur', drong Benjamin aan. Het net was zes meter van hem vandaan, een kluwen wild bewegende vissen. 'En een Russische steur met kaviaar', voegde hij er aan toe.

Met een laatste hefbeweging trokken de mannen het net tot een strakke bundel. Vervolgens leegden ze licht gehurkt, alsof ze een medicijnbal optilden, de spartelende inhoud in de ondiepe boot. Niets dat zich in de rivier bevond op het moment dat het net werd ingehaald, was ontsnapt. Wanneer een paar vissen probeerden over de rand van de boot te springen, grepen de vissers ze met hun blote handen en gooiden ze weer terug in de boot. De mannen sorteerden de verschillende soorten gehaast in kratten. Uit de slijmerige hoop kwam echter geen steur tevoorschijn.

Benjamin spartelde evenveel als de vissen. Zijn ogen schoten vuur van woede. Dit was veel erger dan zijn baas Jevgeni had gevreesd.

Toen kwam Nikolaj, de voorman, met een ernstige blik van achter de boot vandaan. Hij hield twee dunne spitssnuitsteuren vast bij hun staarten. Legen, deelde hij Benjamin mee. Of ze mannelijk of vrouwelijk waren deed niet ter zake, alleen het feit dat er geen eitjes in hun buik zaten.

Zonder zich de moeite te getroosten hen te bekijken, draaide Benjamin zich om en liep weg. Zijn hele lichaam trilde van woede. Hij had ongelijk gehad: er was geen Russische steur. En alsof dat al niet irriterend genoeg was, hadden zijn mannen de hele middag geen enkele koe gevangen. Hij moest Jevgeni opbellen om het nieuws te vertellen: Karon had weer twee steuren van zijn quota gebruikt zonder dat er kaviaar tegenover stond.

Op dat moment klonk er gelach, en Benjamin keek om. Nikolaj stond tot zijn enkels in het water en probeerde een Russische steur in bedwang te houden, die bijna zo groot was als hijzelf. De gladde buik van het dier glansde als wit porselein in de namiddagzon. Aan de onderkant, waar zijn kin had moeten zitten, hapten een paar grote lippen naar lucht. Afgezien daarvan bood het krachtig gebouwde dier geen verzet, alsof het al in zijn lot had berust. Voor de zekerheid sloeg een visser de steur hard op zijn kop met een stok. De lippen werden slap, maar zij was alleen maar bewusteloos. Karon was nu drie vissen dichter bij de quota.

'Er zit kaviaar in', schreeuwde Benjamin terwijl hij zich over de verslagen vis boog.

'Je kunt de kromming in de buik bij de genitaliën zien', legde hij uit, ineens veel opgewekter dan hij de hele reis was geweest. 'Als de staart smal is, dan is de kaviaar goed. Je drukt op de buik. Waar de kaviaar zit voelt het zacht aan'.

Vreemd dat Benjamin in de wolken was met een enkele vrouwtjessteur. In de negentiende eeuw haalden de kozakkenvissers steuren bij honderden tegelijk uit het water. Zelfs in de jaren tachtig vonden de sovjetvissers altijd wel zeven à acht steuren in elk net dat ze inhaalden. Het team van Benjamin ving slechts de helft daarvan en maar een ervan was een koe. Haar eitjes waren nog niet eens volgroeid, concludeerde Benjamin toen hij op de buik drukte. Hij gaf Nikolaj opdracht de vis levend in een drijvende kooi te houden tot de eieren waren gerijpt. Als de Russische steur tien kilo goede osetra opleverde, dan was de vis voor Jevgeni meer dan zesduizend dollar waard.

De vissers van Wolveneiland waren bij lange na niet de enigen die de hele middag hadden gewerkt om een enkele vrouwtjessteur te vangen. Langs de Wolga bevinden zich honderden identieke tonja's, van Wolveneiland tot aan de stad Ikrjanoje – letterlijk Kaviaarstad – bij Astrakan. Ik bracht een dag door op een tonja in de buurt van Ikrjanoje waar de enige steur, die na een dag werk werd gevangen, een onvolwassen vis was van slechts 45 centimeter lengte.

Als al deze tonja's hun netten als een handschoen uitspreidden, hoe kon een steur dan enige kans hebben. de reis stroomopwaarts te volbrengen en kuit te schieten? Als een steur door enig geluk ontsnapte aan de schepen die de bodem van de Kaspische Zee afgingen en de delta wist te bereiken, en dan de netten in de rivier en de massa stropers wist te ontwijken, dan moest het dier nog altijd honderden kilometers voorbij Astrakan zwemmen om de traditionele gebieden te bereiken waar kuit werd geschoten. En voor de grootste steuren waren deze gebieden geblokkeerd door de Wolgograd Dam.

Benjamin gaf aan dat het tijd was terug te keren naar het dorp. De sleepboot van de tonja kroop over het kanaal en begon het hele proces van het uitzetten van het net opnieuw. Overal in de delta waren tonjavissers bezig dit zelfde ritueel uit te voeren. In het visseizoen zorgden twee ploegen van vissers ervoor dat er constant in de tonja's werd gewerkt.

Kort voor we weer in onze boot stapten, stopte Benjamin even om met de ploegbaas Nikolaj te praten. Toen hij zich weer bij ons aansloot, viel het me op dat hij een zak vasthield. De twee lege spitssnuitsteuren zaten in de zak. 'Ga je oecha maken', grapte ik. Benjamin was weer helemaal zichzelf en deed geen de moeite me te antwoorden.

Het feit was dat het niet uitmaakte wat Benjamin met de vissen deed. Op dat moment wist iedereen in de boot terug naar Wolveneiland dat die twee mannelijke exemplaren niet in de quota zouden worden meegeteld.

1 Franse journaliste en sociologe.

2 Russische dichter en onderzoeker van de wetten van taal en tijd, belangrijke figuur in de Russische avant-garde (1885-1922). Beïnvloedde o.a. Malevitsj.

3 Kremlin betekent letterlijk 'vesting binnen een stad'.

4 Ook wel oscietre, steursoort die al na twaalf jaar kuitschiet. Goedkopere kaviaar dan beloega.

5 Russisch toestel om thee mee te zetten.

6 Samentrekking van *kollektivnoe chozjajstvo*, 'collectieve boerderij'.

Deel een

De uitvinding van kaviaar

1

Het vangen van een steur

De Chazaren geloven dat er diep in de inktzwarte duisternis van de Kaspische Zee een blinde vis leeft die, als een klok, de enige juiste tijd in het universum aangeeft.

MILORAD PAVIC, HET CHAZAARS WOORDENBOEK

Naar alle gebruikelijke regels van evolutie had de steur al lang uitgestorven moeten zijn.

Steuren hebben geen haast om zich voort te planten. Ze doen er bijna net zo lang over als de mens om seksuele volwassenheid te bereiken. Een enkele vis draagt miljoenen eitjes in haar buik, maar de kans is groot dat maar één eitje uit zal groeien tot een volwassen vis. Die ene nakomeling moet dan zijn leven in de waagschaal stellen om zich te kunnen voortplanten. Het dier zal stroomopwaarts zwemmen langs dezelfde route die zijn ouders namen en af en toe door nauwe kanalen dwalen, waar zelfs de minst ondernemende van zijn menselijke vijanden hem gemakkelijk uit het water kan plukken.

Het is niet altijd zo geweest. De steur zwom de rivieren der aarde al 250 miljoen jaar op voordat de eerste mens verscheen. Steuren zijn ouder dan de dinosaurussen. Ze waren al stokoud toen gratenrijke vissoorten als de baars, kabeljauw en gestreepte baars het levenslicht zagen. Toen de aarde afkoelde, de dinosaurussen uitstierven en de zoogdieren het land gingen domineren, wist de achternagezeten steur zich op een of andere manier te handhaven. Het is nog steeds een groot en traag voortbewegend dier, met een aandoenlijke nieuwsgierigheid omtrent de dingen die zich boven zijn hoofd afspelen, en belachelijk passief als hij in een gevaarlijke situatie verzeild raakt. Wetenschappers noemen de vis een levend fossiel, omdat de steuren in de loop van de millennia maar weinig zijn veranderd. Een steur die vandaag de dag wordt gevangen, zou min of meer passen in de versteende afdruk die zijn voorganger uit het Juratijdperk heeft achtergelaten.

Tegenwoordig leven de steuren uitsluitend in de wateren van de noordelijke hemisfeer. De meeste steuren zijn anadroom, wat betekent dat ze leven in de zee en de rivieren opzwemmen om kuit te schieten. Ze voelen zich doorgaans het meest op hun gemak in het gebied tussen de zee en de rivier, in de brakke delta's en riviermonden die getijden kennen, waar zout water en zoet water samenkomen. Deze mild zoute randgebieden voeden enorme hoeveelheden kleine dieren, zoals wormen en rivierkreeften, die ervoor zorgen dat de steur, die van het leven op de bodem leeft, voldoende voedsel krijgt. De naam die de Kaspische Zee heeft als ideale leefomgeving voor de steur, is te danken aan het feit dat het eerder een zouthoudend meer is dan een echte zee. Het noordelijke deel van de Kaspische Zee, waar de Wolga in uitstroomt, is bijzonder ondiep en warm. Hier is de hoogste steurdichtheid ter wereld te vinden.

De steur ziet er nog altijd uit als een dier dat zo in de tijd van de dinosaurussen past. Jonge steuren zijn even schattig als jonge hondjes en van nature erg nieuwsgierig. Als ze ouder worden, krijgen ze zwaardere kaken en zwellen ze op tot enorme afmetingen. Misschien is het een compensatie voor zijn passiviteit dat de grijze, boomachtige romp een beschermende mantel van bot heeft. Vijf rijen harde platen of schilden lopen langs de zijkanten en ruggengraat als kleine bergketens, elke punt scherp genoeg om dieren met een minder hard lichaam pijnlijk te verwonden. Hun dreigende verschijning wordt nog versterkt door hun grote haaiachtige staart die een krachtige slag kan toebrengen.

De enorme schuin aflopende kop van de steur doet denken aan een overblijfsel uit een andere tijd. De kop staat in wanverhouding tot de rest van het lichaam. Van boven of van de zijkant gezien, lijkt de snuit van de steur misschien niet veel anders dan de kop van een haai. De steur heeft echter geen krachtige kaken of dolkachtige tanden waarmee hij het voedsel kan verscheuren. De mond van de steur bevindt zich ver onder de kin, dicht bij zijn buik, en bevat niet één tand. Het dier struint over de zeebodem en strekt zijn zachte dikke lippen uit als een slang om larven en weekdieren in het slik op te zuigen. Vier dikke snorharen onder zijn kin dienen als sensoren om het voedsel te identificeren. Zonder deze sprieten zou dit halfblinde schepsel nauwelijks een idee hebben wat het eet.

Ondanks de prehistorische buisvormige mond is de steur een ware eetmachine. Het woord *steur* is mogelijk afgeleid van het Duitse werkwoord *stochern*, wat 'wroeten' betekent. Nadat het dier tot zijn ogen toe in de modder rondneust, gebruikt de steur zijn krachtige staart om het voedsel naar zijn mond te zwaaien. Het dier verzwelgt alles in een keer, zelfs schelpen met inhoud. Steuren zijn zeer opportunistische eters die er geen enkele moeite mee hebben van hun standaarddieet af te wijken als er iets interessants langskomt. De grotere steursoorten, zoals de beloega, jagen soms op haring, eend en zelfs babyzeehondjes, terwijl de witte steur in de Stille Oceaan zich gewoonlijk voedt met dode zalmen, die de rivier afdrijven nadat deze dieren kuit hebben geschoten. Na een wilde eetpartij springt de steur soms blij uit het water, als een glinsterend fantoom uit de diepte. Daarmee jagen ze de vissers in de kleine bootjes de stuipen op het lijf.

Tot dusverre hebben de wetenschappers zevenentwintig soorten steur in de klasse *Acipenser* in kaart gebracht. Het precieze aantal is echter onderwerp van discussie, omdat de wetenschappers het oneens zijn over de vraag wat een aparte soort steur precies definieert. De vis die bijvoorbeeld osetra produceert, staat bij de Russen te boek als Russische steur en bij de Iraniërs als Perzische steur, maar de wetenschappers denken nu dat het om dezelfde soort gaat, *Acipenser gueldenstaedtii*. De *gueldenstaedtii* komt ook voor in de Zwarte Zee voor de kust van Roemenië en de Oekraïne. De Roemenen noemen de vis *nisetru*, terwijl de Oekraïners het gewoon houden op Russische steur. De beide andere soorten die beroemd zijn vanwege hun kaviaar, de beloega en de spitssnuitsteur, de moeder van de sevroega, blijken in zowel de Kaspische als de Zwarte Zee voor te komen.

Veel mensen denken dat een steur gewoon een steur is, maar de zevenentwintig soorten verschillen immens in uiterlijk en afmetingen. De beloega, of *Huso huso*, kan gemakkelijk een ton wegen, waarmee het de grootste zoetwatervis op aarde is. Bij het ouder worden krijgt de vis de aërodynamische verhoudingen van een zeppelin. De uitstekende snuit wordt ronder en minder uitstekend. Het andere uiterste is de slanke sterlet, *Acipenser ruthenus*, die maar zelden zwaarder is dan twaalf pond. De sterlet is de enige Russische steur die zich niet in zee waagt. De een meter lange vis is meer gewild om zijn vlees dan om de eitjes en wordt nog altijd gevangen in de rivieren van Oost-Europa, Centraal-Rusland en Siberië.

Aangezien de steur altijd terugkeert naar dezelfde plek om kuit te schieten, komen sommige soorten alleen in een enkele rivier voor. De Adriatische steur komt alleen voor in de Adriatische Zee, langs de kust van Italië, Griekenland en Albanië. De weinige overgebleven exemplaren van de gewone Europese steur zijn te vinden in de mediterrane regio's van Frankrijk en Spanje.

De Atlantische steur heeft zijn thuishaven aan de oostkust van de Verenigde Staten. De witte steur van de Stille Oceaan is bijna even groot als de beloega en brengt al zijn tijd door in de wateren van Californië, Washington en Brits Colombia in een poging zijn gigantische eetlust te bevredigen.

Het constante eten van de steur zorgt ervoor dat de vis groot wordt. Aangezien de steur nooit echt stopt met groeien, zijn de oudere exemplaren vaak immens groot. De beloega kan ouder worden dan honderd jaar en zwelt tot een omtrek zo groot als de omarming van een man en tweemaal zo lang als een pick-uptruck. De grootste beloega ooit gevangen woog 2075 kilo en bezat een lengte van circa achtenhalve meter. De vis werd in 1736 gevangen en was een 'lege', waarschijnlijk een mannetje. Zo'n dertig jaar later maakten de kozakken aan de rivier de Oeral melding van een vrouwelijke beloega die slechts 1144 kilo woog. Naar verluidt leverde ze een indrukwekkende 409 kilo kuit, daarmee zou de vis met de huidige prijzen een half miljoen dollar waard zijn geweest.

De Noord-Amerikaanse soorten steur kunnen soortgelijke gigantische afmetingen hebben. Een witte steur, de *Acipenser transmontanus*, die in de jaren 1890 uit de Fraser River bij Vancouver werd gevist, gaf 726 kilo aan op de weegschaal en mat van neus tot staart zo'n vijfenhalve meter, langer dan de rubberboot die de vissers hadden gebruikt om de vis te vangen. De gemiddelden zijn nog indrukwekkender dan de uitersten: in de jaren 1860 woog de witte steur gemiddeld 250 kilo. Dergelijke reuzen zijn vandaag de dag ondenkbaar omdat maar weinig steuren de kans krijgen zo lang te leven dat ze een dergelijke grootte krijgen.

Wat de grootte van de vis ook is, een behoorlijk deel van het gewicht is bestemd voor de voortplanting. De eieren van een vrouwtje kunnen vijftien procent van haar lichaamsgewicht beslaan. Het is niet ongebruikelijk voor een vrouwtje om rond de tien miljoen eieren te produceren. Hoe groter de moedersteur, des te groter de afzonderlijke eitjes. De drie reuzen van de steurenfamilie – de beloega, de kaloega en de witte steur – produceren donkergrijze bolletjes, grofweg ter grootte van de hoofdletter O op deze bladzijde. De kuit van de kaloega, die voorkomt in de rivier de Amoer tussen Rusland en China, wordt soms aangezien voor die van een beloega, omdat de beide soorten erg veel op elkaar lijken, al is de kaviaar van de kaloega minder zout. De eitjes van de witte steur zijn iets kleiner, maar hebben een intense smaak. Grootte zegt niet alles bij kaviaar. De grote eitjes van de beloega missen soms de intense oceanische vitaliteit van soorten die fijnkorreliger zijn. Connaisseurs geven de voorkeur aan de sevroega, eitjes ter grootte van een speldenknop en half zo groot als kaviaar van de beloega.

Kaviaar kan van de kuit van elke steursoort worden gemaakt, met uitzondering van de groene steur, een zeldzame soort die aan de kust van Californië leeft. Zowel de eitjes als het vlees van de groene steur schijnen giftig te zijn. Een groot deel van de twintigste eeuw ging men er vanuit, dat alleen de kuit van de beloega, Russische steur en spitssnuitsteur geschikt waren voor de bereiding van kaviaar. Toen de aantallen van deze soorten echter sterk waren afgenomen, gingen de kaviaarproducenten ook mindere soorten verwerken, zoals de witte steur, de schoffelneussteur uit Mississippi, de spatelsteur uit Missouri en de Atlantische steur.

De eieren van de steur variëren in kleur, van zwart tot olijfgroen tot mosterdkleurig. De eitjes van de beloega zijn vaak grijzer dan de osetra van de Russische steur. De diverse kleurschakeringen zijn vaak een afspiegeling van het dieet van de vis en de mate van rijpheid van de eitjes op het moment dat de vis werd gevangen. Een steur die te vroeg in de cyclus van het kuitschieten wordt gevangen, zoals de exemplaren op zee, hebben inktzwarte eitjes, maar deze bestaan uit een vette brij en geven geen aangename plop als ze worden gegeten. Wanneer de vis dichter bij het moment van kuitschieten komt, worden de eitjes lichter van kleur, strakker gespannen en smaakvoller. Vissers beweren dat de beste kaviaar afkomstig is van vis die drie tot vier dagen voor het kuitschieten wordt gevangen. Wanneer de vissers een steur vangen die nog ver van het moment van kuitschieten is verwijderd, dan houden ze de vis vaak in leven tot de eitjes rijp zijn. In de Kaspische Zee, waar sommige steursoorten in de lente kuitschieten en andere in de herfst, is naar verluidt de kaviaar van vissen die in de lente worden gevangen smakelijker dan de productie van de herfst.

Eeuwenlang werden de kenners gefascineerd door de subtiele verschillen in de verschillende soorten kaviaar. De meest zeldzame en kostbare soort is gemakkelijk te herkennen aan de ongewoon bleke, geelachtige kleur. Deze staat bekend als gouden kaviaar en kent vele legenden. In de tsarentijd stond gouden kaviaar zo hoog in aanzien dat alle gouden kaviaar moest worden afgeleverd aan het hof. Deze praktijk werd later door Stalin overgenomen. Misschien zagen de heersers zichzelf weerspiegeld in de glans van de gouden eieren. Wetenschappers geloven tegenwoordig dat deze eieren, als ze zouden uitkomen, albino steuren zouden opleveren. Ondanks de hoge prijs die voor gouden kaviaar bestaat, menen sommige handelaren dat de smaak in werkelijkheid tegenvalt. Het toont maar weer eens aan dat smaak evenzeer wordt bepaald door de ogen als door de mond.

De steur moet veel eitjes produceren omdat de kans op nageslacht ontzettend klein is. De kleinste steuren schieten pas voor de eerste keer kuit als ze ouder zijn dan zes jaar. De reusachtige soorten als de beloega en de kaloega en enkele spatelsteursoorten uit het noorden zijn pas volwassen als ze ver over de twintig jaar zijn. Voor de tijd dat Kaspische stropers de open zee afvisten op steur, hadden de jonge vissen in elk geval een zorgeloze jeugd. Tegenwoordig eindigt het leven van een steur meestal als de vis nog niet volwassen is.

Wanneer een steur de kans krijgt om kuit te schieten, hoeft het dier zich in elk geval niet bezig te houden met eten. Als de steur stroomopwaarts zwemt leeft het dier hoofdzakelijk op het aangelegde vet, het instinct gericht op het gebod van de natuur. Tegen de stroom inzwemmend legt de steur gedurende meerdere weken ongeveer dertig kilometer per dag af tot het gebied voor kuitschieten wordt bereikt. Steuren zijn buitengewoon kieskeurig ten aanzien van de plaats waar ze hun eieren zullen leggen. Het dier is innerlijk zo geprogrammeerd dat het terugzwemt naar hetzelfde gebied en zelfs naar dezelfde plek in dat gebied waar het vele jaren tevoren uit het ei is gekomen. Een spitssnuitsteur die in de Wolga is geboren, zal nooit overwegen om de rivier de Koera op te zwemmen, hoewel beide waterwegen in de Kaspische Zee uitmonden en beide populaties van spitssnuitsteuren herbergen. Als een dam de weg naar de geboorteplek van een steur blokkeert, weigert de vis kuit te schieten.

Zo plant de beloega zich niet langer op natuurlijk wijze voort in de Wolga of de Donau, omdat de oude geboortegronden zijn geblokkeerd door dammen in de rivier.

Wanneer de steur uiteindelijk arriveert bij de plek waar het dier en al zijn voorouders werden geboren, dan worden de parameters voor het succesvol kuitschieten nog nauwkeuriger. De steur moet een steenachtig stuk rivierbodem vinden om haar eieren te kunnen leggen. Het water moet ondiep zijn, maar een stevige stroming bezitten.

Hoewel de bevruchting bij de meeste vissoorten een zeer onpersoonlijk gebeuren is, hebben de steuren een andere methode. John A. Ryder, een steurexpert uit de negentiende eeuw, ontdekte dat, wanneer de steur met de kuit de plek bereikt waar ze kuit gaat schieten, de mannetjesvis haar geur opvangt en met haar mee zwemt. De mannetjes gaan naast de vrouwtjessteur zwemmen en ze drukken hun lichamen dicht tegen haar onderbuik aan, een gedrag dat het vrouwtje aanspoort om haar eitjes te leggen en de mannetjes hun bevruchtende hom. Indien een vrouwtjessteur tijdens de reis stroomopwaarts geen potentiële partner vindt, zal ze haar buik tegen de harde stenen bodem wrijven en hopen dat een mannetje na haar langskomt om de eitjes te bevruchten. Tegenwoordig, nu er zo weinig steuren over zijn, is een dergelijk toeval zeldzaam.

Binnen een dag komen de eitjes uit en wemelt het van de transparante jonge visjes. De meeste worden opgegeten door grotere vissen, ook door de steuren zelf. Vervuiling en ziekte doden andere visjes. Van de overlevenden zal slechts een handjevol de energie hebben om stroomafwaarts naar zee te zwemmen. Slechts zelden lukt het meer dan een exemplaar de hele reis af te leggen.

Als de steuren aan zichzelf werden overgelaten, zouden ze waarschijnlijk doorgaan met hun inefficiënte gewoonten. Ovidius, die in de buurt van de tegenwoordige havenplaats Constanta aan de Zwarte Zee leefde, noemde de steur een 'pelgrim van de meest illustere golven'. Anders dan zalm, die na een uitputtende tocht sterft, leven de steuren voort om opnieuw kuit te schieten. Een beloega kan om de zeven jaar eitjes produceren, andere steursoorten zijn in staat elke twee jaar op te zwellen. Als compensatie voor de inefficiënte gewoonten geeft de natuur de steur niet minder dan tien kansen om zich in zijn lange leven voort te planten. Aangezien de steur in zijn leven slechts twee volwassen nazaten hoeft te produceren om de populatie stabiel te houden, zijn de kansen voor de volgende generatie redelijk goed, zolang de steur om de paar jaar stroomopwaarts blijft zwemmen.

Het probleem is dat bijna geen enkele steur nog de gelegenheid krijgt de reis te maken.

TOEN DE Franse schrijver, fijnproever en reiziger Alexandre Dumas in de jaren 1850 aan de oever van de Wolga stond om de kaviaarvangst te aanschouwen, moet het hebben geleken of er geen einde kwam aan de steuren. Op een plek die veel lijkt op de tonja van Wolveneiland zag Dumas een enorme houten afbakening die de tocht van de steur stroomopwaarts blokkeerde. Het was onmogelijk voor de grote vis om voorbij dit obstakel te komen, gebouwd op stevige palen die in de modder waren gedreven. Toch keerden de vissen niet om. Bij het hek ontstond een enorme opstopping van spartelende steuren, de meeste van hen beloega's.

Doordat de vissen duwden en schoven pinden ze zich vast aan een lijn met drijvende haken die voor het hek hing. 'In minder dan een uur zagen we ze honderdtwintig of honderddertig vissen inhalen', schreef

Dumas verbaasd. Met de efficiëntie van werkers aan de lopende band sleepten de vissers de beloega naar de slachtpin. Dit waren exemplaren van behoorlijke omvang, die wel vierhonderd kilo wogen. Sommige bleven draaien en naar lucht happen, zelfs nadat hun buik open was gesneden en de eizakken eruit waren getrokken. Het verwerkingsproces was 'buitengewoon weerzinwekkend', klaagde Dumas voor hij als geschenk kaviaar van de grootste steur kreeg. Er was voldoende kuit van die ene vis om acht vaatjes van elk vijf kilo te vullen.

Voor een dier van die afmetingen is de steur relatief gemakkelijk te vangen. Een steur stribbelt misschien tegen als zijn tocht stroomopwaarts wordt onderbroken, maar niet met de kracht en het temperament van een tonijn of gestreepte baars.

Het 'verzet van de steur is geringer dan dat van algen', merkte de Hongaarse antropoloog Geza de Rohan-Csermak ooit op. Dit is misschien overdreven, maar het leidt geen twijfel dat de steur een ongewoon passieve vis is. Wetenschappers beweren dat een gewonde steur zich doodstil houdt, alsof het dier meent dat het een betere strategie is zich dood te houden dan een flink gevecht aan te gaan.

Dit betekent niet dat het geen vindingrijkheid vereist om een steur te vangen. Voordat nylon was uitgevonden, waren netten van katoen praktisch waardeloos om steur te vangen, want zijn puntige schilden reten de mazen aan flarden. Al in de veertiende eeuw bouwden de vissers in de Wolga de houten afbakeningen, die Dumas in de rivier zag, om de vis in een klein gebied te verzamelen. Dan moesten ze echter nog een manier zien te vinden om de steur uit het water te halen. Steuren zouden nooit op de gedachte komen om te bijten in een haak met aas, want ze happen niet naar hun voedsel, zoals de baars of de kabeljauw. Uiteindelijk beseften de vissers dat het gemakkelijker zou zijn de steur aan de staart vast te haken dan aan de mond. Ze moesten alleen de juiste soort haak zien te vinden.

Ze begonnen te experimenteren met haken die op slechts een paar centimeter boven de bodem van de rivier, waar de steur gewoonlijk naar eten zoekt, op hun plaats konden worden gehouden. In plaats van de haak in de vorm van een J maakten de vissers haken van meerdere weerhaakjes, die er uitzagen als kleine ankertjes. Aelianus, de Griekse schrijver uit de tweede eeuw die werd gefascineerd door de vissers in de Donau, legde uit dat de haken op hun plek werden gehouden door een stuk long aan de lijn te binden. De long, meestal afkomstig van een stier, bezat voldoende drijfvermogen om als een dobber dienst te doen in de tijd dat er nog geen kurk beschikbaar was. De visser bevestigde zijn lijn vervolgens aan een juk van ossen die aan de oever stonden.

Wanneer een nieuwsgierige steur langskwam om de dobber te bekijken, raakte zijn constant bewegende staart steevast vast aan de scherpe punten van de steurhaak. Andere soorten vis zouden misschien ontsnappen met de haak nog in hun lichaam, maar de meeste steuren niet. De ossen op de oever hoefden het dier alleen maar aan land te trekken. Deze methode lijkt erg onwaarschijnlijk, maar was eeuwenlang de voornaamste manier om op steur te vissen, van de Wolga tot aan de Donau.

Als een zo'n haak geschikt was om steur mee te vangen, dan waren honderd haken nog beter. Toen de markt voor kaviaar een hoge vlucht nam, werd het systeem meer verfijnd. De vissers hingen lijnen met haken over de kanalen, zodat een steur die stroomopwaarts voortploeterde amper kon voorkomen dat hij in het web van scherpe punten terechtkwam en vast kwam te zitten. Zo halverwege de negentiende eeuw was de monding van de Donau zo volgehangen met haken, dat de schepen er tijdens het steurseizoen niet langs konden. In de Fraser River in Brits Colombia hield een enkel bedrijf toezicht op een netwerk van twintigduizend haken. Het probleem van deze haaklijnen was dat ze alles pakten wat langskwam, ook niet volgroeide vissen, waardoor de steurpopulatie sterk afnam. Vanaf Peter de Grote ondernamen de Russische autoriteiten verschillende pogingen het vissen met haken, *snast* genaamd, te verbieden. Maar zelfs tot op de dag van vandaag is de snast de voornaamste vismethode van de steurstropers in de delta van de Wolga, want ze zijn gemakkelijker te verbergen dan netten.

De dodelijke snast is nog effectiever in combinatie met het soort visweer dat Dumas beschreef. Tegen de achttiende eeuw richtten visbedrijven aan de Wolga zo snel als ze konden ondoordringbare houten afbakeningen op in de rivieren. Deze afbakeningen waren even gevaarlijk voor de vissers als voor de vis. Nadat hij in 1770 een tocht had gemaakt langs de plekken waar gevist werd aan de Wolga, was de Russische naturalist Samuel Gemelin geschokt door de afschuwelijke omstandigheden waaronder de vissers moesten werken. Om deze afbakeningen te maken, zo schreef hij in een verslag aan de Academie van Wetenschappen van St. Petersburg, moesten duikers zeven tot tien minuten achter elkaar op de rivierbodem doorbrengen om de houten palen de modder in te slaan. Tegen de tijd dat ze weer aan de oppervlakte kwamen, kwam er bloed uit hun neus omdat ze te lang onder water waren gebleven. De mannen rustten net lang genoeg uit om een wodka naar binnen te gooien en keerden dan weer terug naar de koude bodem van de rivier. Na een paar seizoenen zo gewerkt te hebben, verloren de mannen hun gehoor en gezichtsvermogen. Velen stierven binnen een paar jaar nadat ze met duiken waren begonnen.

Net als de snast-lijnen waren de houten afbakeningen echter opvallend effectief. Beide nieuwe methoden veranderden het vissen op steur in een industrieel proces. In vergelijking tot heden waren de vangsten enorm. Gemelin maakte gewag van het feit dat hij Wolga-vissers tweehonderdvijftig beloega's per uur binnen zag halen, en hij schatte dat de jaarlijkse vangst in deze rivier tussen de vijftigduizend en tachtigduizend vissen lag. Een eeuw later gebruikten de indianen aan de noordwestkust in Brits Colombia een zelfde soort visweer. Wanneer de vis eenmaal in de val zat, gingen de indianen in hun kano's staan om een harpoen in de vis te steken. Uiteindelijk werden dergelijke drastische methoden vervangen door een scherpe enterhaak, die gebruik kon worden om de vis vast te pakken en in de boot te rollen.

Toen het materiaal voor netten aan het eind van de negentiende eeuw sterker werd, gaven de vissers hun snast, speer en afbakening op. Fijnmazige netten van stevig draad zijn tegenwoordig wijdverbreid in de Kaspische regio. Vreemd genoeg zijn de amateur-vissers langs de kust van de Stille Oceaan de enigen die steur vangen met een enkele haak met aas. Ze vissen op dezelfde manier op steur als ze op tonijn vissen. De vis vecht om het aas te houden en springt meerdere malen in de lucht tot het dier uitgeput op zijn zij rolt.

MISSCHIEN ZOUDEN de Russische vissers in de negentiende eeuw meer steur hebben gevangen als ze zich niet hun eigen speciale beperkingen hadden opgelegd. Deze hadden niets te maken met de efficiëntie van de haken of de afbakeningen in het water. De Russische industrie werd gestuurd door een web van bijgeloof en tradities, dat bepaalde hoe en wanneer er werd gevist. In 1861 was een visserij-inspecteur, die signeerde met *A. Ya. Shulz*, verbijsterd door de ingewikkelde en klaarblijkelijk irrationele excuses die de vissers hadden uitgedokterd om het niet vissen te rechtvaardigen. Hij ontdekte dat ze weigerden om hun visuitrusting aan te raken:

'Als ze voor hun vertrek naar de tonja of op weg ernaartoe een priester tegenkwamen'.

'Als een haas de weg overstak, fronsten ze en keerden ze terug naar huis, en iedereen beschouwde dit een volstrekt logische manier van doen, anders zouden ze zonder meer worden getroffen door ongeluk.'

'Het is ook een slecht voorteken als er op weg een vreemdeling om geld of iets uit het huis vraagt.'

'Indien er op weg naar de tonja een slang voortbewegend op het water wordt waargenomen, dan wordt dit beschouwd als een teken van ongeluk.'

'Als ze met een riem een snoek raken en de snoek in de boot wordt geworpen, zoals regelmatig gebeurt, zal de snoek in kleine stukken worden gesneden en aan weerszijden van de boot in het water worden gegooid. Anders wordt deze ontmoeting gezien als een waar teken des doods of ernstige ziekte van een van de vissers die zich in de boot bevinden.'

TOCH WERD er op een of andere manier gevist, merkte Shulz verbaasd op. De vangst had dat jaar een zo 'mythische' omvang, schreef hij aan zijn superieuren in St. Petersburg, dat 'deze door iemand die het niet met eigen ogen heeft gezien gemakkelijk als onmogelijk kan worden beschouwd'. De steuren kwamen in zulke grote aantallen in de Wolga voor dat te kleine vissen bij het afval werden gegooid, meldde hij.

Aan de rivier de Oeral, die ook in de Kaspische Zee uitstroomt, heersten totaal andere gewoonten. Terwijl het vissen op de Wolga werd gedomineerd door grote bedrijven, werkten er op de Oeral nog altijd onafhankelijke vissers. De meeste van hen waren kozakken, de stoere Slavische ruiters die in opdracht van de tsaar de grenzen bewaakten. Als betaling voor hun militaire dienst kregen ze van de tsaar het exclusieve recht om tijdens de migratie van de steur in de Oeral te vissen.

Zelfs particuliere schepen mochten niet stroomopwaarts varen als de steur aan het kuitschieten was. Volgens Nicholas Borodine, een steurexpert uit de negentiende eeuw die afstamde van de kozakken, zorgden de vissers van de Oeral ervoor dat ze het geschenk van de tsaar niet uitputten. Ze beperkten opzettelijk de duur van het visseizoen om er verzekerd van te zijn dat steuren in staat werden gesteld kuit te schieten. Terwijl hun collega's van de Wolga tot in de hoogzomer toe fanatiek aan het vissen waren, begonnen de kozakken van de Oeral pas op 17 september te vissen. Op die dag verzamelden zich honderden kozakken aan de oever met haken en boten. Het vissen kon pas beginnen als de *ataman* van de kozakken, de leider, een kanon afvuurde en daarmee het begin van het visseizoen markeerde. Zodra het schot weerklonk spoedden zo'n zesduizend kozakken zich in lichte bootjes naar hetzelfde deel van de rivier. Aangezien ze houten afbakeningen hadden aangelegd om de steur in de val te laten lopen, was het een ongelijke strijd. De kozakken gebruikten netten, haaklijnen en harpoenen om de gevangen vis uit het water te hijsen. Tegen het einde van de dag lag er een berg steur op de kant.

De kozakken van de Oeral waren in staat om het vissen tot september uit te stellen, omdat de steur uit de Kaspische Zee zijn migratie over de seizoenen verdeelt. Meer dan de helft van de volwassen steuren zwemt tussen februari en juni stroomopwaarts, de rest wacht tot de herfst om de tocht te maken. Sommige vissen beginnen de tocht kort voordat de rivier bevriest en brengen de winter door in een winterslaap onder het ijs, rechtopstaand met hun neuzen in de modder tot de dooi intreedt. De kozakken van de Oeral mochten elk jaar een paar dagen ijsvissen. Ze verzamelden zich met honderden tegelijk met lange speren met haken die door gaten in het ijs konden worden gestoken, in de flanken van de slapende steur.

Voor de kozakken ging het vissen op steur niet alleen om de kaviaar. Ze visten ook omdat ze voedsel nodig hadden. De dikke plakken vlees zorgden ervoor dat de gezinnen de strenge winter op de kale steppe doorkwamen. Het vlees van de steur werd gezouten in lange repen filets, die net als gerookte zalm in dunne plakken kunnen worden gesneden.

De Russen beschouwen het ruggenmerg of *visigia* als een even grote delicatesse als kaviaar. Het ruggenmerg wordt uit de ruggengraat getrokken, gedroogd en in vlechten gebonden en gebruikt bij de bereiding van een stevige, smaakvolle soep. Een eeuw geleden bewaarden de vissers ook de zwemblazen. Deze werden gekookt voor visgelatine, een vroege vorm van plastic, onsterfelijk gemaakt in het reislied uit de musical *Oklahoma*. De visgelatine kon ook voor vele andere zaken worden gebruikt. Hij kon worden gedestilleerd tot lijm, hij kon worden gebruikt om bier te klaren en zelfgemaakte pudding op te stijven. Visgelatine was in de keuken onmisbaar tot de gelatine uit een pakje verscheen.

Het eerste dat een visser deed, voordat hij zich bezighield met een van deze producten, was het verwijderen van de kostbare eierzakken uit de baarmoeder van de steur. Deze handeling vereist slechts een paar bewegingen met een mes, maar als het niet correct wordt gedaan, is de kaviaar waardeloos geworden. Het verwerken van kaviaar vereist een snelle hand, een goed inzicht en een zekere koelbloedigheid. De eerste regel, eentje die vaak door stropers wordt genegeerd, is nooit kaviaar te maken van een dode steur. De vis moet nog naar adem happen als het mes haar leerachtige buik opensnijdt, anders sijpelen er schadelijke enzymen in de eierstokken en het vlees. Stropers die hun snast-lijnen soms maar eens in de zoveel dagen controleren, staan erom bekend dat ze dode steuren die aan hun haken drijven, opensnijden. Soms zorgen de enzymen alleen voor een bedorven smaak, maar ze kunnen de eter behoorlijk ziek maken.

De bereidingswijze van kaviaar is zo precies dat het in Rusland een gespecialiseerd beroep is. Nadat de vis op het droge ligt, sleept een handige *ikrjantsjik* – een kaviaarmeester – de vis naar een schaduwrijk plekje. Het kan onder de dichtstbijzijnde boom of in een hygiënischere verwerkingsfabriek zijn. De ikrjantsjik haalt de eizakken uit de buik van de vis en begint de grijze klonters te verwerken tot de delicatesse die we kennen als kaviaar. In kleinere steuren hebben deze beide zakken de grootte van een kip en hebben ze het onaantrekkelijke uiterlijk van nat karton.

De eierstokken van een beloega kunnen zo groot worden als een schaap. De ikrjantsjik moet snel handelen nadat hij heeft gesneden.

Zelfs eieren die optimaal worden geoogst, kunnen hun smaak verliezen als ze te lang blijven zitten. Volgens sommige experts heeft de ikrjantsjik precies dertien minuten tijd, anderen beweren dat kaviaar die in vijf minuten is gewonnen de beste kwaliteit bezit. Stropers wachten soms uren voor ze de kaviaar mengen, vooral als ze proberen om ontdekking te vermijden. Het resultaat kan smakeloos en papperig zijn.

Kaviaar is nog altijd een uitsluitend met de hand bereid ambachtelijk voedsel. De ikrjantsjik begint met het zacht masseren van de eierstokken door een zeef, zodat de afzonderlijke eitjes langzaam in een kom belanden. Dit zeven moet zeer voorzichtig gebeuren om te voorkomen dat de eitjes stukgaan. Zodra de eitjes geheel van het membraan zijn gescheiden, worden ze afgespoeld in zout water. De ikrjantsjik mengt er dan los zout van goede kwaliteit door tot het zout ongeveer vier procent van het totale gewicht van de eieren heeft bereikt. Een goede ikrjantsjik vertrouwt niet op formules, maar past het zout aan op het seizoen, het soort eitjes en de kwaliteit van de eitjes. Er zijn zelfs een paar kopers die beweren dat ze de ikrjantsjik kunnen herkennen aan de manier waarop de kaviaar is gezouten, zoals wijnkenners hun château herkennen.

De resulterende kaviaar wordt *malosol* genoemd, het Russische woord voor licht gezouten. De kaviaar smaakt al heerlijk rechtstreeks uit de kom van de ikrjantsjik, maar de eitjes winnen nog aan karakter als het zout doordringt in de omhulsels. Vrijwel alle kaviaar die tegenwoordig voor de export is bestemd, is malosol, maar mensen vergeten vaak dat deze kleine hoeveelheid zout een vrij recente vernieuwing is. Vroeger, toen het transport trager en minder betrouwbaar was, schepten producenten het zout vaak in hopen op de kaviaar, tot wel vijftien procent van het volume, om zo bederf te voorkomen. Ook werd kaviaar in blokken geperst door de zoutoplossing meerdere keren uit de eitjes te spoelen. Zo'n blok was maanden houdbaar en kon als kaas in plakken worden gesneden. Deze harde geperste kaviaar werd *pajoesnaja* genoemd en is tegenwoordig niet meer te vinden. De geperste blokken waren goedkoper dan zachte kaviaar en bezaten een intensere smaak. Het was vaak de enige soort kaviaar die een Russische arbeider zich kon veroorloven, hoewel de Griekse scheepsmagnaat Aristoteles Onassis het at omdat hij het lekkerder vond dan zachte kaviaar.

Zelfs in geperste vorm of geweekt in zout bederft kaviaar sneller dan ander voedsel. De vluchtige natuur heeft de consumptie van kaviaar eeuwenlang beperkt en ervoor gezorgd dat de steur niet van de aardbodem verdween. Toen kaviaar eenmaal kon worden gepasteuriseerd en aangelengd met het conserveringsmiddel borax en vacuüm kon worden verpakt, kon de delicatesse veilig naar elke plek op de wereld worden getransporteerd. En op het moment dat kaviaar ophield een bederfelijke plaatselijke delicatesse te zijn, waren de dagen van de oeroude steur geteld.

2

Van varkenstrog naar koningsdis

Het toneelstuk werd, herinner ik me, niet door de massa gewaardeerd, het was kaviaar voor de meesten; maar het was … een voortreffelijk stuk.

SHAKESPEARE, HAMLET

Kort nadat de Mongolen Moskovië hadden veroverd, verliet hun aanvoerder Batoe Khan zijn hoofdkwartier en reisde met zijn vrouw Yildiz langs de Wolga om zijn nieuwe onderdanen in een naburig klooster te bezoeken. Moskou was kort ervoor tot de grond toe afgebrand, Kiev was geplunderd en heel Centraal-Rusland verwoest, daarom wilde de Aziatische krijgsheer tonen dat hij een beschaafde heerser kon zijn. De Russen die zich in het orthodox-christelijke klooster bevonden, putten zich ongetwijfeld uit om de nieuwe heerser en kleinzoon van Dzjengis Khan te behagen, en ze bereidden een groot feest voor, met onder de vele gangen soep van sterlet en een hele geroosterde steur. Als summum van respect besloten de monniken de maaltijd met het serveren van de plaatselijke specialiteit aan Batoe en zijn vrouw, hete ingemaakte appelen met een topping van gezouten steureitjes. Yildiz werd zo ziek van de geur van warme kaviaar dat ze gedwongen was zich terug te trekken op haar kamer. Batoe, gehard door jaren op militair rantsoen, tastte echter toe. Hij moet het gerecht aangenaam hebben gevonden, want het klooster bleef gespaard.

Batoe was dan wel een oosterse despoot, maar hij was ruimdenkend als het op kaviaar aankwam. In de duistere periode van de dertiende eeuw zouden de meeste mensen buiten Rusland op precies dezelfde manier als Yildiz hebben gereageerd bij de gedachte deze kleine viseitjes op te moeten eten.

Vaak wordt beweerd dat kaviaar een oeroude geschiedenis heeft, maar dit verhaal illustreert dat de status van luxe gerecht pas later is ontstaan. Voor de veertiende eeuw was kaviaar in Europa onbekend, toen reisden de Venetiaanse schepen naar de Zwarte Zee en kwamen ze terug met vaten vol van deze broze eitjes. De geïmporteerde delicatesse sloeg echter niet meteen aan. Kaviaar was in de zestiende eeuw zo zeldzaam in Engeland dat Shakespeare het voedsel gebruikte als metafoor voor duisterheid. Wanneer Hamlet klaagt dat zijn stuk 'kaviaar voor de meesten' was, bedoelt hij ermee dat het gewone publiek het niet snapte. De weerzin tegen de verleidingen van kaviaar hielden nog driehonderd jaar stand. Ondanks de overvloed van steur in de Europese wateren wierpen de vissers tot 1860 de kuit van de vis voor de zwijnen, als ze de eitjes al niet op de oever lieten rotten.

Het is geen toeval dat Batoe Khan voor het eerst kaviaar proefde in een orthodox-christelijk klooster. De eitjes genoten in het middeleeuwse Rusland eerst populariteit als een religieus gerecht, omdat kaviaar net als andere vissoorten was toegestaan op dagen dat vlees door de kerk was verboden. Lang voordat kaviaar een luxeartikel werd, waren de eitjes voedsel voor de gelovigen, gegeten door zowel boeren als aristocraten.

Russen beschouwen kaviaar tegenwoordig als hun nationale gerecht, maar ze waren niet de eersten die de eieren van de steur aten. Als de eerste bewoners van Noord-Amerika het geluk hadden dat ze een steur vingen, aten ze waarschijnlijk de kuit met de rest van de vis op. Het lijkt eveneens aannemelijk dat neolithische volkeren, die rond de Zwarte en Kaspische Zeeën leefden, hetzelfde deden. Maar geen van deze oude volkeren zal hebben geweten hoe ze de eitjes van de steur met zout konden verduurzamen tot wat we tegenwoordig kennen als kaviaar.

De oorsprong van kaviaar is even duister als de oorsprong van het woord zelf. De *Oxford English Dictionary (OED)* veronderstelt, zonder veel overtuiging, dat het Engelse woord *caviar* waarschijnlijk tegen het eind van de zestiende eeuw werd afgeleid van hetzij het Italiaanse *caviale*, hetzij het Turkse *khavyar*. De naam werd op verschillende manieren uitgesproken en gespeld voordat de Engelsen het hielden op 'caviar'. Tot voor kort eindigde het woord vaak op een e en rijmde het op *prepare*.

De eerbiedwaardige *OED* wordt beschouwd als een autoriteit in de etymologie van Engelse woorden, maar de hypothese bij het lemma 'caviar' intrigeerde Demetrius J. Georgacas, een van de toonaangevende Griekse taalkundigen van de twintigste eeuw. Georgacas werkte in de jaren zeventig aan een nieuw Grieks-Engels woordenboek en hij was vooral geïnteresseerd in hoe Griekse woorden waren omgevormd tot Engelse woorden. Zijn intuïtie zei hem dat 'caviar' in het Engels terecht was gekomen via het Grieks, niet het Italiaans of het Turks.

De *OED* erkende bijvoorbeeld dat *khavyar* er niet uitzag en klonk als een Turks woord. Dit duidde erop dat de Turken het woord hadden geleend van een andere taal. Georgacas vond het al even moeilijk om te accepteren dat de Italianen met het woord op de proppen waren gekomen, aangezien kaviaar geen plaatselijk voedsel was en werd geïmporteerd. De Grieken kennen echter al een lange traditie van het bereiden van gezouten viseitjes, die ze *taramas* of *botargo* noemen. Deze worden bereid door het voorzichtig inmaken van de hele eizak, gewoonlijk afkomstig van harder of tonijn.

Bijna elke mediterrane vis leent zich hier overigens voor. Italianen en Turken consumeerden af en toe wel eens kaviaar of botargo, maar het voedsel was diep verankerd in de Griekse cultuur. Georgacas achtte het een zaak van nationale eer om aan te tonen dat de *OED* ongelijk had.

Hij had nog meer redenen om aan te nemen dat de Grieken al eeuwen voor de Italianen of de Turken de godenspijs ontdekten en kaviaar aten. De oude Griekse beschaving ontstond rond de zee. De Grieken waren uitstekende zeelieden, handelaren en vissers die al hun mogelijkheden benutten om hun cultuur door het hele Middellandse-Zeegebied te verspreiden. Gezouten vis was hun voornaamste voedsel op zee en geweldige handelswaar. Doordat zout de vis conserveerde, kon de vis in de hele regio worden verkocht. De vraag naar hun zeeproducten dreef de Griekse schippers over de bekende Egeïsche Zee, door de Dardanellen en de Bosporus en naar de wijndonkere wateren van de Zwarte Zee. Tegen de zesde eeuw v.C. hadden de Grieken visserskoloniën gesticht aan de rijke rivierdelta's van de Donau, Dnjepr, Dnjestr en Don en de Zee van Azov – een regio die tegenwoordig wordt gedeeld door Rusland en de Oekraïne. In de delta's wemelde het van steur, zoals de Wolga-delta vandaag de dag.

Zelfs voordat de Grieken de noordelijke Zwarte Zeekust in de zesde eeuw v.C. koloniseerden, moeten de Grieken de steur in de Middellandse Zee zijn tegengekomen. Ze beschouwden de steur als een van de 'edele vissen', misschien omdat hij zo kostbaar was. Afbeeldingen van de vis komen voor op Egyptische tempels in Luxor en op oude munten die in Tunesië werden gevonden, wat doet vermoeden dat de steur destijds ook voorkwam voor de kust van Noord-Afrika. De meest voorkomende soorten in de Middellandse Zee waren de Europese en de Adriatische steur, maar er bevonden zich ook populaties beloega in de Adriatische Zee, die kuit schoten in de Po, vlak bij Venetië.

De steur kwam in de Oudheid misschien veel voor in de mediterrane rivieren, maar hij was geen gemakkelijke vis om te vangen. De mens leerde rond 10.000 v.C. de basistechnieken van het vissen, maar steur bleef een bijzondere uitdaging. Een haak met aas was waardeloos om de steur te vangen, omdat de vis alleen van de bodem eet. Netten waren vaak ook ineffectief, omdat de scherpe punten op het pantser van de vis de mazen, meestal van riet of andere primitieve vezels, gemakkelijk uiteenreten. Ergens rond de tweede eeuw n.C. ontdekten de Griekse vissers dat ze de steur konden vangen met een haak die onder het wateroppervlak dreef, met een lijn bevestigd aan een boom of een grazende os. De drijvende haak was de eerste betrouwbare manier om de grote steur te vangen.

Georgacas begon zijn onderzoek als alle klassieke wetenschappers, door de oude Griekse en Romeinse teksten af te gaan op verwijzingen naar kaviaar. De vismethode die Aelianus beschreef, toonde duidelijk aan dat de Grieken aan de Zwarte Zee in staat waren om steur te vangen. Vreemd genoeg zei Aelianus echter niets over kaviaar. Georgacas bleef zoeken naar vermeldingen van kaviaar in vroegere teksten, maar tot zijn grote teleurstelling bleek het taalkundig bewijs onvoldoende.

Hoewel kaviaar in modern Grieks *avyarion* wordt genoemd, kon Georgacas niet precies bepalen hoe de gezouten kuit van de steur in de Oudheid werd genoemd. Dit komt omdat hij slechts één vermelding van de delicatesse in de hele klassieke Griekse en Romeinse literatuur tegenkwam, en dan ook nog een indirecte verwijzing. Iets dat klinkt als kaviaar wordt besproken in een bekende lijst van recepten voor het zouten van vis, samengesteld door Athenaeus in de tweede eeuw n.C. Athenaeus schreef zijn informatie toe aan een eerdere schrijver, Dilphilos van Siphnos. Dilphilos, die een eeuw voor Athenaeus leefde, had een reisverhaal geschreven over een reis naar Alexandrië, de welvarende en intellectuele Griekse stad in de Nijldelta. Dilphilos was zeer onder de indruk van het aanbod aan goederen op de markt van de stad. Volgens het door Athenaeus opnieuw vertelde verhaal, konden de ontwikkelde Alexandrijnen kiezen uit twee soorten kaviaar – de licht gezouten soort die we vers noemen en de sterk verduurzaamde soort met veel zout.

Toen Georgacas deze verwijzing vond, had het zijn *eureka*-moment moeten zijn. Het probleem is echter dat Athenaeus het woord kaviaar niet gebruikt, maar een meer algemene uitdrukking die Georgacas wel moest vertalen als 'rauw ingemaakt product'. Aangezien het oorspronkelijke manuscript van Dilphilos uit de derde eeuw v.C. het niet heeft overleefd, kan op geen enkele manier worden vastgesteld of hij het echt had over kaviaar bereid van de kuit van steur of een andere vissoort.

Ondanks deze tegenslag bleef Georgacas erop hameren dat het woord voor kaviaar afkomstig was uit het oude Griekenland. In 1978 publiceerde hij een boekdikke weerlegging op de *OED* met de (vertaalde) titel *Ichtyologische termen voor de steur en etymologie van de internationale termen voor botargo, kaviaar en soortgenoten*. Zijn bewijs is verrassend indirect. Aristoteles en Herodotus waren beiden bekend met de steur, maar geen van beiden schreef ooit iets specifieks over de kuit. Georgacas probeerde dit te verklaren door te stellen dat klassieke schrijvers kaviaar bedoelden als ze het woord voor steur gebruikten.

De afwezigheid van duidelijke verwijzingen naar kaviaar in deze oude teksten is onbegrijpelijk. Er bestaat weinig twijfel over de vraag of de oude Grieken de steur kenden. Ze beheersten de techniek om met behulp van zout vis in te maken en ze waren beslist verzot op viskuit. Misschien hadden de oude Grieken echter problemen om de vis geregeld te vangen. Als dat het geval was, dan was echte kaviaar van de steur zeer zeldzaam, zo zeldzaam dat geen enkele klassieke schrijver ooit de kans kreeg die te proeven. Op basis van vroege vermeldingen die Georgacas ontdekte, werd steur voor enorme bedragen verkocht en hieruit kan worden geconcludeerd dat het geen gewoon gerecht was. De vis was zo'n luxeartikel dat een schrijver beweerde, dat een enkele kom steurvlees op de markt van Athene werd verkocht voor dezelfde prijs als honderd schapen en een stier.

De Romeinen zeggen ook niets over kaviaar, al prezen ze vers steurvlees zeer. Zelfs in de tijd van de Romeinen was steur een zeldzame en kostbare delicatesse. Steur werd alleen geserveerd op bijzondere feesten en werd vaak gepresenteerd als onderdeel van een verfijnd ritueel. Plinius deelt mee dat bij het banket, dat volgde toen Rome Carthago had verslagen, een fanfare van trompetten de komst van het dienblad met steur aankondigde. Van de Romeinse keizer Severus is bekend dat hij fluiten en trommels aan de trompetten had laten toevoegen en zijn steur liet versieren met rozen. Aangezien de Romeinen ook specialisten waren in het verduurzamen van vis met zout, hebben ze hun steur misschien ook ingemaakt gegeten. Maar zelfs als de steur was ingemaakt, kostte hij veel meer dan een gemiddelde Romeinse burger zich kon veroorloven. Cicero schreef in de eerste eeuw v.C. dat 'dit een vis is die alleen geschikt is voor een paar uitverkoren verhemeltes'.

Tegen de tijd dat Aelianus in de tweede eeuw de vissers in de Zwarte Zee op steur had zien vissen, had de Romeinse cultuur de Griekse in zich opgenomen en domineerde deze cultuur in het Middellandse Zeegebied. In 301 n.C. verzocht de Romeinse keizer Diocletius om een lijst van voedsel dat gewoonlijk in Griekse vestigingen werd gegeten. De uiteindelijke lijst maakte geen gewag van kaviaar. We kunnen er op geen enkele manier achter komen of dit door een Romeinse bureaucraat over het hoofd werd gezien, of dat dit een juiste afspiegeling was van de Griekse eetgewoonten.

Binnen een paar decennia zou de invloed van Rome afnemen. Na de ineenstorting van het rijk kwam Europa terecht in een lange periode van culinaire duisternis. 'De verfijnde keuken stopte met de val van Rome', laat Georgacas ons weten. Als kaviaar werkelijk in de Oudheid verkrijgbaar was, dan lijkt het zeker dat de kennis van deze delicatesse bijna geheel was vergeten na de val van Rome.

DE EERSTE ondubbelzinnige verwijzingen naar kaviaar duiken in de Middeleeuwen op. Rond de twaalfde eeuw verscheen er kaviaar in Constantinopel, toen het centrum van de Grieks-orthodoxe kerk. In 1280, zo'n vier decennia nadat Batoe Khan in het klooster aan de Wolga had gedineerd, stond de Russische kerk formeel toe dat kaviaar en steur mochten worden gegeten tijdens religieuze vasten, wanneer vlees en luxe delicatessen verboden waren. De Russische naam voor kaviaar is bedrieglijk bescheiden *ikra*, het woord voor kuitschieten. Een dergelijk functioneel woord zegt veel over de plaats van kaviaar in de Russische cultuur.

Rusland was in de dertiende eeuw als natie nog in opkomst en de invloed van Rusland beperkte zich tot het gebied rond Moskou. De Russen waren nog ver verwijderd van het veroveren van de steurvisserijen aan de Kaspische en Zwarte Zeeën, al leefden er wel orthodoxe Slaven verspreid over deze regio's. De meeste steur die de Russen in die tijd consumeerden, was toen afkomstig van de noordelijkste zijarmen van de Wolga, in de buurt van de stad Kostroma. In een klooster in dit gebied zijn nog altijd fresco's bewaard gebleven ter ere van de machtige steur.

In die tijd heerste de kerk over zelfs de kleinste details van het Russische leven. Orthodoxe christenen waren verplicht wel tweehonderd dagen per jaar geen vlees te eten. Deze strenge vasten hadden tot gevolg dat de Russen zeer veel vis gingen eten, een voorkeur die zij ook vandaag de dag nog koesteren. Steur was een favoriete vis, deels omdat het een voedzame en vlezige vis is. Zo'n tachtig procent van de steur is eetbaar, vergeleken met slechts veertig procent van de meeste vissen. Voordat koeling en gemotoriseerd transport het mogelijk maakten verse steur te consumeren, conserveerden de Russen de vis gewoonlijk door hem te zouten of in te leggen. Zelfs verduurzaamd vlees was echter behoorlijk prijzig. Het was veel goedkoper om de kuit te kopen. Door kaviaar goed te keuren als voedsel tijdens de vasten maakte de kerk het de armen eenvoudiger om aan de religieuze voorschriften te voldoen.

De dertiende eeuw was een onstuimige tijd in Rusland. Het land was net vernederend verslagen door Batoe Khan, en de Moskovitische prinsen raakten steeds weer verwikkeld in conflicten met de Mongolen van de Gouden Horde, die zich langs de zuidelijke steppe hadden gevestigd, van het Aralmeer tot de Krim. De positie van de Mongolen langs de voornaamste waterwegen naar de Zwarte en Kaspische Zeeën stelde hen in staat de rijke visgronden in de regio en de belangrijke handelsroutes te controleren. Toen Batoe Khan zijn hoofdstad vestigde, koos hij een plek uit even ten noorden van Astrakan, een belangrijk kruispunt op de Grote Zijderoute. De strategische positie bood de Mongolen de gelegenheid om te profiteren van de handel tussen China en Europa.

Chinese kooplieden reisden al geruime tijd over de steppe naar Europa, beladen met specerijen, thee en bont. Marco Polo, die de reis aan het eind van de dertiende eeuw in omgekeerde richting aflegde, deed zijn landgenoten versteld staan met verhalen over de exotische Aziatische landen. Spoedig waagden handelsschepen uit Venetië en Genua zich over zee naar het oosten, op zoek naar de plaatsen die Marco Polo had beschreven. Zeilend door de Bosporus en uitgerust met een nieuwe uitvinding, het kompas, zetten ze koers naar de Krim en het rijk van de Gouden Horde. De Mongolen, die een Turkse taal spraken, traden op als tussenpersonen en verkochten de Italianen de verfijnde zijde uit Perzië, goede kwaliteit papier uit China en zuiver zout uit de delta van de Wolga. De Mongoolse handelaren overtuigden de Italianen om ook eens een vat kaviaar mee te nemen van de steurvisserij in de Zee van Azov.

Dit was geen kaviaar zoals we die nu kennen. Om de lange reis over de zeeën te overleven, moesten de eitjes van de steur worden verduurzaamd met grote hoeveelheden zout. In plaats van een lichte zeesmaak smaakte deze kaviaar waarschijnlijk als een slok zeewater. Ondanks het rijkelijk zouten van de eitjes arriveerden ze zelden zonder dat ze zuur of schimmelig waren geworden. Geen wonder dat de Venetianen niet meteen voor de oosterse delicatesse vielen. Kaviaar werd verkocht door apothekers, naast ander verdacht voedsel als kappertjes. Een spreekwoord uit die tijd waarschuwde de Italianen dat wie 'Cavialies (kaviaar) eet, zout, mest en vliegen eet'.

In de loop van de tijd begon de weerzin tegen het merkwaardige voedsel te verminderen, en tegen de vijftiende eeuw importeerden de Venetiaanse kooplieden per jaar twee scheepsladingen kaviaar van de Mongolen. De schrijver Tobias Venner merkte op dat kaviaar bij de Italianen zelfs in de mode raakte. 'Er is een Italiaanse saus genaamd caviaro, die bij ons wordt gebruikt, zulke ijdele liefhebbers zijn we van nieuwigheden', schreef hij. Maar hij riep op tot voorzichtigheid. Kaviaar, waarschuwde hij, 'is bereid met de kuit van de steur: de naam zelf geeft al aan dat het goed is om ermee op te passen'. Venner wist dat in het woord caviaro de Latijnse stam voor 'voorzichtig zijn' aanwezig is.

Galileo was een van die dappere fijnproevers die ondanks de waarschuwingen kaviaar at. In 1629 stuurde hij een pakje met de delicatesse naar het Florentijnse klooster waar zijn dochter Virginia verbleef. Ze had haar gelofte afgelegd en was zuster Maria Celeste geworden, maar accepteerde nog altijd exotisch voedsel, zoals citroenen en sinaasappelen, als geschenk van haar vader, en ze deelde haar buit altijd met de andere nonnen. Deze specifieke zending was echter geen succes in het klooster, klaagde ze in een brief aan Galileo. 'Toen zuster Arcangela het pakje met kaviaar van jou onlangs zag, voelde ze zich bedrogen, want ze was ervan overtuigd dat het de kaas uit Holland bevatte die je gewoonlijk rond deze tijd van het jaar stuurt.' De verdachte donkere brij werd weggegooid. zuster Maria Celeste was echter niet geheel afkerig van de delicatesse. Toen Galileo haar het volgende jaar opnieuw een hoeveelheid kaviaar zond, mengde ze wat kuit met gedroogde vijgen, noten en zout en zond het terug naar haar vader als een bescherming tegen de pest.

Als een typische renaissancemens was Galileo net zo nieuwsgierig naar nieuwe soorten voedsel als naar de structuur van het heelal. Hij was niet de enige die culinair op onderzoek uit was. Toen Europa de beperkingen en het bijgeloof van de duistere Middeleeuwen eindelijk achter zich liet, begon de samenleving zich weer te interesseren voor de verfijnde kunst van het koken, die met de Romeinse beschaving was verdwenen. Het aantal mensen dat de exotische eitjes uit het Oosten wilde proeven, nam steeds meer toe.

Hun nieuwsgierigheid viel toevallig samen met een groter aanbod aan kaviaar. Tegen het begin van de Renaissance maakte de vooruitgang in vistechnieken, vooral het toegenomen gebruik van de ankerhaak, het mogelijk om meer steur dan ooit tevoren te vangen. Tegen de tijd dat de Venetiaanse kooplieden in de veertiende eeuw in de Zwarte Zee arriveerden, waren de Mongolen experts geworden in het gebruik van de drijvende haak. Doordat ze grote hoeveelheden steur konden vangen, waren ze in staat de Italiaanse kooplieden grote hoeveelheden kaviaar te verkopen.

VER VOORBIJ Centraal-Azië, waar veel van de nomadische stammen vandaan kwamen, is bewijs gevonden dat de oude Chinezen het vissen op steur zelf hadden ontdekt.

Net als de Grieken en Romeinen beschouwden ze de steur als een bijzondere vis. De steur was de 'koning der vissen' en werd het vermogen toegedicht zichzelf in een draak te kunnen veranderen. De Chinezen moeten veel steur hebben aangetroffen in de rivier de Amoer en de Yangtze. Volgens een Chinees verslag waren de mensen die in de tiende eeuw in de buurt van de Yangtze woonden, goed in het vangen van steur en genoten ze ook van de kuit. Ze hadden een veel verfijndere methode om de eitjes te bereiden. Voordat ze de eieren in pekel inlegden, doopten ze deze eerst in thee.

De liefde voor steur is echter nooit universeel geweest. In de negende eeuw heersten de Chazaren over de Kaspische steppe, de befaamde stam waarvan de hogere klassen zich tot de joodse leer hadden bekeerd. De Chazaren waren een Turkssprekend volk en stonden bekend om hun handelszin en hun rol als bolwerk tegen de Arabische invasies. De Chazaren regeerden over een enorm en multi-etnisch rijk. De hoofdstad Itil bevond zich in de buurt van het tegenwoordige Astrakan en de plaats waar de Gouden Horde later zijn hoofdstad zou vestigen. Hoewel elke lente duizenden steuren de Wolga opzwommen langs hun hoofdstad, weigerden de joodse Chazaren het vlees of de kuit te eten. Aangezien de steur geen schubben bezit, wordt hij als onrein beschouwd volgens de joodse wet. Later, toen sjiitische moslims de zuidelijke kust van de Kaspische Zee domineerden, in wat tegenwoordig Azerbeidzjan en Noord-Iran is, beschouwden ook zij de steur als een onreine vis.

HET VISSEN op steur nam dankzij de ankerhaak een hoge vlucht in de Mongoolse gebieden, maar in het middeleeuwse Europa bleef de vis een zeldzame delicatesse. De steur was zo waardevol dat feodale vissers al hun gevangen steur moesten afgeven aan hun heren, die het vlees roosterden. De kuit werd echter weggegooid. Europeanen hadden nog geen idee hoe ze kaviaar moesten maken.

Koning Edward II van Engeland was een van de eerste adellijken die de steur voor zichzelf opeiste. In de veertiende eeuw liet hij een bevel uitgaan dat elke steur die in Engelse wateren werd gevangen, aan hem werd overgedragen, tenzij de vis in de Theems werd gevangen. In dat geval kon de burgemeester van Londen zijn rechten doen gelden. Toen deze steuren op de vismarkt van Londen werden verkocht, werd er een hoge prijs voor gevraagd. In 1339 kostte een enkel vat gezouten steur evenveel als een dozijn vaten haring. De hoge prijs doet vermoeden dat er weinig steur in de Engelse wateren werd gevangen.

In navolging van het Engelse voorbeeld eisten ook de koningen van Denemarken en Spanje alle steuren op die door hun vissers werden gevangen. In Frankrijk had de aartsbisschop alleen recht op de eerste steur van het seizoen uit de Rhône, waar een grote populatie steuren voorkwam. In het middeleeuwse Arles ontwikkelde zich de traditie om de gebeurtenis te vieren door de eerste mannetjesvis in optocht door de straten naar het huis van de aartsbisschop te brengen. De nadruk op het vieren van de mannetjesvis lijkt erop te wijzen dat geen speciale waarde werd gehecht aan het vrouwtje dat kuit produceerde. Een toeschouwer die de optocht in 1439 beschreef, merkte op dat 'de processie van de haven naar de stad klom... de tamboerijnspelers voerden de stoet aan en maakten een vrolijk kabaal. Vervolgens kwamen de vissers die een monsterlijke vis op een draagbaar droegen'. Opnieuw rept een schrijver met geen woord over de eieren.

De Duitsers waren ook gek op het vlees van de steur en de vissers mochten hun vangst behouden. In de zeventiende eeuw werden zoveel steuren in de Elbe gevangen dat een vissersstadje in Pruisen de afbeelding van een gekroonde steur in het wapenschild opnam. Toen de vangsten steeds groter werden, waarschuwde een plaatselijke geestelijke de leden van zijn gemeente in 1675 dat er spoedig geen steur meer over zou zijn, tenzij de vissers hun vangst aan banden zouden leggen, een voorbode van de milieurampen die zouden volgen. Zoals altijd werden de waarschuwingen in de wind geslagen en bleef men onverminderd op steur vissen.

IN RUSLAND waar steur al lange tijd een populaire vis was, werd het aanbod van steur nog groter. Toen de macht van de Mongolen in de vijftiende eeuw tanende was, rukte Rusland verder langs de Wolga op naar de Kaspische Zee. In 1556 trok Ivan de Verschrikkelijke met zijn leger langs de Wolga naar het zuiden, bezette de steppe ten noorden van de Kaspische Zee en verdreef de Mongolen uit Astrakan. Met de stenen uit de paleizen van de Gouden Horde bouwde Ivan het eerste *Kremlin* of fort in de Kaspische havenstad. Uiteindelijk kregen de Russen zeggenschap over de bloeiende steurvisserij van Astrakan. Ivan eiste een deel van de jaarlijkse Mongoolse steurvangst op als belasting en stond erop dat de vis vers in Moskou werd afgeleverd. De vissers verpakten de naar lucht happende steur goed in stro en wikkelden zijn snuit in lappen die in wodka waren gedrenkt. Daarna kon de lange reis met paard en wagen van de Wolga naar Moskou beginnen.

Ivan wilde de steppe snel koloniseren en het gebied tegen een invasie beschermen en hij moedigde de Russen aan zich in het zuiden te vestigen. Veel migranten waren wanhopige mensen, bijvoorbeeld weggelopen slaven die het meedogenloze feodale systeem in Rusland hoopten te ontvluchten. Anderen waren religieuze dissidenten die ontevreden waren over de veranderingen in de Russische-orthodoxe kerk. Net als de nomaden die uit het oosten waren gekomen, zochten ze een plek aan de rivieren – Wolga, Oeral, Don en Terek. Velen eindigden als piraten en vissers en werden bekend onder de naam kozakken.

Mensen denken bij kozakken altijd aan ruiters die over de vlakten galopperen terwijl hun sabel de lucht doorklieft, maar de kozakken van de steppe waren ook goede vissers. Nadat de Mongolen waren verslagen domineerden ze de steurindustrie aan de Wolga en de Don en gleden ze in lichtgewichtkano's van boomschors over de rivieren. Ze waren orthodox-christelijk en spraken Russisch of Oekraïens, maar de kozakken ontwikkelden hun eigen identiteit. Ze waren vrijgesteld van slavernij, maar in ruil daarvoor waren ze verplicht hun leven lang militaire dienst te vervullen door de Russische grens te bewaken.

De kozakken vormden niet altijd de meest betrouwbare grensbewakers. In plaats van de steppe te beschermen vielen de kozakken geregeld schepen op de Wolga aan en plunderden deze. Soms handelden de kozakkenlegers op eigen gezag, zoals in 1637 toen ze het Turkse fort bij Azov innamen, een gebied dat bekend staat om zijn goede mogelijkheden om op steur te vissen. Het gewone leger van de tsaar weigerde echter om hen bij te staan en de kozakken waren gedwongen zich terug te trekken en gaven hun visrechten in de Zee van Azov prijs.

Toen Aleksej in 1645 de Russische troon besteeg, deed hij een poging om de losse bendes kozakken te organiseren tot formelere en meer gedisciplineerde militaire eenheden. De kozakken waren woedend over hun nieuwe verplichtingen. In de jaren 1660 leidde de ontevreden kozakkenofficier Stenka Razin een grote opstand tegen tsaar Aleksej. Razin was een beruchte piraat, maar hij had ook de populaire reputatie een Robin Hood van de steppe te zijn. Vandaag de dag wordt hij gezien als een soort vroege democraat, die opstond tegen het autoritair gezag van de tsaar. Toen Moskou pogingen in het werk stelde hem te straffen voor zijn piraterij, vormde Razin een leger van andere ontevreden kozakken en nam hij Astrakan in. Het succes maakte hen nog baldadiger en de kozakken begonnen naar het noorden te trekken en wonnen de ene slag na de andere. Een tijdlang leek het dat Razins leger van kozakkenpiraten en vissers daadwerkelijk Moskou zou bereiken.

Uiteindelijk bleken de ambities van Razin hem op te breken. In 1671 werd de opstand van de kozakken neergeslagen. De volgelingen van Razin vluchtten in het hoge riet van de Wolga-delta, waar ze overleefden door op steur te vissen. Het dorp Wolveneiland, dat tegenwoordig het kaviaarbedrijf van Jevgeni Aptjekar voorziet van steur, was gesticht door de afvallige kozakken van Razin. Razin zelf werd gepakt voor hij de delta kon bereiken. Hij werd op het Rode Plein in Moskou opgehangen voor een grote menigte.

Toen Razin was verdwenen, bogen de kozakken weer voor de autoriteit van Moskou. Ze demonstreerden hun trouw door de tsaar een kom kaviaar te presenteren, een symbolisch gebaar dat veel weg heeft van de boerentraditie om geëerde gasten te verwelkomen met brood en zout. 'Gezouten kaviaar', schreef de historicus W.P. Cresson, 'verpakt in kleine houten vaatjes, was de meest acceptabele schatting die aan het Russische hof kon worden gegeven, en dit delicate product verkreeg vrijwaring voor menige misdaad die een kozak had begaan.'

Razin was van plan geweest de kozakken te bevrijden van de verplichtingen die door de verafgelegen bureaucraten in Moskou waren opgelegd, maar het omgekeerde gebeurde. Vier jaar nadat de kozakken in opstand waren gekomen, deed tsaar Aleksej een verordening uitgaan die de kaviaarhandel reguleerde en aan alle verkopen een staatsbelasting verbond.

Tegen de tijd dat Peter de Grote Aleksej in 1682 als tsaar opvolgde, was het vissen op steur uitgegroeid tot een belangrijke industrie. Doordat de Russen zo vaak vis aten om hun religieuze vasten te kunnen naleven, was de vraag enorm, met name voor gezouten vis. Peter besloot in een poging de loyaliteit van de kozakken voor zich te winnen en toekomstige opstanden te voorkomen, dat de kozakken een aantal speciale privileges kregen toegewezen. De kozakken die de visindustrie al domineerden, kregen het exclusieve recht om op steur te vissen. Ook werd hun de taak opgedragen de belastingen op zout te innen. Zout was een onmisbaar ingrediënt in de visindustrie. Peter, die alles in het werk stelde om Rusland om te vormen tot een moderne Europese samenleving, moedigde de kozakken aan hun nieuwe privileges te gebruiken om kaviaar voor de export te produceren.

Het transport van gezouten vis en kaviaar naar het buitenland was echter nog altijd lastig. Kaviaar en andere exportgoederen moesten in een karavaan over de steppe worden vervoerd, dan over de Don naar de Zwarte Zee worden gevaren, waar de producten op schepen naar Griekenland, Venetië, Duitsland, Frankrijk en Engeland konden worden geladen.

Hoewel maar weinig Europeanen de gelegenheid kregen kaviaar te proeven, hadden velen ervan gehoord. Sommigen namen aan dat het een mythisch voedsel als ambrozijn en nectar was. Anderen waren verbijsterd over de luxe reputatie die kaviaar bezat. In het verhaal Pantegruel noemt de Franse schrijver Rabelais kaviaar verscheidene keren, maar altijd als een voorbeeld van het belachelijke. Rabelais beschrijft hoe Pantegruel zich voorbereidde op een lange zeereis door een kist vol nutteloze en oneetbare zaken in te pakken. Kaviaar is er een van. Pantegruel krijgt nooit de kans om de delicatesse te eten. Als een paar uitgehongerde monniken bij Pantegruel bedelen om wat eten, geeft hij ze zijn voorraad kaviaar. Afgaand op zijn satirische toon had Rabelais niet veel op met kaviaar.

Lodewijk XV evenmin. Toen een afgezant van Peter de Grote de Franse koning kaviaar aanbood, walgde deze er zo van dat hij de kaviaar op het elegante tapijt van Versailles uitspuugde, iets wat zelfs Batoe Khan uit beleefdheid niet deed. Een paar jaar later in 1741 probeerde het *Dictionnaire du Commerce* van Savary desalniettemin om kaviaar te promoten met deze dubbelzinnige zin: 'Het begint in Frankrijk bekend te raken, waar het aan de beste tafels niet wordt versmaad'.

De Europese smaak was aan het veranderen. De dag was niet ver dat het geminachte voedsel van Russisch-orthodoxe christenen zou worden gezien als een typisch kenmerk van beschaving en rijkdom.

3

De industriële revolutie van de kaviaar

Iedere man en iedere vrouw die met respect modern ambrozijn eet in de vorm van kaviaar kan zich bij de overgave aan de waanzinnige extravagantie van het verorberen, zelfs zonder ervan te houden, identificeren met wat wordt gezien als de laatste incarnatie van de onsterfelijken.

MAGUELONNE TOUSSAINT-SAMAT
A HISTORY OF FOOD

Voordat kaviaar wereldfaam kon verwerven als delicatesse, moesten eerst zijn natuurlijk beperkingen worden overwonnen. De eieren waren moeilijk te krijgen, moeilijk te vervoeren en moeilijk vers te houden. De internationale kaviaarhandel had pas een aanvang genomen, toen de Mongolen een methode vonden grote hoeveelheden steur met kuit te vangen. De handel werd echter eeuwenlang beperkt door de moeilijkheid om de bederfelijke eieren over grote afstanden te transporteren en ze in een eetbare toestand te houden. De industriële revolutie zou voor beide problemen oplossingen aandragen. Ook zou hierdoor een klasse bemiddelde consumenten ontstaan, die hielden van nieuwe en exotische smaken. Binnen een paar decennia zou kaviaar worden omgevormd van voedsel dat door koningen werd bespot tot voedsel dat met hen werd geïdentificeerd.

Kaviaar veranderde van een Russisch boerengerecht in een traktatie voor de hoogste Europese kringen. De man die dit proces versnelde, was een Griekse zeekapitein en handelaar die pas voor het eerst steureieren proefde toen hij in de jaren 1780 in Astrakan belandde. Ioannis Varvarkis was opgegroeid op het eilandje Psara in de Oost-Egeïsche Zee toen dit een voorpost was van het Ottomaanse Rijk. Het was een ernstige jongeman met ogen die dicht bij elkaar stonden, en een doordringende blik die hem de bijnaam 'Kleine Havik' opleverde. Als jongeling ging hij in de zaak van zijn vader werken, die ladingen vervoerde naar nabijgelegen eilanden in hun kleine gebied van de Egeïsche Zee. In 1769 werden ze echter geconfronteerd met de gebeurtenissen uit een grotere wereld. Catharina de Grote, die al lange tijd haar zinnen had gezet op het Turkse territorium aan de noordkust van de Zwarte Zee, verklaarde het Ottomaanse Rijk de oorlog en zwoer alle christenen te bevrijden, die het territorium tussen de Kaukasus en de Balkan bewoonden.

Toen de orthodox-christelijke Grieken de wapens opnamen tegen hun Ottomaanse heersers, was Varvarkis een van hen. Vol van patriottische hartstocht verkocht hij al zijn bezittingen om een van zijn boten uit te rusten met kanonnen en soldaten en sloot hij zich aan bij de strijd tegen de Turken. Varvarkis kreeg de rang van kapitein. Voordat hij echter enige actie had meegemaakt, smeekte de Turkse sultan om vrede. Rusland, dat al lang op zoek was geweest naar een haven aan warm water, kreeg in 1774 de hele noordelijke kust van de Zwarte Zee als oorlogsbuit – en daarmee ook rijke steurgronden. In de wirwar van onderhandelingen die volgden, werd het lot van de christenen in de rest van het Ottomaanse Rijk vergeten. De rebellerende Grieken moesten zonder hulp tot een vergelijk komen met de Ottomanen.

Als Varvarkis terug was gegaan naar zijn onderdrukte vaderland, dan zouden we verder niets meer van hem hebben vernomen. Hij zeilde echter naar Istanboel om zijn nu waardeloos geworden oorlogsschip te verkopen. De hoofdstad van het Ottomaanse Rijk was een bijzonder naïeve bestemming, gezien de vijandigheid die er heerste jegens de opstandige Grieken, en het duurde niet lang of Varvarkis kreeg problemen met de autoriteiten. Zijn boot werd in beslag genomen en hij moest de Turkse hoofdstad ontvluchten. Nu hij geen geld meer had en stateloos was, besloot hij te proberen compensatie van Catharina te krijgen, een voornemen dat hij met zijn gebruikelijke wereldvreemde vastberadenheid nastreefde. Aangezien hij blut was, betekende dit dat hij bijna 4000 kilometer door Rusland moest lopen om zijn grieven in St. Petersburg voor te leggen. Het lukte Varvarkis niet alleen om de stad te bereiken: toen hij bij toeval in een koffiehuis kennismaakte met Grigori Potemkin, de minnaar van Catharina, lukte het hem audiëntie te krijgen bij de tsarina. Catharina gaf blijk van haar waardering door hem een beurs met gouden florijnen te overhandigen en een officieel document dat hem het recht gaf onbegrensd belastingvrij in de Kaspische Zee te vissen.

Varvarkis was ongetwijfeld zeer dankbaar voor het geld, maar hij besefte amper wat hij met de koninklijke visakte aan moest. Hij ging in elk geval op weg naar Astrakan. In plaats van een visbedrijf te beginnen, gebruikte hij zijn florijnen om een stokerij te kopen. Het was zijn bedoeling om wijn te produceren van de zoete druiven van de steppe. Hij was nog niet erg opgeschoten met de onderneming, toen Varvarkis bevriend raakte met een koopman uit Astrakan, Pjotr Semjonovitsj Sapozjnikov. Hij liet weten dat het veel lucratiever was een visbedrijf op te zetten, omdat Varvarkis al een vergunning van Catharina bezat en als schipper kennis van boten had. In die tijd werkten veel Russische vissers vaak nog op kleine bootjes. Sommigen gebruikten nog niet eens ankerhaken en vertrouwden in plaats daarvan op primitieve manden en harpoenen om de prooi te vangen. Varvarkis was in staat om grotere en betere schepen te bouwen die ook op open zee konden varen. Hij begon in zijn eentje het noorden van de Kaspische Zee in kaart te brengen. Zoals zijn vriend Sapozjnikov al had voorspeld, was het visbedrijf een groot succes. De boten van Varvarkis brachten steur, witte zalm, snoek en andere waardevolle vissoorten aan land. Toch was Varvarkis nog altijd niet het beroemdste product van de zee tegengekomen.

Volgens een vroege biograaf passeerde Varvarkis op een dag een boer die brood at met een zwarte brij. Hij informeerde naar dit merkwaardige inktzwarte voedsel en de Russische boer bood hem een hapje aan. Toen Varvarkis de licht gezouten delicatesse eenmaal had geproefd, besefte hij de echte waarde van het geschenk van Catharina. Thuis in Griekenland werd kuit van vis beschouwd als een delicatesse, en Varvarkis meende dat kaviaar hoge bedragen zou kunnen opleveren. Hij stuitte echter op hetzelfde probleem dat eeuwen eerder ook de Italiaanse kooplieden had gekweld: hoe kon hij ervoor zorgen dat de eieren niet zouden bederven tijdens de lange reis over de steppe en de zee?

Kaviaar werd, net als de meeste producten in die tijd, verpakt in houten vaten. Het hout was vaak behoorlijk poreus, wat betekende dat lucht kon doordringen in de vaatjes waardoor de kaviaar bedierf, zelfs als hij sterk was gezouten. Als ervaren koopman wist Varvarkis dat snel bederf zijn winst teniet kon doen, daarom ging hij op zoek naar betere manieren om kaviaar te verpakken. Van de kozakkenvissers die voor hem werkten, hoorde hij van een speciaal soort lindeboom die in de nabijgelegen Kaukasus groeide. Deze lindebomen, hadden ze verteld, leverden gladde ondoordringbare duigen op die niet reageerden met de ingemaakte eieren zoals andere houtsoorten, zodat de kostbare lading langer vers bleef. Het hout was kostbaar, maar daarover maakte Varvarkis zich geen zorgen. Hij verklaarde dat hij alleen vaten van lindeboom voor zijn kaviaar zou gebruiken. Tegen 1788 was de kaviaarhandel van Varvarkis zo succesvol dat hij in Astrakan drieduizend arbeiders in dienst had om de kuit van de steur te verwerken en te verpakken.

Toen Varvarkis in de jaren 1780 op grote schaal kaviaar begon te exporteren, moest hij vertrouwen op trage kameelkaravanen en houten zeilschepen om de fragiele eitjes van Astrakan naar Griekenland te vervoeren. De vaten sterk gezouten kaviaar werden met schepen stroomopwaarts over de Wolga naar het huidige Wolgograd getransporteerd.

Hier werden ze overgeladen op karavanen. De karavanen reisden via het smalste deel van de Kaukasische landengte naar de rivier de Don. Hier werd de kaviaar per schip naar de Zwarte Zee en door de Bosporus naar Istanboel vervoerd. Ondanks zijn eerdere problemen met de Ottomaanse autoriteiten werd het gebied rond de Galata-brug in Istanboel al spoedig de belangrijkste afzetplaats voor de kaviaar van Varvarkis. Tussenpersonen uit Griekenland, Italië en het Midden-Oosten marchandeerden om de vaten van de populair geworden delicatesse. Jonge etnische Grieken kwamen uit de heuvels van Cappadocia om in de kaviaarhandel in Istanboel te werken. De zaken gingen voorspoediger dan Varvarkis ooit voor mogelijk moet hebben gehouden. Toen hij in 1824 terugkeerde naar Griekenland om te genieten van de nieuwe onafhankelijkheid van zijn vaderland, was hij multimiljonair. Hij schonk grote sommen geld voor de bouw van een overdekte markt in Athene, een school, de aanleg van een kanaal in Astrakan en vele andere gemeentelijke projecten. Varvarkis stierf het jaar daarop in Griekenland zonder Astrakan nog weer te zien.

Hoewel Varvarkis de kaviaarhandel in Astrakan ingrijpend veranderde, is het enige overblijfsel van zijn kaviaarbedrijf het kanaal, aangelegd om het laden van de vaten van lindehout te vergemakkelijken. Zelfs het kanaal is een onbeduidende link. De sovjets hernoemden het kanaal na de revolutie tot het Een Mei Kanaal. Pas in 1991 gaven bestuurders van Astrakan het kanaal de naam van Varvarkis terug in een gebaar van nostalgie naar de glorieuze tijd van de stad.

TEGEN DE achttiende eeuw waren de Europese kooplieden druk bezig nieuwe markten te ontdekken. Rusland was nog een mysterieus land, gevaarlijk, barbaars, achterdochtig jegens alle buitenlanders en in het bijzonder wantrouwend jegens kooplieden. Aangetrokken door de immense rijkdommen van het land, waren de Europeanen vastberaden om de strenge Russische winters, het gebrek aan wegen, de enorme afstanden, de corrupte ambtenaren en de wrede bandieten te doorstaan. Het Russische Rijk mocht dan wel erg despotisch zijn, het bood de Europeanen een afzetmarkt voor hun restanten, zoals wolgoed en keramiek, en de mogelijkheid om eindeloze hoeveelheden grondstoffen aan te schaffen. De kooplieden reisden tot diep in Rusland, op zoek naar hout voor scheepsmasten, hennep voor touw, ruw ijzer voor ovens en zijde, bont en huiden voor de groeiende middenklasse in Europa. Hoog op de lijst van te bezoeken plaatsen stond Astrakan, waar de Centraal-Aziatische routes van de karavanen de noordwaartse scheepsroutes over de Wolga kruisten.

Onder de eerste Europeanen die in de stad arriveerden, was de Duitse avonturier Adam Olearius. De hertog van Holstein, die het gebied ten noorden van Hamburg bestierde, had Olearius uitgezonden om de mogelijkheden van handel tussen Rusland en de Duitse landen te onderzoeken. Olearius zeilde in 1647 Astrakan binnen, na een gevaarlijke reis over de Wolga, gedurende welke de bemanning herhaaldelijk aanvallen van kozakkenbendes moest afweren. Tijdens de rustigere momenten van de reis bewonderde Olearius de rijkdom die de Wolga te bieden had. De bemanningsleden hoefden maar een vislijn uit te zetten of ze hadden al een grote steur beet. 'Deze hebben heel wit, zoet en heerlijk vlees', merkte hij enthousiast op. 'We konden met deze vis iedereen aan boord van eten voorzien en daarnaast nog een heel vat met restanten inzouten.' Olearius was duidelijk gefascineerd door deze grote vissen. Hij keek urenlang naar de vissende bemanning en genoot menig diner van beloega, sterlet en Russische steur.

Ondanks dit alles lijkt Olearius volledig verrast te zijn, toen hij vernam dat de Russen de kuit van de steur ook als een grote delicatesse beschouwden. 'Ze hebben een alledaags voedsel dat ze *ikra* noemen en dat gemaakt is van de kuit van grote vissen', schrijft hij op een toon die doet veronderstellen dat hij nog nooit eerder van kaviaar had gehoord. Hij gebruikt inderdaad nooit het Duitse woord voor kaviaar in zijn beschrijvingen, al merkt hij wel op dat de Italianen ook gek zijn op de kuit van steur en deze *caviaro* noemen. 'Het smaakt niet slecht', concludeert hij. Tenminste, 'als je er een beetje citroensap in plaats van azijn over giet, zorgt het voor een goede eetlust en kom je weer op krachten.'

Olearius was bij lange na niet de enige buitenlandse bezoeker die meer geïnteresseerd was in het vlees dan in de kuit van de steur. In 1703 bracht de Fransman Cornelius Le Brun zes weken door in het 'Koninkrijk Astrakan' terwijl hij op weg was naar Perzië. Hij was enthousiast over de zoutvijvers, de watermeloenen, de reusachtige beloega en de smakelijke sterlet – 'de heerlijkste vis die men kan tegenkomen, niet alleen in Rusland maar overal' – maar ofwel hij kwam geen kaviaar tegen, of hij zag geen reden de kaviaar te vermelden. Gedurende de volgende eeuw, toen een stroom kooplieden naar Astrakan reisde om zijde, zout en specerijen te kopen, was het vaak hetzelfde verhaal. Niemand schonk meer aandacht aan kaviaar dan een paar regels, ondanks een grote interesse in het vlees van de steur en de methoden die werden gebruikt om de enorme vis te vangen.

Dit kwam in elk geval niet door een tekort aan kaviaar in Astrakan. Tegen 1770, toen de Russische naturalist Samuel Gemelin het gebied inspecteerde, leverden de visbedrijven aan de Wolga de delicatesse door heel Rusland. Kaviaar was niet langer louter religieus voedsel dat werd gegeten door vrome boeren tijdens de vasten, en werd een populair gerecht onder de beter gesitueerden. John Perry, een ingenieur die veertien jaar kanalen aanlegde voor Peter de Grote, hoofdzakelijk in de Wolga-regio, berichtte dat hij tijdens zijn betrekking in Rusland regelmatig kaviaar geserveerd kreeg en even dol op de delicatesse was geworden als iedere Rus. Het was 'bewonderenswaardig lekker; beter dan iemand zich kan voorstellen' die alleen de sterk gezouten soort had geproefd, die in Europa werd geïmporteerd, schreef hij. Perry was ervan overtuigd dat de Europeanen ook een smaak voor de kuit van steur zouden ontwikkelen als ze de kaviaar maar vers konden proeven.

Rond deze tijd arriveerde de Engelse koopman Jonas Hanway in Rusland op een of andere handelsmissie, als vertegenwoordiger van het bedrijf Russia Company te Londen. Hanway vertrok in 1749 vanuit Moskou naar Astrakan in de hoop banden met Perzische zijdehandelaren in de Kaspische stad aan te knopen. Hier proefde Hanway voor het eerst kaviaar. Hij was even ambivalent als Olearius, maar achtte het zijn plicht de voor- en nadelen van het exporteren van deze delicatesse te evalueren. In het verslag van zijn Russische ervaringen, dat dr. Samuel Johnson prees als een 'Baedecker voor commercieel nageslacht', suggereerde hij dat het mogelijk was kaviaar winstgevend naar Engeland te exporteren. De Armeniërs in Astrakan, merkte Hanway op, verscheepten al uitstekende kaviaar naar orthodoxe christenen in het Midden-Oosten. Hij vreesde echter ook dat het een riskant avontuur was om kaviaar over de Wolga noordwaarts te transporteren vanwege de talloze piratenbendes. De eigen karavaan van Hanway werd geplunderd nadat hij Astrakan achter zich had gelaten, en de meeste van zijn goederen raakte hij kwijt. Toen hij ten slotte na een verblijf van zeven jaar in Rusland weer in Engeland terugkeerde, liet Hanway al zijn plannen om kaviaar en zijde te importeren varen en wijdde zich in plaats daarvan aan het promoten van het gebruik van paraplu's in het druilerige Londen. De Britse kooplieden maakten er geen haast mee om kaviaar te importeren, maar in elk geval walgden ze er niet langer van. Toen George Forster in 1792 in de Kaspische regio arriveerde op een handelsmissie voor de Britse Oost-Indische Compagnie, was hij verrukt toen hem een maaltijd van beloegasoep en kaviaar werd geserveerd op het schip dat hem naar Astrakan bracht. Anders dan Hanway, die zijn Russische ervaringen volstrekt neutraal beschreef, deed Forster vol smaak verslag van zijn exotische diner. Een Griekse koopman die veel weg lijkt te hebben van Varvarkis, nodigde Forster later uit om zijn gast te zijn in Astrakan en voerde hem langs de steurvisserij. Forster merkte op dat de Kalmukse herders hun kuddes in de steek lieten om op steur te vissen, een aanwijzing hoe belangrijk het vissen in de steppe-economie was geworden in de paar jaar nadat Varvarkis was gearriveerd.

De introductie van koelhuizen in de achttiende eeuw was een grote vooruitgang in de conservering van vis en kaviaar. Tot dan toe was zout het voornaamste conserveringsmiddel van bederfelijke etenswaren geweest. IJs lag in de noordelijke landen in de wintermaanden voor het oprapen, maar de toepassing van ijs om voedsel te conserveren werd toen maar weinig beseft. De oude Egyptische koningen, die sneeuw uit de bergen van Libanon naar hun paleizen lieten vervoeren, gebruikten het kostbare ijs alleen maar om er 's zomers koele drankjes mee te maken. Chinese vissers waren misschien de eersten die begrepen dat bederfelijke goederen, die op ijs werden bewaard, veel langer houdbaar waren. Zodra het voedsel is bevroren, bevinden de schadelijke organismen die het voedsel laten bederven, zich in een toestand van winterslaap tot het moment dat het vlees of de vis weer op kamertemperatuur wordt gebracht. In 1720 stuurde een Chinese visser een bevroren steur als welkomstgeschenk naar dr. John Bell, een Schotse arts die Peking bezocht. Het dier was gevangen in de Amoer, die de grens vormt tussen Rusland en China, en over honderden kilometers vervoerd. De vis was keihard toen hij arriveerde en volkomen vers toen hij werd ontdooid. Bell stond perplex en het bericht van de Chinese techniek verspreidde zich als een lopend vuurtje door Europa.

Voordat de voordelen ervan volledig duidelijk waren, werd al voedsel in Rusland ingevroren. Wild gevogelte werd 's winters altijd keihard bevroren op markten verkocht; de kooplieden konden er niet veel tegen doen dat de dieren bevroren. Toen conservering in Europa een wetenschap begon te worden, werden 's winters blokken ijs uit vijvers en meren gezaagd en naar ijskelders gereden.

Net zoals het verzamelen van ijs een belangrijke industrie aan het worden was, werden nieuwe machines ontwikkeld die ijs konden maken. Uitvinders in Frankrijk, Groot-Brittannië en Amerika perfectioneerden de eerste stoommachines, die een revolutie in het transport veroorzaakten en zouden leiden tot de ontwikkeling van koelkasten. Tegen het einde van de achttiende eeuw maakten schepen, aangedreven door stoommachines, hun eerste reizen. Stoomschepen konden sneller varen, waardoor hun waren in een betere toestand bleven dan die van de oude zeilboten die op windkracht voeren. De nieuwe snelle schepen konden in kortere tijd ijs vervoeren, met minder verlies aan water. In 1820 voer het eerste stoomschip met een lading ijs over de Wolga naar Astrakan. De uitvinders kwamen er al snel achter dat hetzelfde stoomproces ook kon worden gebruikt om een compressor aan te drijven, die water kon afkoelen en ijs creëerde. Binnen een paar jaar waren de kaviaarhandelaren in staat hun kaviaar in een dikke mantel van ijs en stro te verpakken voordat ze hun kostbare product op een lange reis zonden.

Al bracht deze nieuwe vorm van transport de wereld dichter bij elkaar, toch waren ook stoomschepen nog maanden onderweg voordat ze hun reisdoel bereikten. Dit betekende dat de ladingen kaviaar nog steeds met de nodige voorzichtigheid moesten worden vervoerd. De ijsdeken moest tijdens de reis regelmatig worden vervangen om de weken op zee te kunnen doorstaan. De kaviaar werd nog altijd sterk gezouten of tot een droge cake samengeperst. De licht gezouten malosol-kaviaar die tegenwoordig de standaardkaviaar is, had dergelijke ontberingen nooit kunnen doorstaan. Al deze zorg maakte van kaviaar een zeer kostbaar product tegen de tijd dat hij in Europa arriveerde. Toch joeg de hoge prijs de mensen niet weg.

Integendeel. De kostbaarheid werd een van de bepalende kwaliteiten van kaviaar, en maakte het product zelfs aantrekkelijker. De vluchtige natuur en exorbitant hoge prijs gaf het voedsel een status die de ontluikende bourgeoisie in Europa aansprak. Nadat ze zichzelf hadden verrijkt met de uitvinding van industriële wonderen als de stoommachine en de spinmachine, ontwikkelden ze al spoedig een honger naar exotische traktaties en afgelegen plekken. Kaviaar was het ideale balsem voor hun verlangens. Tegen het einde van de negentiende eeuw, een tijd die poëtisch te boek staat als de belle époque, deden deze welgestelde kooplieden en producenten bijna alles voor een toefje kaviaar op toast.

Het eten van kaviaar was extra avontuurlijk omdat het rauw werd gegeten. De Europeanen meenden dat het verhitten van kaviaar, zoals de Russen soms deden, de delicate smaak van de eitjes vernietigde. De Franse chef-kok Antoine Beauvilliers adviseerde zijn klanten dat alles wat er voor gelukzaligheid nodig is, bestaat uit slechts een sneetje knapperig brood met boter, gesnipperde sjalotjes en een toefje kaviaar.

VOOR EUROPEANEN ontleende kaviaar veel van zijn allure aan de associatie met de rijke Russische aristocratie. Toen de spoorwegen reizen over langere afstanden minder ongebruikelijk maakten, doken steeds vaker Russische edelen op in plaatsen als Parijs en Berlijn met hun sabelbont en bedienden. De West-Europeanen waren ontzettend gefascineerd door hun excessieve weelde. Toen de groothertog Aleksis in 1840 in Parijs aankwam, was hij zo geschokt door het feit dat er geen verse kaviaar te krijgen was dat hij drie bedienden naar Astrakan zond om kaviaar voor hem te halen. Drie maanden later keerden ze terug met twee vaten die zorgvuldig in ijs waren ingepakt.

In hun vaderland Rusland vonden de rijke aristocraten het geen enkel probleem hun steur levend te laten verschepen, zodat ze hun kaviaar op zijn verst op hun bordje kregen. De steur werd getransporteerd in watertanks op een kar die door een paard werd voortgetrokken, en later per spoor, de hele reis van de Kaspische regio naar Centraal-Rusland. Deze praktijk werd verweven in de oude rituelen van gastvrijheid die de rijke Russen tentoonspreidden, waarbij de gastheer een levende, kronkelende vis aan zijn gasten toonde voordat er soep van werd gemaakt. De Russische spoorwegen rustten hun goederenwagon speciaal uit met watertanks om levende vis te kunnen vervoeren. De steur deed het echter beter wanneer de vis in de Wolga in drijvende kooien werd voortgesleept en vervolgens in reusachtige vijvers op de landgoederen werd verzameld.

In Rusland werd het hele jaar door kaviaar gegeten, ondanks de moeilijkheden die het gaf om de kaviaar bij warm weer vers te houden. Vrome orthodoxe christenen hadden altijd kaviaar achter de hand voor de vier lange vastentijden, waaronder de negenendertig dagen voor Kerstmis en de vier lange weken van de vasten. Kaviaar was ook een speciale traktatie tijdens de Maslenitsa of Boterweek, de Russische variant van Vastenavond, de laatste weelde voordat de vasten voor Pasen begonnen. Naast stapels blini's en emmers vol zure room aten de Russen zoveel kaviaar als ze zich konden veroorloven. Rond de heerschappij van Catharina de Grote werd kaviaar niet langer geassocieerd met zelfkastijding, maar met de feestelijkheden van de Boterweek. Kaviaar was van het rijk van het heilige overgegaan in de materiële wereld van het profane.

Toen de Russische bovenlaag kaviaar eenmaal tot een materiële luxe had verklaard, bedachten ze de rituelen om ervan te genieten. Voor de welgestelde edelen, welvarende kooplieden en staatsambtenaren was het sinds de tijd van Peter de Grote gebruikelijk het hoofdgerecht vooraf te laten gaan door een tafel met hapjes, *zakoeski* genaamd. Hieronder viel vrijwel altijd een volle kom kaviaar, waar de gasten zoveel van namen als ze wilden. In het komische meesterwerk Dode Zielen van Gogol, gepubliceerd in 1842, stuit de held Tsjitsjikov op een karakteristieke weelderige maaltijd in het huis van een corrupte politiechef: 'Op tafel verschenen beloega, steur; zalm, geperste kaviaar, vers gezouten kaviaar, haring, rode steur, kaasjes, gerookte tong en *balyk*, of gezouten vis'. Opgemerkt moet worden dat de kaviaar slechts een van de vele delicatessen op de tafel van de politiechef was, en niet eens de meest gewilde. Nadat ze de verleidingen hadden bekeken, haastten de vraatzuchtige personages van Gogol zich naar de tafel als renpaarden die los worden gelaten. Maar in plaats van op de kaviaar aan te vallen, verslinden ze de verse steur, om alleen de staart van de vis over te laten. De markies de Custine, die in 1839 veel over Rusland had te klagen, mopperde dat deze overladen tafels met hapjes vaak een dergelijke vraatzucht stimuleerden. Toch wist de weerspannige markies zich te vermaken door zijn bord vol te scheppen met vers gezouten kaviaar van een kwaliteit 'die je alleen in dit land vindt'.

DE RUSSEN verdienen vooral lof voor die sublieme combinatie van blini's en kaviaar, een even perfect culinair huwelijk als eieren met spek of tomaten en pasta. De beste manier om blini's te eten is de pannenkoekjes, die van zichzelf al vettig zijn, dik met boter te besmeren, een lepel kaviaar over het midden te verdelen en de pannenkoek dan op te rollen tot een buisje. Tegenwoordig vervangen de Russen de boter vaak door een laag zure room, een nog grotere luxe. Als ze echter kaviaar op toast eten, dan gebruiken ze altijd boter. Buiten Rusland wordt kaviaar vaak geserveerd met wat de culinair auteur Joseph Wechsberg 'een verzameling onzin' noemde en wat M.F.K. Fisher afdeed als 'misleiders' – gesnipperde ui, eiwit, citroensap. In de Middeleeuwen gaven de Russen de voorkeur aan zelfs nog verfijndere garneringen. Ze aten kaviaar besprenkeld met citroensap, gegarneerd met veenbessen, gekruid met saffraan of, zoals Batoe Khan ontdekte, met warme appelmoes. Russen persten het vocht gewoonlijk uit de eieren om een bijna droge kaviaar te creëren, *pajoesnaja* genaamd, afgeleid van het Russische woord voor 'delen'. Dit was alledaags voedsel voor boeren en arbeiders, die een plak konden afsnijden om die in hun lunchpakket mee te nemen, op dezelfde manier als een Fransman een stuk paté tot zijn basisvoedsel rekent. Tegen de negentiende eeuw was kaviaar zo overvloedig aanwezig dat hij zelf vrijelijk als garnering werd gebruikt. Elena Molochovets, een populaire negentiende-eeuwse culinaire auteur, 'gebruikte kaviaar zo rijkelijk dat we het nu amper kunnen geloven' merkte de redactie op van haar heruitgegeven klassieker *Een Geschenk voor Jonge Huisvrouwen.* Molochovets adviseerde haar Russische lezers om gekookte snoek dik te besmeren met kaviaar om de smaak te versterken, om kaviaar in plaats van eiwit te gebruiken om het vet van bouillon af te gieten, om kaviaar in zuurkool te wikkelen en in allerlei soorten sauzen te mengen.

Kaviaar kende in Rusland kort een populistische aanhang gedurende de omwenteling van voedsel van de armen tot hapje van de rijken. Overgebleven prijslijsten uit de tijd van Catharina wijzen erop dat de markten in St. Petersburg kaviaar verkochten voor ongeveer dezelfde prijs als boter, waarmee kaviaar in de achttiende eeuw binnen het financiële bereik van een arbeider lag. Kozakkensoldaten droegen vaatjes geperste kaviaar bij zich, toen ze met het Russische leger in 1812 naar Parijs oprukten, en sommige Russen menen dat deze ruige pioniers degenen waren die de Fransen leerden hoe ze van de delicatesse konden genieten. Tegen de negentiende eeuw werd kaviaar standaard geserveerd in de Russische *traktiri*, de lawaaierige herbergen waar boerenzangers de eetgasten met traditionele volksliederen vermaakten. De kaviaar werd gewoonlijk in kleine houten kommetjes op een gewone *zakoeski*-tafel gezet, naast borden met ansjovis, koude vis, kaas en ingemaakte groenten. In de uitgaansgelegenheden van de bovenklasse, waar de klandizie bestond uit edelen en kooplieden, bevatten de kommetjes vanzelfsprekend de beste kwaliteit malosol-kaviaar, terwijl geperste kaviaar vaker voorkwam in de meer bescheiden traktiri, waar bij de ingang iconen hingen en de arbeiders altijd een kruisje sloegen als ze binnenstapten.

Aangezien kaviaar zo diep verweven was in het alledaagse Russische leven, was de consumptie minder verfijnd dan vandaag de dag. Ook vroeger al stonden de grote eitjes van de beloega te boek als de beste, maar het was niet ongebruikelijk om andere soorten kaviaar te mengen, met name voor pajoesnaja, of als de eitjes gebarsten of niet geheel rijp waren. De Russen konden kiezen uit een grote verscheidenheid aan plaatselijke kaviaar. Een reiziger die in de jaren 1890 een kijkje nam in de beroemde gourmetwinkel Jelisejev, een immense zaal met gedraaide pilaren in Art Nouveau-stijl, die door de sovjets later werd omgedoopt tot Gastronom No. 1, was verbijsterd door de verscheidenheid aan kaviaar die op de toonbanken van donker hout waren uitgestald. Er was:

'Goede kwaliteit zwarte sterlet-kaviaar, hoog opgetast in zilveren emmers, omringd door ijsgruis. Donkere sevroega-kaviaar en grote kuit van beloega spoelden over de rand van hun emmers. De geurige geperste kaviaar, afkomstig uit de visserij van Saliansk, zwol op in zilveren kommen. Verder stond de droge zakkaviaar (die met een scherp mes doormidden was te snijden) rechtop op de borden, in dezelfde vorm als de zakken waar hij in was verscheept. Enorme blokken zeldzame geperste kaviaar, Atsjevsk-Koetsjoegar, die een bijzondere aarde smaak bezat, torende boven al het andere op de tafel uit'.

TOEN HET einde van de eeuw naderde, werden de donkere glanzende viseitjes die de ruige kozakken op de steppe van eten hadden voorzien, steeds meer in kleinere kringen gegeten. Kaviaar werd voedsel dat alleen de rijken in Rusland zich konden veroorloven, maar wel voedsel dat nog altijd een zweem van boerentraditie droeg. Tegen 1905, het jaar van de eerste Russische revolutie, lagen de prijzen van kaviaar boven het budget van de arbeider – reden genoeg voor een revolutie.

Het feit dat kaviaar voor de meeste mensen steeds moeilijker te krijgen was, duidde op de groeiende ongelijkheid tussen rijk en arm in Rusland. De rijken konden zo vaak als ze wilden kaviaar eten. En aangezien velen geloofden dat de kleine steureitjes goede medicinale eigenschappen bezaten, aten ze dagelijks kaviaar. Jonge kinderen, zieken en mensen die slecht konden zien, kregen geregeld kaviaar, omdat werd geloofd dat dit hun krachten ten goede kwam. Doordat kaviaar rijk is aan proteïne en weinig calorieën bevat – circa 74 per dertig milliliter– is de kans groot dat de eitjes de gezondheid inderdaad bevorderden.

In de negentiende eeuw was kaviaar niet alleen een steeds gewildere delicatesse, hij had de reputatie seksueel verlangen te stimuleren. De kuit 'bracht het bloed op hol' volgens een gezondheidsalmanak uit 1808. Deze claim is nooit bewezen, maar het is bekend dat eieren de absorptie van alcohol vertragen, waardoor de liefhebbers meer wodka of champagne bij hun kaviaar konden drinken en zo misschien de remmingen wegnemen die anders romantiek in de weg staan.

DE STOOMMACHINE maakte ook lange reizen over land mogelijk. Rusland, dat berucht was om zijn slechte wegen, begreep dat spoorlijnen zijn afgelegen voorposten eindelijk zouden kunnen verbinden. Toen de spoorlijn van de Wolga naar de Don in 1856 was voltooid, behoorde de moeizame tocht over de steppe per karavaan tot het verleden, konden ladingen kaviaar sneller naar de landen rond de Middellandse Zee worden verzonden en potentiële markten in de noordelijke gebieden van Europa worden aangeboord. In het eerste jaar dat de spoorlijn in bedrijf was, verscheepte Astrakan een kwart van zijn kaviaarproductie naar Europa. Kaviaar was in Rusland nu *big business* geworden. Plaatselijke koopmansfamilies, zoals de Sapozjnikovs en de Chlebnikovs, richtten exporthuizen in het centrum van Astrakan op. Sapozjnikov, die Varvarkis had overgehaald om in de visindustrie te werken, vestigde zijn eigen kaviaarhuis in 1796. De familie werd zo rijk door het verkopen van steureitjes aan Europeanen dat ze zich konden uitleven in hun passie voor kunst. Hun uitgebreide collectie bevatte ook een prachtige gloeiende Madonna, geschilderd door Da Vinci, later samen met het kaviaarbedrijf van Sapozjnikov geconfisqueerd door de sovjets. Hun collectie, die werd aangelegd met kaviaargeld, hangt tegenwoordig in de hoofdgalerijen van de Hermitage in St. Petersburg.

Ondanks de sterk groeiende Kaspische visindustrie verloor Rusland terrein aan andere kaviaarproducerende landen. Buitenlandse kopers waren afkerig van het kluwen van Russische douanebepalingen. Ondanks de rijkdommen van de Kaspische Zee, de Zwarte Zee en de Amoer, was Rusland aan het eind van de negentiende eeuw niet langer de enige leverancier van kaviaar aan Europa. De Europeanen begonnen kaviaar op andere plekken te zoeken.

JOHANNES DIECKMANN kende, net als Varvarkis, zijn vaten. Alleen kwamen voor Dieckmann de vaten op de eerste plaats. Hij leerde het kuipersvak in een voorstad van Hamburg en voorzag de kooplieden van de stad tegen 1842 met stevige, waterdichte houten vaten voor transport. Hamburg was een van de oprichters van de Hanze, de keten van stadstaten die zich van de Baltische Zee tot aan de Noordzee uitstrekte. Rond de tijd dat Dieckmann met het maken van vaten begon, was Hamburg een van de drukste havensteden ter wereld, een belangrijk tussenstation voor alle schepen die tussen het Noorden van Rusland en Vlaanderen heen en weer voeren. Nadat Dieckmann jarenlang aan de drukke kades had doorgebracht, ging hij ervan dromen iets meer te doen dan van duigen vaten maken. Het antwoord lag aan zijn voeten, in de riviermond van de Elbe. Samen met zijn schoonzoon Johannes C.F. Hansen, een Deen, stapte hij in de industrie van het inzouten van haring en steur die ze in grote hoeveelheden van de vissers op de Elbe kochten en in hun eigen vaten verpakten. In 1869 richtten ze Dieckmann & Hansen op, 'Inmakers van grote partijen vis', in een bakstenen pakhuis dat over de haven uitkeek.

Het was al een moeilijke tijd om in Hamburg zakenman te zijn. Hoewel de hele stad in 1842 tot de grond toe was afgebrand, had deze tragedie de wanordelijke groei amper afgezwakt. De bevolking van Hamburg groeide in de tweede helft van de negentiende eeuw van 130.000 tot 700.000. De houten schepen maakten al spoedig plaats voor schepen met een stalen romp, die in slechts een paar dagen vanuit St. Petersburg binnenstoomden. De vraag naar gezouten vis, altijd al populair bij de burgers van de stad en de Denen die een paar kilometer ten noorden van Hamburg leven, hield gelijke tred met de toenemende welvaart van Hamburg. Gezouten vis werd door zijn geringe prijs al spoedig het basisvoedsel voor de massa arbeiders, die naar de stad trokken op zoek naar banen in de industrie. Haring en de plaatselijke steur behoorden tot het goedkoopste verkrijgbare voedsel.

Het was een wijze beslissing van de kuiper Dieckmann om zijn terrein uit te breiden tot de visindustrie. Na verscheidene jaren haring en de plaatselijke steur te hebben ingemaakt, merkten Dieckmann en Hansen de groeiende vraag naar Russische kaviaar in Duitsland op. Het moet ironisch zijn geweest dat Duitsland precies hetzelfde voedsel importeerde, dat de Duitse vissers aan hun varkens gaven. De beide inmakers dachten dat ze gemakkelijk hun eigen kaviaar konden bereiden. Na verscheidene experimenten produceerden ze al spoedig Duitse kaviaar die even goed was als de Russische osetra of sevroega, met behulp van het beroemde zout dat in de Duitse stad Lüneburg werd geproduceerd.

De smaak voor kaviaar reisde in hoog tempo westwaarts, van de orthodox-christelijke Slaven, over de zeeën naar Italië en over het vasteland van Europa naar de industriële grootmachten van Noord-Europa.

Anno 1887 bouwden Dieckmann & Hansen hun eigen fabriek op de kade van Altona, ten zuiden van Hamburg, zodat ze in staat waren de steur snel van de visserboten naar de verwerkingstafels te transporteren en op deze manier de verste kaviaar konden produceren. In dat jaar opende de stad een sierlijke vismarkt van glas en staal in Art Nouveau-stijl op dezelfde kade, een 'Crystal Palace' voor vis. Kaviaar uit de Elbe was nu het meest waardevolle product van Dieckmann & Hansen.

In heel Europa was het eten van kaviaar een ware rage onder de nouveau riche van de belle époque, naast champagne, oesters en andere exotische producten. Vaak wordt vergeten dat uit de ellende van de industriële revolutie ook een behoorlijke klasse van stadsmensen ontstond, die geld over hadden om te besteden in restaurants, theaters en andere luxe gelegenheden. Het nieuwe concept van vrije tijd raakte in zwang bij de welgestelden, die de geneugten ontdekten van het verblijf in cafés, het tennissen en dagjes aan het strand. De mensen in Europa en Amerika raakten gefascineerd door zulke voortreffelijk nutteloze dingen als Fabergé-eieren, door nieuwe uitvindingen als gaslicht, door het idee van snelheid in de vorm van fietsraces en transatlantische stoomboten. Opeens leek het volstrekt normaal dat een rijke Rus uit St. Petersburg zijn vakantie doorbracht aan de Franse Rivièra, of dat een Amerikaan uit het Midwesten een paar maanden verbleef in Parijs. In hetzelfde jaar dat Dieckmann & Hansen hun nieuwe verwerkingsfabriek bouwden om te kunnen voldoen aan de groeiende vraag naar kaviaar, begon James Gordon Bennett Jr. met een Parijse editie van zijn vaders *Herald* uit New York om te berichten over het reilen en zeilen van bevoorrechte Amerikanen die van het goede leven op het vasteland van Europa genoten. Het was geen toeval dat het Ritz Hotel een paar jaren later, in 1898, zijn deuren in Parijs opende. De beroemde bar van het hotel werd een plek waar veel emigranten verkeerden, onder wie Hemingway, en kaviaar met champagne zou een van de karakteristieke gerechten op het menu worden. Twee decennia later zouden Sara en Gerald Murphy, de meest uitbundige exponenten van de verloren generatie, zich overgeven aan party's met kaviaar en champagne met Hemingway en de Fitzgeralds in Antibes, waarbij kaviaar werd geserveerd die rechtstreeks uit de Kaspische regio naar de Rivièra werd gevlogen. Onder de jetset was kaviaar inmiddels zo gewoon geworden dat F. Scott Fitzgerald tegen Murphy klaagde dat het serveren van kaviaar 'het toppunt van gekunsteldheid' was. Zulke laatdunkende woorden weerhielden Annie Oakley er niet van om in de muzikale biografie van Irving Berlin te kwinkeleren: 'Ik wil een bruiloft… met champagne en kaviaar. Ik wil een bruiloft als de Vanderbilts hebben'.

Veel andere bedrijven haastten zich om naast Dieckmann & Hansen in de kaviaarbusiness te stappen, maar het bedrijf in Hamburg bleef de Europese markt domineren. Tegen 1891 was kaviaar zo winstgevend geworden dat ze besloten zich volledig te concentreren op deze delicatesse en het verpakken van gezouten haring over te laten aan de werkende klasse. Dieckmann & Hansen openden kantoren in Parijs, Londen en Stockholm om aan de vraag in heel Europa te kunnen voldoen. De kaviaarhandel had de voormalige kuiper ontzettend rijk gemaakt, zoals Varvarkis een eeuw eerder.

De industrieën die Hamburg welvarend hadden gemaakt en de stad hadden laten kennismaken met kaviaar, hadden echter hun weerslag op de steur in de Elbe. De rivier was een gemakkelijke stortplaats voor huisvuil en fabrieksafval. In 1876, pas zeven jaar nadat Dieckmann & Hansen voor het eerst waren begonnen kaviaar te verkopen, nam de steurvangst sterk af. In 1888 vingen de vissers 3500 steuren in de Elbe, in 1900 slechts de helft van dit aantal. Overbevissing was evenzeer een oorzaak als vervuiling. De rivier was uitgeput. Kaviaar was nu echter de enige bron van inkomsten voor Dieckmann & Hansen. Doordat ze te kampen hadden met wat ze zelf een tekort aan 'grondstoffen' noemden, zonden ze hun zonen in 1876 naar Amerika om de mogelijkheid te onderzoeken om kaviaar te maken van de steur die in de Delaware voorkwam. Kaviaar was in Amerika onbekend, net zoals het een paar jaar eerder in Duitsland onbekend was geweest. Geen idee hebbend van de enorme vraag naar steureitjes, gooiden de Amerikaanse vissers de kuit nog steeds voor de varkens, zoals hun Duitse collega's eerder hadden gedaan. Na een duwtje van Dieckmann & Hansen zorgden de Amerikaanse vissers er echter voor dat kaviaar voor de middenklasse beschikbaar zou blijven.

4

De Amerikaanse kaviaarkoorts

Voorwaarts op de Gitche Gumee
Op het glinsterende Big Sea Water,
Met zijn hengel van cederhout,
Van de gedraaide bast van cederhout,
Voorwaarts om de steur te vangen, Nahma,
Mishe-Nahma, Koning der Vissen,
Blij in zijn berkenkano
Voer Hiawatha in zijn eentje.

HENRY WADSWORTH LONGFELLOW, 'HIAWATHA'

De steur is een zeer Amerikaanse vis. Het reusachtige dier legt even onversaagd grote afstanden af als een pionier in een huifkar.

De kolonisten die in de zeventiende eeuw arriveerden, troffen enorme hoeveelheden steur aan die Amerika's kustrivieren opzwommen, grotere aantallen en meer soorten dan in de Kaspische Zee. De Delaware zat in de lente zo propvol met zich voortplantende steur dat de passagiers op de veerboot van Philadelphia werden getrakteerd op acrobatisch springende vissen, en ze moesten soms aan de kant springen om een vis die op het dek neersloeg te ontwijken. William Penn vreesde dat een steur gemakkelijk in een bootje van een visser kon springen en zo het bootje doen kapseizen. In de Great Lakes verzamelden de steuren zich in ondiepe inhammen en konden ze met hijshaken gemakkelijk uit het water worden getrokken. Niemand was er echter in geïnteresseerd, behalve de indianen. Meer dan tweehondervijftig jaar hadden de Europese kolonisten van Amerika weinig belangstelling voor de steur.

Toen de zonen van Johannes Dieckmann en Johannes Hansen na de burgeroorlog in Amerika arriveerden, stonden ze perplex over de hoeveelheid steur aan de oostkust. De kaviaargekte die in Europa heerste, liet de Amerikanen echter koud. Soms vingen de vissers wel eens een steur en verkochten ze het karkas als bemesting voor een dollar of twee, maar nog vaker gooiden ze de hele vis, inclusief de kuit, op de afvalhoop.

De elft, een kleinere anadrome vis die net als de steur elke lente stroomopwaarts zwom, was in het negentiende-eeuwse Amerika de vis die geld opleverde. De steur zat de elft alleen maar in de weg. Het scherpe pantser van de steur reet de katoenen netten om elft te vangen stuk. De netten waren de hele winter door met veel zorg gemaakt door de vissers en hun vrouwen. Als een steur dom genoeg was in een net voor elft te belanden, vonden de meeste vissers dat ze het beste de vis de hersens konden inslaan, zodat hij niet nog meer schade kon aanrichten.

De gedachte dat steur alleen maar een plaag was die vernietigd moest worden, moet de indiaanse vissers hebben verbijsterd. Duizenden jaren lang hadden de nomadische stammen die in de buurt van de Noord-Amerikaanse kust doolden, de komst van de steur gevierd met een ware visorgie. Tegen het einde van maart trokken de Leni Lenape-indianen naar de moerassen langs de Delaware en de Chesapeake. Daar zetten ze hun kamp op, tussen de zoute moerasgrassen en het doddegras, legden ze visweren aan van riet en kreupelhout en wachtten ze op de grote trek van de elft, haring en steur. Het is vandaag niet meer voor te stellen hoeveel vis er in de rivieren zwom. Elft kon gemakkelijk worden gevangen, gedroogd en vervoerd en vormde het hoofdvoedsel van de Lenape-indianen. Zodra de hoofdvangst echter in de geweven manden was opgeborgen, konden de indianen zich eindelijk wijden aan hun favoriete prooi, de steur. Gewapend met harpoenen met de punt van een gewei gleden de Lenape-indianen over het water in hun lichte kano's van boombast, vurig hopend de strijd aan te gaan met de grote Mishe-Nahma – de mythische steur uit het gedicht van Longfellow.

Er is niet veel moed voor nodig om een elft van tien kilo aan land te brengen. Elften zwemmen recht in de mazen van een net, komen vast te zitten en kunnen gemakkelijk in een kano worden gehesen. Veel lef en vakmanschap worden echter gevraagd bij het vissen op een Atlantische steur van honderd kilo vanuit een klein bootje. Net als de kozakken hadden de Amerikaanse indianen visweren ontwikkeld om de trek van de steur te blokkeren. Dan begon het echte werk. Sommige Lenape probeerden de steur te vangen met een lasso gemaakt van gevlochten wijnstokken. Anderen doorboorden de leerachtige huid met een speer gemaakt van hout en bot, bevestigd aan een stuk touw. Vaak schoot de steur dan naar de bodem van de rivier en trok de vissers wild voort of zorgde ervoor dat ze uit de boot vielen. Iedere visser die een steur wist te vangen werd 'beschouwd als een dappere kerel', aldus Robert Beverley, een kroniekschrijver uit de achttiende eeuw die in Virginia getuige was geweest van het spektakel.

Het visseizoen in de lente was een idyllische tijd voor de Lenape, ontdekte de historicus Herb C. Kraft. Hij besteedde jaren aan het bestuderen van de restanten van een kamp van de Lenape aan de Delaware bij Trenton en had laag voor laag de bodem doorzocht om de gewoonten van de stam te kunnen reconstrueren. 'Het samenleven en feestvieren met vis en kuit, wachtend op de terugkeer van de moerasvogels en het verschijnen van nieuwe planten, bood de indianen de gelegenheid sociale banden aan te halen, huwelijken te arrangeren en ruilhandel te drijven met goederen en diensten', schreef Kraft.

De Amerikaanse indianen konden kiezen uit tien verschillende soorten steur, van monsters die groot genoeg waren om een kano tot zinken te brengen, tot vissen die klein genoeg waren om bij de staart te pakken en mee naar huis te dragen. Sommige van deze Amerikaanse steursoorten leefden uitsluitend in zoet water, terwijl andere soorten de zee zelden verlieten. De witte steur, die voorkomt aan de westkust van Amerika, heeft bijna de afmetingen van de beloega, terwijl de kortsnuitsteur van de oostkust en de schoffelneussteur uit de Mississippi nooit langer worden dan negentig centimeter. De rode steur die uitsluitend voorkomt in het zoete water van de Great Lakes en de Mississippi, levert voortreffelijke kaviaar. De zwaardsteur, een verwante soort uit de Mississippi, geeft waarschijnlijk de droogste, minst sappige eitjes. De meest raadselachtige is de groene steur, die gloeit met een kakigroene kleur. De vis wordt tegenwoordig maar zelden in de Stille Oceaan aangetroffen, maar zowel het vlees als de kuit werd ooit als giftig beschouwd.

De witte steur is de meest agressieve soort die er bestaat. Het dier slikt een haak met aas gewoon in en verzet zich even heftig als een marlijn. Aangezien het zo'n uitdaging is de vis te vangen staat Californië een beperkt visseizoen op witte steur toe. De indianen aan de noordwestkust geven er de voorkeur aan de witte steur in een kruisnet te vangen, waarna de vis veilig kan worden geharpoeneerd. Wanneer die methode faalt, houden de jongemannen van de Yurok-stam in Noord-Californië ervan de show te stelen door in het water te duiken en de steur als een wild paard naar de kust te berijden. Het geheim ligt volgens antropologe Jane Rundquist, die studie van de stam heeft gemaakt, in het zo ver mogelijk naar achteren trekken van de kop, zodat het dier wel aan de oppervlakte moet komen. Weinig leden van de stam hebben dit kunstje weten te flikken, maar degenen die er niet in slagen de steur met blote handen aan land te krijgen, hebben in elk geval de troost dat ze hun welverdiende littekens van het ruwe pantser van de vis kunnen tonen.

In het verleden waren minder riskante technieken even succesvol voor de Amerikaanse indianen. Ze peddelden bijvoorbeeld in hun kano's dicht aaneen en zochten de rivierbodem dan af met lange stokken tot ze een steur vonden. Het bijzondere tafereel werd in 1864 beschreven door Sir Arthur Birch, de koloniale bestuurder van Brits Colombia:

'Alle indianen zijn nu aan het vissen en het is erg leuk om ze steur, die hier wel tweehondervijftig à driehonderd kilo kan worden, te zien harpoeneren. De indianen drijven met zo'n dertig kano's zij aan zij met de stroom mee met hun lange stokken waaraan speren zijn bevestigd op misschien dertig centimeter van de bodem van de rivier. Als ze voelen dat er een vis ligt, tillen ze de speer op en gooien hem naar de vis. Ze missen zelden'.

De Amerikaanse indianen beschouwden de steur als een feestmaal, maar de eerste Europeaanse kolonisten waren op hun hoede voor de vis, ook al aten ze wel oesters uit de Chesapeake, visten ze voor de kust van New England op kabeljauw, verorberden ze enorme hoeveelheden elft en consumeerden ze zonder bezwaren ander inheems voedsel. Het is niet duidelijk waarom de kolonisten de steur zo versmaadden. In Engeland werd de steur geprezen als een koninklijke vis. Aangezien de vis zo duur en zeldzaam was, hadden maar weinig gewone Engelsen er echter ooit een gezien voordat ze de grote oversteek waagden. De overvloed aan steur in Amerika was een van de verlokkingen die vaak werd genoemd in de advertenties, waarmee in de zeventiende eeuw getracht werd potentiële kolonisten naar Amerika te lokken. Nadat een Engelse ontdekkingsreiziger voor het eerst de James River afzakte, prees hij het gebied als een 'diep en flink kanaal met zulke hoeveelheden steur en andere heerlijke vis als geen enkele mens ooit eerder heeft bezeten'. Toen de kolonisten in de wildernis van Amerika oog in oog kwamen te staan met de steur, waar zoveel over was verteld, en ze zijn enorme wroetende snuit en ruwe pantser zagen, leek hun de eetlust te zijn vergaan.

Gezien de nadruk op steur in de officiële berichten lijkt het merkwaardig dat de kolonisten van Jamestown in de wildernis waren aangekomen zonder visnetten of zoutvoorraad. Het eerste jaar dat ze in Amerika waren, deden ze in het geheel geen poging om te vissen. Toen al hun maïs in 1607 op was, kregen de koloniale heren echter honger. Op aandringen van kapitein John Smith waadden ze de rivier in met koekenpannen en zwaarden in de hoop om een maaltijd buiten westen te slaan of te harpoeneren. Op een of andere manier lukte het hen om zo een paar steuren in het ondiepe water te vangen, en de vlezige vis hield hen op de been.

'We hadden meer steur dan door hond en mens kon worden gegeten', verhaalt Smith later verheugd. Om een eetbare vis te krijgen werd het vlees van de steur door het gezelschap van Smith gedroogd en vermalen, om vervolgens te worden gemengd met kaviaar, zuring en kruiden. Aangespoord door hun bescheiden succes in het vissen verzocht de London Company, die ze naar Amerika had gezonden, een paar vaten kaviaar naar Engeland te sturen, zodat ze in de Baltische regio konden worden verkocht. Tegen de tijd dat deze vaten in 1609 in de haven van Londen arriveerden was de stank van bederf onmiskenbaar. In Jamestown verslechterden de omstandigheden. De kolonisten waren hun bazen zat en hadden het druk genoeg met hun eigen strijd om te overleven. Ze weigerden nog meer tijd te stoppen in de ontwikkeling van een kaviaarhandel. Zodra de hongersnood voorbij was, verdween ook hun behoefte aan steur.

De ervaringen in Jamestown zette de toon voor andere kolonisten. De Europese immigranten walgden van de sterke olieachtige geur van de steur. Indianen die zich tegoed deden aan de vis, droegen deze geur ook altijd bij zich. De kolonisten meenden dat steur voedsel was voor primitievere volkeren. De nieuwelingen dachten hetzelfde van zalm en kreeft, twee zeedieren die ook geliefd waren bij de indianen. In hun moeizame strijd om in de wildernis te overleven, beschouwden de Europeanen het eten van een dergelijke groteske vis als de steur als afdalen tot het niveau van barbarisme. De weerzin tegen de vlezige vis verbaasde de ontdekkingsreiziger Henry Hudson. 'Er is voldoende steur waar de christenen geen gebruik van maken, maar de indianen eten de vis maar al te graag', schreef hij in een verslag aan de Oost-Indische Compagnie in 1609.

Na verloop van tijd ontdekten de Amerikaanse kolonisten waar ze het vlees van de steur voor konden gebruiken: als voedsel voor de slaven. Het vlees van de steur was goedkoop en voedzaam, en niemand anders leek het te willen eten. De suikerrietplantages die bijna alle bouwland in het Caraïbisch gebied in beslag namen, hadden veel arbeidskrachten die gevoed moesten worden. De eigenaren van de plantages deden altijd het uiterste om de prijs laag te houden. Dat was immers ook een van de voornaamste argumenten voor de slavenarbeid geweest. Daarom waren ze altijd op zoek naar goedkoop voedsel met veel proteïnen. De slaven op de plantages moesten grote hoeveelheden zout consumeren om het zware werk van het oogsten van suikerriet in de ziedende tropische hitte uit te kunnen houden. Gezouten kabeljauw en later gezouten elft werd op de plantages basisvoedsel. De vissers op steur meenden dat er ook plaats op de markt was voor hun product. In 1753 begon de koopman Edward Broadfield uit New Jersey steur te verwerken voor de handel met het Caraïbisch gebied. Het vlees werd verpakt in vaten en op ossenkarren naar New York en Philadelphia vervoerd voor het per schip naar de plantages werd getransporteerd. Jonathan Richmond richtte in 1770 een concurrerend steurbedrijf op, waarvoor hij in de Pennsylvania Gazette adverteerde:

> EERSTEKLAS INGEMAAKTE STEUR, verduurzaamd op Baltische wijze, DOOR JONATHAN RICHMOND, in Trenton Falls; in de zeven jaar dat hij in deze bedrijfstak werkt heeft hij ervaring opgedaan, en hij vertrouwt niet op ingehuurde bedienden of slaven, die de vis vaak bederven door niet het juiste deel van de vis te selecteren, zoals vele inmakers negeren. Neem om de vis te conserveren de volgende instructies in acht: verwijder de kurk of de stop op het vaatje en giet de loog in een schoon bassin of pan, trek de hoepels omhoog en verwijder het deksel dat gemerkt is, neem de vis die u wenst uit het vat, duw de hoepels terug en druk de kurk weer in het vat; giet de vloeistof in het vat, als er niet voldoende is om de vis te bedekken, giet er dan een beetje azijn bij, neem een ruw dubbelgevouwen stuk stof en spreid het uit over de opening, leg het deksel over de stof en leg een steen of gewicht op het deksel, zodat er geen lucht in het vat kan komen, en de vis zal goed blijven in het warmste klimaat en de kwaliteit zal zijn gegarandeerd.

Jonathan Richmond had te kampen met hetzelfde probleem dat ook de oude Grieken, de middeleeuwse Italianen en Ioannis Varvarkis had dwarsgezeten: hoe kon worden voorkomen dat de steur in een warm klimaat bedierf? De vissers op de Kennebec River in Maine probeerden ook steur in te maken, maar kwamen er achter dat de vis te snel bedierf en gaven het op. Misschien, als er een grotere plaatselijke markt voor steur was geweest, zoals die er wel was voor kabeljauw en elft, waren deze kooplieden uit de begintijd niet genoodzaakt geweest zich te richten op de Caraïbische slavenmarkten en hadden ze de steur dichter bij huis kunnen verkopen, waardoor de transportkosten minder hoog waren geweest. Bijna twee eeuwen nadat de kolonisten van Jamestown de neus hadden opgehaald voor steur, at vrijwel niemand in Amerika de vis. Steur was voedsel voor de ongewassenen: de indianen, de bedienden en de slaven.

Ondanks de afkeer van steur bleef de vis wel een bezienswaardigheid. De vissers op elft maakten melding van het feit dat ze op de Delaware duizenden Atlantische steuren en kortsnuitsteuren hadden zien zwemmen in de richting van Philadelphia en de gebieden erachter waar werd kuitgeschoten. Ze waren gedwongen geweest hun netten in te halen om te voorkomen dat gevangen steuren ze zouden verscheuren. Op een dag aan het begin van de negentiende eeuw, toen de stoomboot *Sally* vanuit Philadelphia noordwaarts voer, zagen getuigen die bij een patrijspoort stonden 'een grote steur die zo'n grote sprong maakte dat hij door een van de patrijspoorten naar binnen vloog en in het schip belandde, waar hij werd gedood'.

In de jaren 1840 vermeldde een klein artikel in een krant van Philadelphia dat een Russische immigrant zich had gevestigd aan Ridley Creek, een zijrivier van Delaware een paar kilometer ten zuiden van Philadelphia, en dat hij vissers een dollar bood voor elke levende vis die ze hem brachten. Opmerkelijk is dat hij de steur bewaarde in een kooi in de rivier, ongeveer op dezelfde wijze als de Russische steurvissers vandaag de dag doen, zodat de kuit in optimale toestand uit een levende vis kon worden gehaald. Deze Rus, waarvan de naam niet werd vermeld, verkocht het vlees in New York en maakte olie van de koppen. Anders dan zijn voorgangers in de steurindustrie gooide hij de kuit niet weg. De kuit werd gezouten, ingeblikt en naar Frankrijk, Duitsland en Rusland geëxporteerd. Deze anonieme Rus had de eerste succesvolle kaviaarhandel in Amerika opgezet.

EEN RUS heeft wellicht ontdekt hoe goede kaviaar kon worden bereid van Amerikaanse steur, maar de Duitsers maakten het tot een aparte industrie.

Bendix Blohm, de eerste van deze Duitse kaviaarhandelaren, kon eigenlijk niet slechter voorbereid zijn op zijn taak. Hij werd geboren in Holstein, de regio ten noorden van Hamburg, en emigreerde in 1852 naar Amerika met het voornemen een bedrijf te beginnen in het exporteren van ingemaakte steur naar Duitsland. Hij begon zonder het allerbelangrijkste over de bereiding van kaviaar te weten.

Blohm, die al eenenveertig jaar was, verspilde zijn tijd niet door helemaal naar de Hudson in New York te reizen. Hij had zonder twijfel vernomen dat de Amerikaanse vissers zo weinig op hadden met de steur dat ze de vis op de vuilnisbelt gooiden. In werkelijkheid was de informatie die Blohm bezat al achterhaald. Tegen de jaren 1850 had de instroom van arme immigranten uit Europa een nieuwe markt voor goedkoop vlees van de steur geschapen. De immigranten waren gewend meer soorten voedsel tot zich te nemen dan de kieskeurige Amerikanen van Engelse oorsprong. Gerookte heilbot was de favoriete vis van de immigranten geweest, maar toen de prijzen van heilbot omhoogschoten, vonden ze het geen probleem over te schakelen op steur. Sommigen beweerden dat de steur zelfs beter smaakte dan heilbot. In 1857 begon een rokerij in New York met het roken van steur, die door marskramers huis aan huis in de immigrantenwijken werden verkocht. De vissers van de Hudson River gaven de goedkope steur de bijnaam 'rundvlees uit Albany'.

De ontwikkeling van een winstgevende binnenlandse markt voor steur gaf de vissers eindelijk een reden om hun vangst te verwerken. Het koken van de kop en ander afval was een manier om de winst te maximaliseren. De steur leverde een olie die minder rokerig was dan potvisolie die langer meeging. Visgelatine kon worden bereid uit de zwemblaas van de steur. Voor de ontdekking van visgelatine aan het begin van de negentiende eeuw werd gelatine onttrokken aan botten van runderen door deze te koken, een tijdrovend en kostbaar proces. De beschikbaarheid van goedkope gelatine van de steur creëerde onder de middenklasse een rage voor geleiachtige gerechten, bereid met fruit of vlees.

De vissers begonnen nu te overwegen of ze iets anders konden doen met de kuit dan de eitjes als aas te gebruiken. In 1849 probeerde de handelaar N.K. Lombard uit Boston een kaviaarhandel op te zetten in Woolwich aan de Kennebec River in Maine. Hij kocht ongeveer honderdzestig ton steur – ruwweg duizend vissen – en onttrok er het vlees, de olie en de kuit aan. Het vlees en de olie verkochten goed, maar de kaviaar was een ramp. Lombard had de eitjes kennelijk te weinig gezouten, en de hele partij bedierf. Het jaar erop spaarde Lombard het zout niet. Opnieuw een ramp. Hij hield het bedrijf in 1851 voor gezien.

Toen Bendix Blohm het jaar erop op de Hudson begon te vissen, wist hij even weinig over het bereiden van de kuit als Lombard. De steur die

Blohm wist te vangen werd direct naar New York gezonden om omgetoverd te worden tot 'rundvlees uit Albany'. Het vissen op de Hudson was veel minder winstgevend dan Blohm had verwacht. Vanaf de stad Troy ten zuiden van Manhattan is de Hudson eigenlijk een extensie van de zee, een zijarm met een krachtige getijdenwerking die vanuit de haven van New York de rivier op golft. De mild zoute wateren van de zijrivieren zijn ideaal voor de steur, maar een absolute nachtmerrie voor vissers, en slechts een paar uur per dag is het water zo rustig dat een sleepnet kon worden uitgezet. Blohm viste een decennium lang op deze wijze en ving maar net genoeg vissen om het hoofd enigszins boven water te kunnen houden. Hij produceerde nooit kaviaar. Toen het land in een recessie terechtkwam als gevolg van de burgeroorlog, besloot Blohm zijn boot en netten te verplaatsen naar Penns Grove, New Jersey en het rustigere water van de Delaware.

Penns Grove is een ouderwets klein stadje gelegen in het westen van New Jersey, waar de staat uitdijt richting de Delaware. Er zijn rechte, schaduwrijke straten en grote Victoriaanse huizen. Aangezien de kust van de Delaware zo moerasachtig is, bevinden de meeste steden in het gebied zich een paar kilometers landinwaarts op hoger gelegen terrein. Penns Grove ontwikkelde zich echter op een van de weinige plaatsen waar het vasteland zich uitstrekt tot aan de Delaware, waardoor het een geschikte havenplaats is. De stoomboten uit Philadelphia konden direct aanmeren aan de West Main Street om gezinnen af te zetten die een paar weken de stad uit wilden.

Wat de andere attracties van Penn Grove ook waren, de voornaamste activiteit bestond uit vissen. Als de elft en de haring in maart aan hun trek begonnen, vertrokken de mannen in hun sloepen om pas terug te keren als de boot tot aan de zeilen toe met vis was gevuld. De plaatselijke bevolking had nog steeds een zelfde lage dunk van de steur als de meeste Amerikaanse vissers, ondanks de groeiende markt voor 'rundvlees uit Albany' onder de bewoners van de huurkazernes in New York, maar Blohm was zeer ingenomen met de situatie. Hij was de enige visser die viste op de rijke steurgronden ten zuiden van Penns Grove. De vis zwom in groten getale de Delaware op, veel meer dan in de Hudson, en in de kalme wateren kon de voortbewegende horde praktisch van de bodem worden geschept met sleepnetten.

Blohm wist nog altijd niets over het maken van kaviaar. Hij was echter vastbesloten zijn bedrijf uit te breiden en nodigde een paar Duitsers uit New York uit om langs te komen en hem de bereiding te leren. Blohm huurde een oude zaagmolen waar ze aan de slag konden, en tegen de lente van 1870 vervoerden ze kaviaar in hele vaten naar Hamburg.

Met zijn nieuwe goede recept en zijn Duitse connecties begon Blohm kaviaar om te smeden tot een Amerikaans product. In het hele land wilden mensen nieuwe ondernemingen beginnen nu de verwoestingen van de burgeroorlog eindelijk voorbij waren. Blohm huurde zes vissers in uit Penns Grove om uitsluitend op steur te vissen, en betaalde ze een gulle vijfentwintig tot vijfendertig dollar per maand.

Aan de andere kant van de oever van de Delaware bleek de roerige tijd uit de zwarte rookpluimen die uit de vele fabrieken over Philadelphia dreven. De stad was er trots op de werkplaats van de wereld te zijn. Philadelphia was nu de op een na grootste stad in Amerika. Mannen die in de burgeroorlog gewone soldaten waren geweest, verdienden een kapitaal door het produceren van locomotieven, herenhoeden en tapijten, en ze waren naarstig op zoek naar symbolen van hun nieuw verworven status. In het verleden hadden sociaal vooraanstaande inwoners van Philadelphia overdreven vertoon van rijkdom altijd geminacht, maar de nieuwe ondernemers hadden een andere smaak. De diamantair Caldwell kon de vraag naar diamanten amper bijbenen. Een exotisch voedsel als kaviaar trok deze ambitieuze zakenlieden zeer aan.

Toen het kaviaarbedrijf van Blohm zich uitbreidde, legde hij een vijver aan in de buurt van de rivier, zodat hij in staat was levende steur te houden tot de kuit rijp was en verpakt kon worden voor de reis over de oceaan. Er voeren nu regelmatig transatlantische stoomboten van Philadelphia naar het vasteland van Europa. De gedachte dat een welvarend gezin in Hamburg zich nu te goed kon doen aan steur die in New Jersey was verpakt, leek niet meer zo ongelofelijk als het een paar jaar eerder nog was geweest. Blohm kon het vlees van de steur ook naar New York zenden via de Pennsylvania Railroad. De telegraaflijnen die rond 1850 waren aangelegd, maakten het mogelijk om 's ochtends orders door te zenden en nog dezelfde dag de goederen met de trein te vervoeren. In plaats van het vlees van de steur in te maken, zoals hij in het verleden soms had gedaan, besloot Blohm dat er een grotere vraag was naar gerookte vis. De kaviaarhandel van Blohm, die voor de oorlog een excentrieke gok had geleken, leek deel uit te maken van het toenemende Amerikaanse optimisme toen de eeuwviering van 1876 naderde. De nieuwe middenklasse van Philadelphia had steeds meer tijd om een tochtje met de veerboot te maken over de Delaware om een zomerdag in Penns Grove door te brengen. Thomas Eakins, een van de grootste schilders van zijn tijd, ging vele vissersstadjes in Jersey af op zoek naar onderwerpen. Hij schilderde een reeks doeken waarop de mannen in ondiepe boten staan afgebeeld, terwijl ze de grote sleepnetten met elft binnenhalen. De uitrusting die werd gebruikt om elft te vangen was vrijwel identiek aan de uitrusting die werd gebruikt voor het vissen op steur. Uiteindelijk konden de elftvissers van Penns Grove niet langer om het succes van Bendix Blohm heen. Vrij spoedig gooiden ze de steur die ze in hun netten tegenkwamen, niet langer weg. De Amerikaanse kaviaarkoorts was begonnen.

NET ALS de goudkoorts in Californië was de kaviaarkoorts kort en hevig en werden er maar relatief weinig mensen rijk door. De kaviaarkoorts leidde ook tot het ontstaan van een eigen *boomtown*, een allegaartje van grof gebouwde houten huizen aan de New Jersey-kant van de Delaware, op het punt waar deze ophoudt een rivier te zijn en overgaat in een brakke baai, op slechts een paar kilometer van Penns Grove. De vissers noemden de stad al spoedig 'Caviar'.

In zijn korte bestaan was Caviar het Astrakan van Amerika. Het kleine uit de grond gestampte stadje in New Jersey leverde in de jaren 1880 meer kaviaar dan enig ander plaats ter wereld. Er waren een hotel, een postkantoor, een restaurant, een ijshuis en een eigen spoorlijn, van waaruit dagelijks vijftien wagons vol kaviaar naar New York vertrokken. Bijna al deze kaviaar werd vergescheept op stoomboten richting Europa. Een deel van de kaviaar uit New Jersey kwam zelfs in Rusland terecht. Het voordeel van Caviar ten opzichte van Penns Grove was dat de plaats zo'n dertig kilometer dichter bij de ingang van de baai lag. Het land van Caviar grensde direct aan het water, net als in Penns Grove, dus de vissers konden gemakkelijk aanmeren en hun vangst lossen. Een visser genaamd George Pyle schreef een paar decennia later een nostalgische ballade op het eens zo levendige stadje Caviar:

Ik zag grote vloten vissersboten.
Voor de storm neergelaten,
Als een grote zwerm zeemeeuwen,
Zo sneeuwwit was elk zeil.

Vandaag de dag is de stad Caviar niet meer te zien. Het zilte moerasgras heeft amok gemaakt en de rottende funderingen van de schuren, waarin vis werd verwerkt, en van de slaapzalen overal met een dikke laag bedekt, helemaal tot aan de witte koeltoren van de kerncentrale van Salem aan de horizon. Geen van de tientallen gebouwen staat nog overeind. Over het spoor is asfalt aangebracht. Zelfs de naam van de stad is verdwenen en vervangen door Bayside. Alleen de Delaware is nog net zo als vroeger, een brede, onvermurwbare en groenige strook.

Het enige bewijs van de eens zo drukke haven van Caviar zijn een paar houten palen die rimpelig boven het water uitsteken nabij de monding van Stow Creek, en een paar zwartwitfoto's die de plaatselijke historische vereniging in haar bezit heeft. De foto's tonen een aantal werven die van de oever af uitsteken, elk afgeladen met mensen. Op een afbeelding verdringt een groep mannen met bolhoeden zich aan de rand van een pier, een boot vol steur opwachtend. In de nabijheid staat een arbeider naast een takel en hij bereidt zich voor om een enorme vis uit de boot te hijsen. Achter hem in de verte staan de barakken waar de vissers gedurende het seizoen woonden. De visnetten liggen als hangmatten te drogen op de pieren. Sommige behoren toe aan Wyatt Miller, een afstammeling van de slaven, die genoeg verdiende aan het repareren van netten om een restaurant in Caviar te kunnen openen. In een van de openluchtschuren liggen de steuren opgestapeld als houten blokken. Een arbeider in hoge laarzen snijdt de buik van een vis open om een uitstulpende hoeveelheid eieren te tonen. Op een andere foto wrijven drie mannen voorzichtig de steureitjes door een zeef. Een paar passen achter hen glimlachen vrouwen in hooggesloten blouses en rokken tot aan de enkels, terwijl de eieren worden bewerkt tot kaviaar.

In 1895 stonden tweeëntwintig groothandels in kaviaar en steur ingeschreven in het register van Cumberland County, met kantoren in de stad. Gedurende het visseizoen nam de bevolking van Caviar toe van enkele tientallen tot vierhonderd mensen. De vissers sliepen in barakken, klaar om in hun boten te springen zodra de getijden dit mogelijk maakten. De boten hadden doorgaans een lengte van zo'n acht meter en waren uitgerust met zeilen en riemen, al hadden sommige vissers de pech dat ze vanaf woonboten moesten werken. Dit waren stinkende schuiten met een enkele kajuit waar de vissers sliepen, aten, vis schoonmaakten en kaviaar bereidden.

EEN VAN de mannen die tijdens de kaviaarkoorts werk zocht was Charles A. Dolbow, een visser uit Penns Grove van Zweedse origine, die zich aan de Jersey-kant van de Delaware had gevestigd in de tijd van William Penn. De Dolbows voorzagen in hun levensonderhoud door in Penns Grove te werken als boeren en vissers.

Toen de oorlog ten einde was, had Charles Dolbow het geluk dat hij een baan als kapitein op een steurboot vond bij Bendix Blohm en zijn nieuwe kaviaarhandel. Hij was veel liever voor zichzelf begonnen, maar zoals zoveel vissers in de stad ontbrak het hem aan geld en connecties, om nog maar te zwijgen over de ervaring in het bereiden van kaviaar. Als hij een eigen bedrijf wilde beginnen, moest hij genoeg geld bijeensparen om een paar boten en netten te kunnen kopen.

Niet lang nadat Dolbow in dienst trad bij Blohm arriveerden nog twee Duitsers uit Hamburg aan de kust van Delaware. Dit waren de zonen van Dieckmann & Hansen. Peter Hansen en Johann Dieckmann waren uit Hamburg vertrokken met de instructie kaviaarleveranciers voor het bedrijf te ronselen, maar ze kwamen er al snel achter dat buiten Bendix Blohm niemand enige kennis bezat over het bereiden van de delicatesse. Het duo reisde langs de oostkust, deelde netten en zeven uit aan vissers en leerde hen de fijne kneepjes van het inzouten van kuit van de steur. Charles Dolbow tekende enthousiast voor Dieckmann & Hansen, en in ruil daarvoor leende het Hamburgse bedrijf hem vijfhonderd dollar om de uitrusting te kopen, die hij nodig had om zijn eigen zaak te beginnen. In 1876 was Dolbow in staat ontslag te nemen bij Blohm en zijn eigen viskamp in Caviar op te zetten. In zijn eerste jaar verscheepte hij dertienhonderd steuren naar New York, en een deel van de winst investeerde hij in een schoener vol ijs uit Boston. Het ijs, dat de volgende lente arriveerde, zou een gekoelde opslagplaats voor kaviaar en steurvlees vullen. In slechts enkele jaren tijd zouden Charles Dolbow en zijn zoon Harry de belangrijkste leveranciers voor Dieckmann & Hansen in Amerika worden. De beide vissers uit Penns Grove hadden zoveel succes dat rond 1880 de kans groot was dat een bord kaviaar, dat op een Duitse tafel werd geserveerd, afkomstig was uit New Jersey en verpakt was door een Dolbow.

Andere Duitse kaviaarhandelaren volgden Dieckmann & Hansen naar Amerika. P. Feddersen, een Berlijnse handelaar, vond zijn weg naar het kleine eilandje Solomons in de Chesapeake in het zuiden van Maryland, waar hij een contract sloot met de vooraanstaande oestervisser Joseph C. Lore. Feddersen leverde Lore vaten, strikte instructies ten aanzien van het inzouten en een flinke voorraad van het vermaarde zout uit Lüneburg in Duitsland. Langs de Atlantische kust gingen slaperige vissershaventjes aan het werk om de kaviaarhonger in Europa te stillen: Chester, Pennsylvania; Port Penn, Delaware; Savannah, Georgia. Een decennium nadat Dieckmann & Hansen in Amerika arriveerden, waren er meer dan negenhonderd schippers die langs de kust visten op steur.

Het merendeel van de Amerikaanse kaviaar werd naar Europa gezonden, maar soms werden partijen van mindere kwaliteit plaatselijk verkocht. Een paar bars in New York begonnen gratis kaviaarsandwiches uit te delen in de hoop dat de zoute snack de mensen aanzette meer drank te bestellen. De Denver & Rio Grande Railroad bood kaviaar aan in het restauratierijtuig, voor dezelfde prijs als een bord olijven en selderie, twee andere nieuwe delicatessen. De meeste kaviaar werd verwerkt met een verhouding van negen tot tien procent zout, een dubbele hoeveelheid van tegenwoordig, in een poging bederf te voorkomen. De Dolbows boden ook een betere kaviaar met slechts vijf procent zout, maar louter voor de Europese markt.

De Amerikaanse kaviaarindustrie was in Delaware begonnen en vissers uit Delaware domineerden het vissen voor de oostkust. Aangezien het kuitschieten van de steur in de warme zuidelijke rivieren eerder plaatsvond, verplaatsen de noorderlingen rond februari hun boten per trein naar Georgia om de eerste trek van de steur op te wachten. De vissers uit Delaware werkten rivier na rivier in noordelijke richting af en volgden de steuren tot ze bij de stad Caviar aankwamen. Ze begonnen in de Savannah River, vervoerden hun bootjes op een goederentrein naar Virginia, vervolgden hun reis naar de James River, hopten noordwaarts langs de kust vanuit de Potomac River naar de Patuxent, Chesapeake en Delaware, waar het seizoen voortduurde tot eind juni.

Een visser kon flink verdienen als hij de steur noordwaarts volgde, meer dan hij zou krijgen als hij thuis bleef en wachtte op de trek van de elft. Het was echter zwaar werk. De steurnetten wogen zelfs als ze leeg waren nog bijna honderd kilo, en heel wat meer als ze nat in werden gehaald en vol vis zaten. De vissers brachten bijna de hele dag door op de rivier als de steuren met hun tocht bezig waren. Een enkele vrouwtjesvis leverde twee dollar op de werf op. Dat was een flinke som in een tijd dat het weeksalaris rond de tien dollar lag. Tegen 1897 was de prijs van een vrouwtjessteur met eieren gestegen tot dertig dollar.

Niet elke steur was evenveel waard. De Amerikaanse vissers leerden al snel de steuren in te delen, op dezelfde wijze als de Russen tegenwoordig doen, met de hoogste waardering voor de 'koe' met eitjes. Toch hadden de vissers er geen problemen mee kuit van *runners* in te zouten, de vrouwtjesvissen die werden gevangen voordat hun eieren hard en rijp waren, ook al was de kwaliteit van de kaviaar minder goed. Hij kon worden verkocht als sandwichkaviaar. De mannelijke *bucks* (bokken) en de vrouwelijke *slunkers*, die hun lading eitjes al hadden geloosd, waren goed voor het vlees. De onvolgroeide *mammoses* waren vrijwel waardeloos. Nadat de vissers hun onkosten hadden voldaan, konden ze vijfhonderd dollar mee naar huis nemen. Dit stelde hen in staat de rest van het jaar rond te hangen, verhalen te vertellen en de netten te repareren.

Voor ambitieuze vissers als Charles Dolbow, die de vis zelf inmaakte, waren de winsten nog groter. Hij verkocht alles apart, de kaviaar, het vlees, de visgelatine en de olie. Uiteraard leverde de kaviaar het meeste op. Duitse handelaren betaalden in 1885 negen dollar voor een vat kaviaar van ruim zestig kilo, maar vijftien jaar later schoten de prijzen omhoog tot honderd dollar per vat. De vissers hadden voor geen enkele andere vissoort dergelijke prijzen meegemaakt. In 1908 publiceerde Walter Tower, een professor aan de universiteit van Pennsylvania, een korte geschiedenis over de steurvisserij. 'Nergens anders in de complete geschiedenis van de commerciële visserij', concludeerde hij, 'is er een parallel te trekken met de steur, die in minder dan een kwart eeuw van een verachte en meedogenloos vernietigde vis... veranderde tot het hoogste niveau van commerciële waarde.' De meeste vissers verwachtten dat de prijzen bleven stijgen.

Door al het geld dat ze aan de steur verdienden, viel het de vissers niet op dat ze steeds minder vingen. Rond 1870 vingen de vissers elke keer dat ze hun zware netten uit het water haalden gemiddeld vijfenzestig steuren. Een decennium later was het gemiddelde gezakt tot dertig. Aanvankelijk deed het er niet toe dat er minder steuren in het net spartelden, want de prijs voor een 'koe' verdubbelde jaarlijks. De Delaware, die altijd de meest vruchtbare rivier aan de oostkust was geweest, zag de totale vangst tussen 1890 en 1897 met de helft dalen, van 2,5 miljoen kilo tot 1,25 miljoen, toch bleven de inkomens van de vissers stabiel of namen zelfs toe.

Tegen die tijd hadden Dieckmann & Hansen goed voet aan de grond gekregen in Amerika. Ferdinand Hansen, een achterneef van de stichters van het bedrijf, was in 1886 aangekomen om het kantoor in New York te leiden en de zaken te regelen in Penns Grove en Caviar. Hoewel Hansen pas zeventien jaar was, had hij voldoende ervaring in de kaviaarhandel om in te zien wat de dalende vangsten betekenden. Het had amper dertig jaar gekost om de steur in de Elbe uit te roeien. In 1899, precies negenentwintig jaar nadat Bendix Blohm zijn eerste kaviaarvangst in Penns Grove binnenhaalde, vingen de vissers in Delaware gemiddeld nog maar acht steuren per net. De handelaren wrongen zich in allerlei bochten om voldoende Amerikaanse kaviaar te vinden om aan de Europese vraag te kunnen voldoen. Sommige vissers deden grove pogingen kuit van andere vissoorten door te laten gaan voor kaviaar van de steur. De Berlijnse groothandelaar P. Feddersen schreef zijn leverancier aan de Chesapeake, Joseph Lore, in juni 1899 om lucht te geven aan zijn frustratie en te smeken om echte kaviaar:

> Het seizoen, 'is vrij goed geweest... Er is veel Chesapeake-kaviaar op de markt. Waar komt deze vandaan? Iemand schreef me dat hij vijfentwintig vaten had en een andere partij had 150 vaten in N.Y. Ik ging erheen, maar ik koop graag kaviaar gemaakt van de kuit van steur, niet van troep – kuit van elft. Ik zeg je, er is aardig wat rotzooi op de markt'.

HET SEIZOEN van 1900 markeerde de dertigste verjaardag van de Amerikaanse kaviaarindustrie. Na drie decennia van onafgebroken vissen langs de oostkust, waren gigantische hoeveelheden kuitschietende steur uit het voortplantingsproces gehaald. De vis die in 1900 voor het eerst kuit had moeten schieten, was nooit geboren. De eitjes waren al lange tijd geleden opgegeten. In dat jaar stortte de opbrengst in elke rivier aan de oostkust in. In de James, de Chesapeake en de Delaware haalden de vissers lege netten op. Een paar jaar later zou Harry, de zoon van Charles Dolbow, die de zaak over had genomen en zijn achternaam had veranderd in Dalbow, zich bitter herinneren dat 'kaviaar pas na het mislukken van 1900 een fatsoenlijke, respectabele prijs opleverde'. De Europese handelaren sloten hun Amerikaanse afdelingen. Anderen verplaatsen zich naar het westen, naar de Great Lakes en de westkust. Dieckmann & Hansen gaven hun Amerikaanse dependance niet geheel op, maar het bedrijf richtte zich nu vooral op de rijke Russische visgronden. In 1895 begonnen ze kaviaar te bereiden uit de Amoer in Siberië en in 1902 begonnen ze in Astrakan. De voorraden in Rusland maakten de dalende productie in Amerika meer dan goed. Harry Dalbow bleef op de Delaware vissen en Ferdinand Hansen bleef van hem kopen. Iedereen besefte echter dat er een einde aan een tijdperk was gekomen. Het begin van de twintigste eeuw was ook voor de Wolga een uitzonderlijk jaar: Astrakan produceerde 29,8 miljoen kilo steur in 1900, een record dat nooit meer zou worden overtroffen.

HARRY DALBOW kon nog maar niet geloven dat de kaviaar helemaal was verdwenen. In 1891 was hij een zakelijke verbintenis aangegaan met een van zijn familieleden, Joseph 'Yaller' Dolbow. Ze begonnen met een paar zeilboten die Caviar als thuishaven hadden, maar ze hadden voldoende vertrouwen in de toekomst om veel geld te investeren in gloednieuwe schepen uitgerust met dieselmotoren. Uiteindelijk bouwden ze een vloot van in totaal twintig boten.

Vele vissers begonnen te geloven dat het vissen op steur gereguleerd moest worden om de vis te laten overleven en er werden pogingen ondernomen het funeste gevoel van laissez-faire aan banden te leggen. In 1904 verzamelden zich vissers uit Caviar, Chester en Port Penn in het Davis Hotel in Philadelphia om de Sturgeon Fisherman's Protective Society (Vereniging ter bescherming van steurvissers) op te richten. Het eerste agendapunt was een voorstel elke steur die kleiner was dan één metertwintig na vangst weer terug in het water te gooien. Zulke jonge vissen konden onmogelijk rijpe eitjes bij zich dragen. Sommige vissers meenden echter dat dit zinloos was; de meeste vissen waren al dood of gewond voor ze uit de netten konden worden gehaald. Ferdinand Hansen koos een andere aanpak. Hij verscheen voor het wetgevende lichaam van New Jersey, Pennsylvania en Delaware en probeerde ze over te halen om een seizoen op het vissen van steur vast te leggen. Hij stelde voor om op 15 mei vissen te verbieden, zodat een deel van de steurpopulatie gespaard zou blijven en een kans zou krijgen om te kuitschieten. Zijn plan werd verworpen, en jaren later klaagde hij dat de wetgever de kant van de vissers had gekozen, die 'er de voorkeur aan gaven de kip met de gouden eieren te slachten'. Op een bepaalde manier zorgde de ramp van 1900 voor een afname van het vissen, waardoor minder mensen in Caviar bleven. Zelfs zijn partner Yaller Dolbow gaf in 1901 de brui aan het vissen. Harry was echter grootgebracht met de steur, en net als de vis bleef hij hardnekkig naar de rivier gaan, die hij van kindsbeen af aan had gekend.

Hoewel Harry in een paar jaar tweeduizend dollar had verdiend aan het vissen op steur, was er nooit genoeg geld geweest om hem rijk te maken. Elk jaar als het visseizoen voorbij was, ging hij tijdelijk werken op de groentekwekerijen van Salem County, de tuinen van de *Garden State.* De groente-industrie van New Jersey maakte zijn hoogtijdagen door. De kwekerijen zonden vrachtwagens vol tomaten, bonen en asperges naar de florerende conservenfabrieken, zoals Campbell's Soup in Camden. In de herfst van 1906 hielp Harry op een boerderij van een buurman aan de lopende band, waar de tomaten in blik werden verpakt en met behulp van een nieuwe methode vacuüm werden verzegeld. Terwijl Harry de deksels aandrukte, kreeg hij plotseling een heel goede inval. Waarom zou kaviaar niet kunnen worden verpakt in kleine luchtdichte blikjes en worden verzegeld? Hij hoefde niet ver te reizen om dit idee uit te testen. Het zuiden van Jersey was een centrum van innovatie in de nieuwe wetenschap van het conserveren van voedsel. De Franse chef-kok Nicolas Appert had in 1809 de eerste betrouwbare methoden om in te blikken en te bottelen uitgevonden en de boeren in het zuiden van Jersey werkten deze methode verder uit. In 1847 produceerden ze de eerste ingeblikte tomaten voor de commerciële markt in Jamesburg. De acceptatie van ingeblikt voedsel bij de consument nam toe gedurende de burgeroorlog, toen de troepen van de Unie varkensvlees en bonen, sardines en *succotash* (gerecht van maïs en limabonen) uit blik kregen. De American-Can Company werd een van de grootste werkgevers in het zuiden van Jersey. Harry besloot het bedrijf te vragen een machine te ontwerpen die kaviaar op dezelfde manier zou kunnen verpakken als tomaten.

Het idee van het inblikken van kaviaar had niet op een gunstiger moment kunnen komen. De oude steurpopulaties van Amerika, die tweehonderd jaar eerder bij de geboorte van de natie in zo'n overvloed aanwezig waren geweest, begonnen in elke rivier te verdwijnen. De Atlantische steur was in 1900 gereduceerd tot een paar verspreide populaties. De vangst van witte steur bereikte in 1885 een hoogtepunt in de Sacramento en Californië deed het vissen op steur in 1901 volledig in de ban. Hoewel pas vanaf 1888 commercieel werd gevist op witte steur in de Colombia, waren de voorraden er in niet meer dan twaalf jaar uitgeput. Het Eriemeer, dat in 1885 2,5 miljoen kilo steur had opgeleverd, zond tien jaar later slechts 100.000 kilo naar de markt. De vissers namen hun toevlucht tot de bereiding van kaviaar van de kuit van de zwaardsteur uit de Mississippi. De kuit was droog en korrelig, maar ze verkochten die als Russische kaviaar.

De indianen, die de steur zo lang voor zich alleen hadden gehad, werden in hun bestaan bedreigd door de onverzadigbare vraag naar kaviaar. 'Veel blanken vissen tegenwoordig in de buurt van de Harrison River en stelen openlijk onze vis, ons enige voedsel. Ze willen ons zien hongeren, we kunnen het niet verdragen', klaagden vier Chilliwack-opperhoofden uit Brits Colombia in een petitie uit 1894, gericht aan de Canadese regering. Er moest snel iets gebeuren, waarschuwden ze, anders zouden de indiaanse vissers naar de wapenen grijpen om de commerciële steurlijnen die over de rivieren hangen te vernietigen. Tegen 1902 was de steur in de Harrison River nauwelijks de tijd van de commerciële visser meer waard. Het restant liet men aan de indianen. De vooruitzichten voor deze oorspronkelijke Amerikanen waren echter bijna even slecht als voor de steur.

De hebberige vissers waren niet de enigen die de steur aan zijn einde hielpen. De vervuiling eiste een grote tol. De Delaware, die aan het begin van de negentiende eeuw zo schoon was geweest dat de schepen midden op de rivier hun watervaten konden vullen, was nu een beerput geworden. Er dreef zoveel olie op, die afkomstig was van de raffinaderijen uit Philadelphia, dat de rivier naar verluidt wel eens vlam vatte. De bouwwerkzaamheden die volgden op de komst van immigranten had de rivier eveneens aangetast. Slib van de bouw, nieuwe wegen en boerderijen werd in de Delaware en de Chesapeake gestort, waardoor zich een laag slib vormde op de harde rotsachtige bodem waar de steur het liefste kuitschiet. In het westen deed het afval van zaagmolens rond de Great Lakes het zuurstofniveau in het water afnemen, waardoor zowel de rivieren en de steur verstikten.

Terwijl de vissers Amerika's rivieren en meren afzochten naar de resterende steur, werd het steeds moeilijker een standaardvat van ruim zestig kilo te vullen. Er was nauwelijks verschil tussen deze vaten en de vaten die Varvarkis had gebruikt ten tijde van Catharina de Grote, en ze zagen er oud en ruw uit in een tijd van dieselmotoren en vliegtuigen.

De conservenfabriek van Harry Dalbow bood een mooie en moderne opvolger: de kleine glazen pot. Met hulp van American-Can mechaniseerde hij niet alleen het inpakken van kaviaar, hij deed de delicatesse in afzonderlijke glazen potjes die direct aan de consument konden worden verkocht. De potjes werden opzettelijk klein gehouden, met een inhoud van zestig en honderdtwintig milliliter. Door de kaviaar kleiner te verpakken was Harry in staat meer met zijn beperkte voorraad te doen. Hij kon er ook veel meer geld voor vragen wanneer mensen kaviaar niet meer per vat, maar per potje kochten. De inblikmachine bleek een winstgevende manier te zijn om de resterende Amerikaanse kaviaar te rantsoeneren.

Dieckmann & Hansen zagen in dat het idee van Dalbow verandering teweeg zou brengen in de manier waarop mensen over kaviaar dachten. De delicatesse werd niet langer met grote lepels uit gigantische vaten geschept. Kaviaar zou worden verkocht als kostbare juwelen in de allerbeste winkels. De vacuüm afgesloten potten boden ook het voordeel dat de versheid van de kaviaar werd verlengd. Kaviaar kon nu worden gepasteuriseerd, waardoor het een jaar of nog langer op de schappen kon liggen, en de penetrante lucht van verrotte eitjes zou goeddeels tot het verleden behoren.

In 1912 voer Harry op de *Lusitania* naar Europa om het personeel van Dieckmann & Hansen de geheimen van het conserveren van kaviaar bij te brengen. Hij bracht verscheidene maanden door in Astrakan en leerde de arbeiders van het pakhuis hoe ze de uitrusting om te conserveren moesten gebruiken. Kort nadat hij weer terug was gekeerd, opende zijn partner Ferdinand Hansen de eerste kaviaarwinkel op de begane grond van het Waldorf-Astoria Hotel in New York. Hansen, die aanvankelijk de handelsnaam 'Russian Caviar' (Russische Kaviaar) had gebruikt, besloot dat het product een meer romantisch klinkende naam op het label nodig had dan de familienamen die zijn voorvaderen hadden gebruikt. Hij wilde iets exotisch, iets Russisch en iets dat het gevoel van rijkdom opriep. De voor de hand liggende naam was Romanoff Caviar, naar de Russische tsarenfamilie. Nu de Amerikaanse rivieren uitgeput waren, verwachtte

Hansen dat de meeste kaviaar in de kleine potjes al spoedig Russisch zou zijn. Hij had gelijk. Toen hij niet meer in staat was kaviaar te vinden om een voldoende aantal potjes van dertig mililiter te vullen, sloot Harry Dalbow in 1925 zijn inmakerij en verkocht hij zijn boten. In een halve eeuw nadat de Amerikanen kaviaar begonnen te maken, was de steur uitgeroeid.

5

Kaviaar voor de massa

Dat is kaviaar, legde ze hem uit, en dit is wodka, de drank van het volk, maar je zult, denk ik, ontdekken dat beide bijzonder goed bij elkaar passen.

C.S. FORESTER, COMMODORE HORNBLOWER

Toen de bolsjewieken in 1917 aan de macht kwamen, was Rusland het enige land ter wereld waar steur nog in groten getale voorkwam. In Amerika en Europa was de vis uitgeroeid door de hebzuchtige handelaren, onbesuisde vissers en de onverzadigbare, algemene vraag naar kaviaar. Deze situatie gaf de communisten een waardevol monopolie over de kaviaarhandel, en ze waren vastbesloten deze onder het bestuur van de nieuwe sovjetstaat te brengen.

De nationalisatie van de Russische kaviaarindustrie begon met bloedvergieten. In 1919 kondigde de communistische regering aan dat ze het eigendom van de Kaspische visserij overnam. De regio had voor de revolutie meer dan tweederde van de Russische kaviaar geproduceerd, dus was het voor de staat een logische plaats om de onteigening te beginnen. In die tijd waren de bolsjewieken echter nog verwikkeld in een burgeroorlog met de anticommunistische krachten. De strijd in Astrakan was extreem bloedig. Tegen 1919 waren de fabrieksarbeiders en vissers in de stad zo zat van de voedseltekorten en de communistische leiding dat ze een algemene staking organiseerden. De houding van de arbeiders deed het sovjetregime in woede ontsteken en het antwoord op de staking was nog meedogenlozer dan normaal. De communistische strijdkrachten pakten iedereen op, niet alleen de stakende arbeiders maar ook de zogenoemde bourgeoiselementen. Afziend van de formaliteit van processen, veroordeelde het executiepeloton eenvoudigweg iedereen die was gearresteerd tot de doodstraf. Sommige gevangenen werden in de Wolga geduwd met bakstenen aan hun enkels gebonden. Anderen werden doodgeschoten. Om alles sneller te laten verlopen, werden de groepsexecuties direct op de boten op het midden van de Wolga uitgevoerd, en voor de eerste keer glinsterde de rivier van de steur door een laag menselijk bloed.

De slachtpartij vormde het einde van de glorietijd van Astrakan. Alles in Astrakan had altijd gedraaid om vis, en vis had van Astrakan een welvarende stad gemaakt. Ten tijde van de revolutie werd er meer vis uit de Kaspische Zee gehaald dan door de Baltische en Pacifische visserijen tezamen. Toen Europa in de negentiende eeuw in de ban raakte van de kaviaargekte werd Astrakan nog rijker. De kaviaarproductie in de Kaspische Zee, die in 1860 jaarlijks slechts vier ton besloeg, was omhooggeschoten naar ruim drieduizend ton per jaar rond 1900.

De dichter Chlebnikov mopperde misschien over de stank van de vis, maar de kaviaarhandel was verantwoordelijk geweest voor de verandering van Astrakan in een beschaafde oase te midden van de lege steppe. Rond de eeuwwisseling stond de stad vol met theaters, een amusementspark, een hotel in Europese stijl, een Victoriaans museum van natuurgeschiedenis in rood baksteen en delicatessenwinkels, die alles verkochten van Engelse thee tot Jaffa-sinaasappels. Rijke kooplieden bouwden weelderige huizen in de nieuwe Style Moderne. De gebroeders Nobel, die een fortuin vergaarden door een paar kilometer zuidwaarts in Bakoe naar olie te boren, openden een kantoor te Astrakan. De stad stond over de hele wereld bekend om zijn kaviaar en ruwe olie, maar ook om zijn plaatselijke hoed. Het hoofddeksel wordt gemaakt van de kortkrullige wol van een pasgeboren lam; de hoge hoed zonder rand wordt nog altijd een astrakan genoemd, of hij nu in Zuid-Rusland of in China wordt geproduceerd. De ligging van Astrakan op de grens tussen Azië en Europa verleende de stad aan het begin van de twintigste eeuw een sterk kosmopolitische sfeer. Er woonden grote groepen Tartaren, Kazachen, Kalmukken, Perzen, Armeniërs, Azeri, Georgiërs en joden, en daarnaast ook minderheden als hindoes en volgelingen van de leer van Zarathoestra uit India. Elk van de groepen had zijn eigen specialistische terrein: de Perzen zijde, de Azeri watermeloenen. De specialiteit van de Russen en hun verwante kozakken was altijd kaviaar geweest.

In 1902 openden Dieckmann & Hansen met hoge verwachtingen een kantoor in Astrakan. Nadat het bedrijf uit Hamburg de snelle teloorgang van de voorraden steur in de Elbe en de Delaware had meegemaakt, hoopte het een stabiele bron van kaviaar te vinden. De enorme concentratie van steur in de Kaspische Zee leek nog jarenlang te kunnen zorgen voor een regelmatige aanvoer. Het bedrijf hoefde zich ook niet nog eens druk te maken over het inwijden van de Russische vissers, zoals in Amerika nodig was geweest. De Russen waren de experts in het vangen van steur en het maken van eersteklas kaviaar.

De kracht van het bedrijf uit Hamburg was de ervaring in het verpakken en het verschepen. Hun ervaring in Amerika had ze geleerd dat de beste manier om bederf te voorkomen was de kaviaar op te delen in kleine partijen, en niet alle eitjes in een enorm vat te doen. Toen Dieckmann & Hansen rond de eeuwwisseling in Astrakan arriveerden, introduceerde het bedrijf de conserven die het in Amerika had gebruikt. Deze blikjes, die ruwweg een kilo eitjes konden bevatten, vervingen de houten vaten die sinds de tijd van de Mongoolse handelaren waren gebruikt om kaviaar in te bewaren.

De eenvoudige blikjes doen het verrassend goed. Eerst wordt de kaviaar in een open blik geschept en vervolgens wordt het deksel er langzaam opgedrukt, tot alle lucht uit het blik is geperst. Nadat een vacuüm is gecreëerd, wordt er een rubberen band over de naad aangebracht, als bescherming tegen bederfelijke elementen. Voor extra bescherming wikkelden Dieckmann & Hansen de blikjes in zakken van kaasdoek, drie stuks in een zak. Vervolgens werden de zakken in een scheepsvat opgestapeld met een rijkelijke hoeveelheid ijs. Als de kaviaar per schip werd vervoerd, dan werden de vaten gewoonlijk onder de waterspiegel opgeslagen, waar de lucht het koelst was, aangezien gekoelde schepen aan het begin van de twintigste eeuw nog niet gebruikelijk waren. Zelfs in de winter werd deze zelfde manier van verpakken gehandhaafd, als de Wolga bedekt was met ijs en kaviaar alleen uit Astrakan kon worden getransporteerd over de enkele spoorlijn die noordwaarts naar de haven in St. Peterburg liep. Zelfs nadat Harry Dalbow zijn methode om kaviaar in glazen potjes te verpakken had uitgevonden, bleven Dieckmann & Hansen de blikjes gebruiken om de groothandelaren te voorzien.

Voor de revolutie consumeerden de Russen de meeste kaviaar die in de Kaspische regio werd geproduceerd en werd er relatief erg weinig naar het buitenland geëxporteerd. In 1913, aan de vooravond van de rampzalige betrokkenheid bij de Eerste Wereldoorlog, oogstten de vissers uit Astrakan meer dan 28.000 ton steur uit de Kaspische Zee en haalden hier zo'n drieduizend ton kaviaar uit. Bijna alles van deze immense vangst belandde uiteindelijk op de Russische tafels. Dieckmann & Hansen waren de grootste buitenlandse producent, maar zij exporteerden slechts honderd ton kaviaar per jaar. Ondanks de status van kaviaar in Europa was kaviaar nog voornamelijk Russisch voedsel.

Toen de Russische vraag naar kaviaar groeide, gingen de producenten van Astrakan verder kijken dan de delta's van de Wolga en de Oeral. In 1893 gelukte het de ondernemende gebroeders Lianozov een visconcessie van de Perzische regering te bemachtigen, waardoor ze het recht hadden verworven in het zuidelijke deel van de Kaspische Zee op steur te vissen. Het gebied voor de Perzische kust was in het verleden nog niet zwaar bevist op steur, deels omdat het water er veel dieper en verraderlijker is dan in het noorden van de Kaspische Zee. Ook was er de omstandigheid van de plaatselijke traditie. De bewoners aan de zuidelijke Kaspische kust waren allen sjiieten, een mengeling van Perzen en Azeri. Veel van hen beschouwden de steur en de kuit als onrein voedsel. Sommige plaatselijke vissers weigerden een steur aan te raken. De gebroeders Lianozov waren genoodzaakt Russische vissers op de boten te laten werken. Maar zelfs als de Russische vissers en de Russische technieken werden overgeplant op Perzische bodem, bleef het eindresultaat inferieur aan de mix die in Rusland werd gemaakt. Een reden was dat de kuit afkomstig was van onvolgroeide steuren, gevist op open zee, in plaats van exemplaren die kuitschieten in de rivier. Het ontbreken van een kaviaarconsumerende cultuur kan de kwaliteit ook hebben beïnvloed. De inferieure Perzische productie werd gewoonlijk tegen een aanmerkelijke korting in Rusland verkocht.

Dankzij de expansie van de gebroeders Lianozov tot in de wateren van Perzië bleef de totale vangst van de Kaspische steur stijgen. Er waren echter tekenen dat de zee te zwaar werd belast. Paul Reinbrecht, die in 1902 werd uitgezonden naar Astrakan om de nieuwe fabriek van Dieckmann & Hansen te leiden, zag de zorgwekkende verschijnselen direct. De vissers begonnen uiting te geven aan de tegenwoordig gangbare klacht dat het meer moeite kostte dezelfde aantallen vis te vangen. Reinbrecht zond een bericht naar het kantoor in Hamburg, waarin hij voorspelde dat de vangst van de steur in de Kaspische Zee spoedig drastisch zou afnemen, volgens hetzelfde patroon dat Dieckmann & Hansen in Duitsland en Amerika al hadden waargenomen.

Het hoofdkantoor was geschokt door deze vreselijke tijding. De delta van de Wolga was altijd geprezen om zijn overvloed aan vis. Steur was zozeer in overvloed aanwezig dat bijna niemand de moeite nam om in een boot de Kaspische Zee op te varen om de vis te vangen; het was te gemakkelijk om een net in de rivier te laten zakken en te wachten tot er een vis inzwom. Nu was iedereen het er echter over eens dat het aantal steuren dat de rivier opzwom, geringer werd. In 1901 zonden de visbedrijven een petitie aan de Russische regering waarin ze om toestemming vroegen om op zee te vissen, als compensatie voor de dalende vangsten in de rivieren. Het verzoek werd ingewilligd, maar ze hoefden niet ver te varen om hun verliezen goed te maken. Het gebied even voorbij de monding van de Wolga wemelde van de jonge steuren, die zich voedden met het voedsel dat door de rivier naar het zuiden werd getransporteerd. Miljoenen onvolgroeide steuren brachten hun jeugd door met het spartelen in de warme ondiepe wateren van de noordelijke Kaspische Zee, waar ze zich tegoed deden aan een keur van weekdieren en wormen. Steur vangen was hier even gemakkelijk als het neerschieten van een buffel op de open prairie. Zelfs als minder van deze onvolwassen vissen eitjes in hun buik droegen, kon hun vlees nog altijd worden verkocht.

Gedurende het seizoen gingen grote boten maandenlang achtereen voor anker en werden vaste netten op palen aangebracht. Wanneer de vis in de netten zwom, bleef hij met zijn kieuwen in de mazen vastzitten. De vissers hoefden alleen maar verscheidene keren per dag de vangst binnen te halen. Deze staande netten vingen heel wat meer dan alleen steur. Hoewel de vissers zich zelden hadden beziggehouden met minder waardevolle vissen, zoals baars, voorn of haring, was de vraag ernaar gestegen toen de steurvangst afnam. Het was een kenmerkend vispatroon. Zodra de voornaamste vissoort uit het water is gevist, werken de vissers de lijst af van veelgevraagde soorten. De kleine vissen met veel graten werden al snel dagelijks voedsel in Rusland, vooral onder de arme arbeiders die in de smerige krottenwijken van Moskou en St. Petersburg woonden. De vraag naar goedkope bronnen van proteïne was zo groot dat sommige steurvissers zelfs gingen vissen op de *kilka*, een vis ter grootte van een ansjovis.

NET TOEN het erop begon te lijken dat de Russen de Kaspische steur hetzelfde zouden aandoen, als wat de Duitsers en de Amerikanen met hun voorraden hadden gedaan, kwam er een tijdelijke opschorting in de vorm van oorlog en revolutie.

De visgegevens van het begin van de twintigste eeuw in Astrakan weerspiegelen de dramatische gebeurtenissen die duizenden kilometers verderop plaatsvonden. De eeuw begon veelbelovend met een recordvangst van bijna 30.000 ton steur in de noordelijke Kaspische Zee. De vangsten bleven redelijk goed, zelfs in 1914 na het eerste gedonder in de verte van de Eerste Wereldoorlog. Toen het Duitse leger een jaar later echter optrok naar de Marne begonnen de vangsten minder te worden, aanvankelijk langzaam, maar vervolgens sneller. In 1917, toen de oorlog een einde had gemaakt aan de vervallen dynastie van de Romanovs, brachten de vissers slechts 8500 ton aan land. Toen de nieuwe bolsjewistische regering te kampen kreeg met de burgeroorlog, werden in 1920 maar 2100 ton steur gevangen, amper genoeg voor de bereiding van driehonderd ton kaviaar.

Voor het grootste deel van het decennium zochten de mensen die gewoonlijk op steur visten ander werk op. De Russische vissers stopten het vissen na 1914 en vertrokken naar het front om tegen de Duitsers te vechten. Vier jaar later verlieten ze hun netten opnieuw, dit keer om tegen de communisten of tegen de witten te vechten – afhankelijk van hun ideologische voorkeur – in de Russische burgeroorlog. De buitenlandse kaviaarbedrijven waren aan het begin van de ongeregeldheden allemaal uit Astrakan gevlucht. De Duitsers hadden het te druk met het aanleggen van loopgraven en de strijd tegen de Fransen om te denken aan het oppeuzelen van steureitjes. Veel van de rijke kaviaarkooplieden waren na de revolutie ook vertrokken. Tegen de tijd dat Lenin en de bolsjewieken de laatste tegenstanders in 1921 hadden verslagen, deden de paar overgebleven kaviaarkooplieden wanhopige pogingen het land uit te komen.

De pauze in de bevissing redde de Russische steur. Die zes of zeven jaren menselijke onrust gaf de gekwelde vis de rust die hij nodig had om de aantallen weer te laten groeien. Nadat de crisis in Rusland voorbij was, namen de Kaspische vissers hun oude bezigheden natuurlijk weer op. De vangsten namen geleidelijk aan weer toe. De communisten hadden de visserij na 1919 formeel genationaliseerd, maar omdat ze alles in het werk stelden de voedselvoorraad te vergroten, lieten ze de vissers als particuliere zakenlieden hun werk doen. De vissers wisten echter dat hun dagen van onafhankelijkheid waren geteld. De communisten waren vastbesloten de vissers te collectiviseren, zoals ze ook met de boeren hadden gedaan. In 1925 richtten ze uiteindelijk het eerste viscollectief op. Binnen een paar jaar zou iedere visser een staatsambtenaar worden.

De communisten begrepen al in 1920 dat kaviaar een lucratieve business kon zijn. In datzelfde jaar sloten twee Armeense broers met de naam Petrossian een overeenkomst met het ministerie voor buitenlandse handel om regelmatig voorraden kaviaar uit Astrakan naar Parijs te verschepen. Bemoedigd door de resultaten stelden ze het voorrevolutionaire kaviaarhuis van Dieckmann & Hansen voor om hen regelmatig een voorraad van de favoriete delicatesse van de Duitsers te leveren. De handelsovereenkomsten waren een teken dat de aanvankelijke vijandigheid van het westen jegens de communisten was afgenomen. De ideologie was dan niet bepaald naar de smaak van de Europeanen, maar kaviaar zeker wel, en de handelaren waren bereid er harde valuta voor te betalen.

De worstelende sovjetregering had geld meer nodig dan wat dan ook. Duitse marken, Franse francs en Britse ponden waren onmisbaar voor de aanschaf van tractoren, vrachtwagens, locomotieven, machineonderdelen en alle andere uitrusting die nodig was van Rusland een geïndustrialiseerde natie te maken. De sovjets kwamen er al snel achter dat het geld van de kaviaar deze noodzakelijke spullen kon leveren. Toen de regering de kaviaarhandel meer ging aansturen, werd het individuele personen verboden de snack van de bourgeois privé uit te voeren. Er was een historisch precedent voor de staatscontrole op de kaviaarindustrie. Tsaar Aleksej had praktisch hetzelfde bevel uitgevaardigd, nadat hij in de zeventiende eeuw had getriomfeerd over Stenka Razin en de kozakkenrebellen.

De kaviaarbusiness bleek voor de sovjets zo lucratief te zijn dat ze hun blik wierpen op visgronden die buiten hun eigen grenzen lagen. In 1925 grepen ze de macht over de kaviaaroperatie van Lianozov, geen rekening houdend met het feit dat het bedrijf gevestigd was op Perzisch grondgebied. Dit viel niet goed bij de Perzische monarch Reza Sjah Pahlavi. Bezorgd om een precedent en het groeiende monopolie van de Sovjet-Unie over de kaviaarhandel, verdreef hij de communisten van het eigendom van Lianozov en verklaarde dat de visserij zou worden verhuurd aan de hoogste bieder. Helaas voor Perzië bleek de winnende bieder een groep anticommunistische Russische bannelingen te zijn. De Sovjet-Unie maakte duidelijk dat ze nooit zou toestaan dat haar aartsvijanden ook in de Kaspische Zee zouden vissen. Ze begon een campagne van openlijke bedreigingen en diplomatieke intrige. Uiteindelijk bleek de druk uit Moskou te groot en de sjah bond in en ging ermee akkoord het eigendom van de visserij te verdelen tussen Perzië en de communisten. Volgens het contract uit 1927 moest Teheran de helft van de opbrengst van de joint venture ontvangen. Op een of andere manier belandde het grootste deel van de winst en alle kaviaar in Rusland.

De Sovjet-Unie was nu de onbetwiste baas over de Kaspische Zee. Met de productie van de Zwarte Zee en de andere steurvisserijen beheerste Moskou negentig procent van de wereldvoorraad kaviaar. De communisten leidden hun kaviaarmonopolie als elk ander monopolie in de wereld. Ze dicteerden alle voorwaarden. Via een staatsorganisatie, genaamd Prodintorg, bepaalden de sovjets hoeveel kaviaar elk jaar zou worden geproduceerd, wat de prijs zou zijn en wie kaviaar mocht kopen. De Russen bepaalden zelfs de prijs voor kaviaar uit Iran. Hoewel er op de wereld vele kleine kaviaarhuizen waren, gaven de sovjets er de voorkeur aan om met een paar groothandelaren zaken te doen. In Duitsland was dit Dieckmann & Hansen. In Frankrijk was het Petrossian. Een tijdlang liep de meeste kaviaar, die naar Amerika ging, via Romanoff Caviar of via de Zwitserse bedrijven Porimex in Zürich en Caviar House in Genève. De Sovjet-Unie bewaakte haar kaviaarproductie op dezelfde manier als De Beers zijn diamantmijnen beschermde. Vele jaren lang werden er geen buitenlanders in de buurt van de kaviaarvisserijen geduld.

De communisten gingen voorbeeldig te werk bij de vorming van hun nieuwe kartel. Ze bouwden moderne visverwerkingsfabrieken, uitgerust met geautomatiseerde inblikmachines. Ze riepen drie exportklassen in het leven voor hun kaviaar en gaven elk een label met een eigen kleur: blauw voor beloega, geel voor osetra en rood voor sevroega. Wat de tekortkomingen van het sovjetsysteem ook waren, het management van de kaviaarexporten was een toonbeeld van efficiëntie in vergelijking tot de verzameling bedrijven die nu de zeggenschap hebben over de Kaspische Zee. Westerse kaviaarhandelaren spreken met nostalgisch enthousiasme over het sovjetkartel. 'De sovjets vertelden ons altijd: "Zoveel kaviaar hebben we, zoveel willen we ervoor krijgen". Plannen was een fluitje van een cent', zei een handelaar, gefrustreerd door de onzekerheid van de jaren negentig.

Door hun strikte leiding over de productie zorgden de communisten ervoor dat kaviaar een luxeproduct bleef. Hoewel ze veel meer kaviaar in het westen hadden kunnen verkopen, hielden ze de export constant op circa tien procent van de productie, als bescherming tegen een potentiële verzadiging die de prijs zou doen inzakken. Gezien de kleine hoeveelheid kaviaar die werd geëxporteerd, had er rijkelijk kaviaar voor de binnenlandse markt aanwezig moeten zijn. Zoals zoveel sovjetproducten was kaviaar echter maar moeilijk te vinden.

Hoe beter de sovjets werden in het leveren van kaviaar aan het westen, des te slechter werden ze in de distributie in het binnenland. Terwijl in de tsarentijd een dwarsdoorsnee van de bevolking kaviaar at, werd kaviaar onder de communisten van traditionele Russische zakoeski geleidelijk tot voedsel voor de elite. Waarschijnlijk was er minder kaviaar, omdat de steurvangst tot 1935 niet meer de opbrengsten van voor de revolutie benaderde. Op een of andere manier leken de communistische bazen echter altijd toegang te hebben tot geheime voorraden kaviaar, die ze tevoorschijn konden toveren voor speciale ontmoetingen, verjaardagsfeestjes en buitenlandse bezoekers. De regering gebruikte kaviaar ook als een vorm van betaling. De ambtenaren in het Kremlin kregen vaak een pot kaviaar in hun kerstpakket, iets wat op zich een manier was om de tekorten die de rest van het jaar bestonden te lenigen. Andere Russen die kaviaar wilden, moesten het doen met vacuümverpakte blikjes met een brij van zalmkuit uit de sovjetvisserijen aan de Stille Oceaan. Als echter kaviaar al op de schappen belandde, dan was het altijd ver onder zijn marktwaarde geprijsd.

Tonnen binnenlandse kaviaar verdwenen ten tijde van de latere jaren van de sovjetheerschappij in de onderaardse gangen van de zwarte markt. Kaviaar werd een ondergrondse valuta, een luxe manier iemand om te kopen en gunsten te verwerven. Kaviaar kon worden gebruikt om kaartjes te krijgen voor een uitverkocht concert in het Bolsjoj-theater of een leraar voor zich te winnen wanneer examens plaatsvonden. De enige plaats waar kaviaar soms opdook, was in de snackbar van het theater. Wanneer er bij voorstellingen in het Bolsjoj of het Taganka-theater een pauze was, haastte de menigte zich naar buiten om stapels broodjes kaviaar aan te treffen. Ze waren uren tevoren bereid en ongekoeld bewaard, waardoor de eitjes vaak droog en taai waren, maar nog altijd eetbaar. Voor vele Russen was dit de enige plek waar ze kaviaar tegenkwamen

KAVIAAR HAD bijgedragen aan de harde valuta die de Sovjet-Unie nodig had om westerse technologie te importeren. Zowel Lenin als Stalin wisten echter dat alleen geld niet genoeg was Rusland om te vormen tot een geïndustrialiseerde natie die sterk genoeg was om tegen het westen op te staan. Meer dan geld hadden de Russen elektriciteit nodig.

Die elektriciteit was te vinden in de wateren van de Wolga. De Wolga is langer en vervoert meer water dan enig andere rivier in Europa. De gesmolten sneeuw van het Arctisch gebied wordt door de hete steppe naar de Kaspische Zee geleid. Hoewel driehonderd rivieren in de zee uitkomen, is zo'n tachtig procent van het volume afkomstig van de Wolga alleen – een verbluffende hoeveelheid stromend water. In de hele wereld hadden landen goedkope elektriciteit gewonnen door de stroom van hun minder krachtige rivieren te blokkeren, waarom zou Rusland niet hetzelfde doen met de Wolga?

Na het einde van de Eerste Wereldoorlog was het indammen in de jaren twintig de nieuwste technologische ontwikkeling. In vredestijd kon het elektrische netwerk dat aan het begin van de eeuw was geïntroduceerd worden uitgebreid, waardoor een tweede industriële bloeiperiode plaats kon vinden. Het gebruik van elektriciteit schoot in de Verenigde Staten en Rusland omhoog, en de vraag naar goedkope bronnen van energie nam toe. De sovjets begrepen dat elektriciteit essentieel was voor een modern land en keken met afgunst naar het netwerk van elektrische aanvoerlijnen in het westen. Het idee om elk dorp in Rusland te voorzien van elektriciteit was na de revolutie de grote wensdroom. 'Communisme is gelijk aan sovjetmacht plus elektrificatie', was een van de meest geciteerde uitspraken van Lenin.

Er was een minder aantrekkelijk aspect aan deze vergelijking. Het indammen van de Wolga om elektriciteit te winnen zou tot gevolg hebben dat heel veel Kaspische vissen werden afgesneden van hun geboortegrond, die ze opzochten om kuit te schieten. De steur, die het verst stroomopwaarts zwom om eitjes te leggen, zou het meest worden getroffen. Maar ook andere vissoorten, zoals zalm, haring, snoek en baars – een groot aandeel in het Russische dieet – zouden voor een deel ook niet meer in staat zijn de plek te bereiken waar ze kuitschieten. Toonaangevende wetenschappers in de Sovjet-Unie waren bezorgd dat een dergelijke belangrijke voedselbron schade zou worden toegebracht. Ze stuurden in 1933 een brief waarin ze waarschuwden dat de dam in de Wolga een milieucatastrofe tot gevolg zou hebben. Elektriciteit was echter een van de grootste obsessies van de Sovjet-Unie, en Stalin zette zijn zin door.

Gelukkig was het niet mogelijk de Wolga in een keer in te dammen. Er werden meer dan een dozijn afzonderlijke dammen gebouwd in het noordelijke deel van de rivier en de zijarmen. De stromende wateren van de Wolga werden geleidelijk veranderd in een serie kalme lagunes die naar willekeur konden worden gevuld en geleegd om fabrieken van elektriciteit te voorzien, water voor de irrigatie van de droge steppe te leveren, overstromingen te beheersen en de navigatie te helpen. Stalin, die Rusland onder dwang het industriële tijdperk insleepte, droomde van honderden metaalgieterijen, papiermolens en chemische fabrieken rondom de elektriciteit leverende dammen. Rusland zou niet langer een achterlijk land van boeren zijn en eindelijk gebruik maken van zijn natuurlijke bronnen om een industriële reus te worden.

Het uitbreken van de Tweede Wereldoorlog bracht de bouw van de dammen tot stilstand, opnieuw een rustpauze voor de steur. Aangezien de eerste dammen ver noordelijk in de rivier lagen, niet ver van Moskou, hadden ze weinig directe invloed op de voorplanting van de vis. Er waren nog legio plaatsen om kuit te schieten ten zuiden van de dammen. Voor Stalin en zijn ingenieurs lag de echte winst veel verder zuidwaarts, waar de Wolga en de Achtoeba samenkomen, in de buurt van het toenmalige Stalingrad, dat tegenwoordig Wolgograd wordt genoemd. Voordat de hoofddam kon worden gebouwd, moest de Sovjet-Unie de verwoestingen van de Tweede Wereldoorlog, die van Stalingrad een smeulende puinhoop hadden gemaakt, ongedaan maken.

De slag om Stalingrad was het keerpunt in de oorlog tegen de nazi's. Hoewel het de stad in puin legde en meer dan een miljoen sovjets het leven kostte, zorgde de Russische overwinning ervoor dat de Duitse legers de Kaspische olievelden niet konden bereiken en zo niet aan de voorraden olie konden komen, die ze nodig hadden om de oorlog voort te zetten. Als beloning voor het heroïsche verzet van de stad beloofde Stalin de grootste dam van Europa bij Stalingrad te bouwen. Toen het Politbureau zijn goedkeuring gaf, wijdde de krant *Pravda* er de hele voorpagina aan.

De dam van Stalin is inderdaad een kolos. De massieve betonnen dam lijkt geen einde te hebben over de vierenhalve kilometer rivier, als een eindeloze Griekse tempel met plat dak. De muur van de voornaamste toegang is versierd met sociaal-realistische schilderingen van voortschrijdende gespierde arbeiders, die hun armen in de lucht steken om de anderen aan te sporen hun weg te volgen. De constructie van de dam was bijna even heroïsch als de verdediging van Stalingrad. Er werd zes jaar aan gewerkt en het vroeg de inspanningen van vijftigduizend arbeiders. Toen de turbines in 1961 werden aangezet, produceerden ze genoeg elektriciteit om praktisch het hele westen van Rusland van elektriciteit te voorzien. Tegen die tijd was de Kaspische steur bijna uitgestorven.

PROFESSOR Igor Boertsev, een van de meest gerespecteerde Russische steurspecialisten, straalde een grijsachtig licht uit, als een steur die te lang uit het water is geweest. Na de ineenstorting van de Sovjet-Unie in 1991 kon het oceanografisch instituut, waar hij in Moskou werkte, het zich niet meer veroorloven overdag de lichten aan te laten. De duisternis leek de grijze kleur van zijn zelfgemaakte trui, zilverachtig stekeltjeshaar en een gebroken bril die met elastiek bijeen werd gehouden, nog te accentueren.

Ondanks de armoede van zijn instituut was Boertsev verantwoordelijk geweest voor twee baanbrekende verbeteringen in de watercultuur van de steur. Samen met de andere wetenschappers van het VNIRO, het Russisch Federaal Onderzoeksinstituut voor Visserij en Oceanografie, had hij een compleet nieuwe soort steur ontwikkeld, *bester* genaamd. Het is een kruising tussen de reusachtige beloega en de kleine sterlet. De bester lijkt qua omvang op de beloega, maar net als de sterlet is het dier vroeg volwassen en produceert het grote, parelachtige eitjes met een milde smaak. Aangezien de bester elke twee jaar eitjes kan leveren, is het een ideale vissoort om in kwekerijen te houden voor de productie van kaviaar.

De meeste steurkwekerijen moeten hun kostbare vis doden om de eitjes te winnen. Boertsev vond dit een verspilling, vooral omdat de wilde steurpopulatie tanende was. Hij was ervan overtuigd dat het mogelijk moest zijn de vis in leven te houden nadat de eitjes zijn verwijderd. Na vele jaren uitproberen perfectioneerde hij een methode om de kuit af te tappen uit een levende steur. Hij noemde het 'melken', al is de operatie feitelijk het equivalent van een keizersnee. Boertsev is er zeker van dat alle kaviaar in de toekomst zal worden verkregen door het melken van steur. 'Het is simpelweg niet rationeel om deze bedreigde dieren te doden', meent Boertsev. Als bewijs van zijn superieure methode serveert Boertsev zijn gasten graag op een bord broodjes met bester-eitjes. Trots vertelt hij dat de moedervis nog altijd vrolijk in zijn laboratoriumtank rondzwemt.

De toewijding van Boertsev aan het arbeidsintensieve proces van steurmelken heeft wellicht iets te maken met het spektakel waarvan hij getuige was, kort nadat de voornaamste muur van de dam bij Wolgograd in 1959 was voltooid. Hij werkte toen in het regionale visserij-instituut en had gezien hoe de dam steeds meer gestalte kreeg. Hij wilde dit nieuwste wonder van sovjettechnologie inspecteren en maakte een wandelingetje over de dam waarop later een weg zou worden aangelegd. Het was een mooie dag aan het eind van de lente, een paar weken nadat de vismigratie was begonnen. Toen Boertsev naar beneden tuurde, was hij geschokt toen hij een massa steur aan de voet van de dam verzameld zag. Hij schatte dat 600.000 migrerende steuren volledig in de war waren. Het lukte hen niet naar hun geboorteplaats terug te keren en van nature zijn de vissen niet in staat om eerder naar de zee terug te zwemmen. Hierdoor moesten de meeste steuren deze gebeurtenis met de dood bekopen. Ze dreven met hun buik naar boven in de trage wateren aan de voet van de dam.

TEGEN DE tijd dat de dam was voltooid, was iedereen het erover eens dat de toekomst van de steur er somber uitzag. De ingenieurs hadden een lift geïnstalleerd die de migrerende vis omhoog en over de dam moest tillen, maar de lift kon nooit meer dan een paar vissen tegelijk vervoeren. Voor de steuren eindigt de langste rivier van Europa nu in Wolgograd. De dam kortte de Wolga in tot een kwart van zijn oorspronkelijke lengte. Ook in veel andere rivieren rond de Kaspische Zee bevonden zich dammen. Alleen de Oeral, ooit het exclusieve domein van de kozakken, stroomde nog altijd onbelemmerd. De gevolgen van de nieuwe dammen waren direct te merken. De vangst nam tussen 1950 en 1960 af met vijfentwintig procent. Wetenschappers als Boertsev vreesden het meest voor de beloega, de oudste en meest primitieve steur, die zich waarschijnlijk het minst kon aanpassen aan de nieuwe omstandigheden. Andere vissoorten waren misschien de helft van hun geboortegrond kwijtgeraakt, maar de beloega was afgesneden van negentig procent van zijn traditionele geboortegronden. De natuurlijke omgeving van de vis was op een beangstigend grote schaal verloren gegaan.

Als mensen denken aan de dieren die met uitsterven worden bedreigd – olifanten in Afrika, de bizon in Amerika – dan wordt dit meestal toegeschreven aan overconsumptie. De kuddes olifanten en bizons werden uitgeroeid door jagers, net zoals de steur door vissers. In de twintigste eeuw was overconsumptie echter maar een deel van het probleem. De vooruitgang en de uitbreiding van de menselijke beschaving hebben tot gevolg gehad dat allerlei diersoorten uit hun natuurlijke leefomgeving werden verdreven.

De sovjetdammen verkleinden niet alleen de leefomgeving van de steur; ook de kwaliteit van hun waterrijk nam sterk af. Aangezien de Wolga op zijn weg naar het zuiden nu werd gefilterd door een dozijn dammen, was het rivierwater abnormaal helder wanneer het in de Kaspische Zee stroomde. Veel rijke voedingsstoffen bleven achter. In dergelijke doorzichtige wateren zijn de babysteuren van een paar centimeter lengte een gemakkelijke prooi, terwijl het plankton en de weekdieren waarmee ze zich voeden niet meer goed gedijen. Het heldere water was niet veel schoner. Net zoals de sovjets hadden gedroomd, had de dam het mogelijk gemaakt om tientallen nieuwe fabrieken langs de oever bij Wolgograd op te richten. Er waren geen milieucontroles, dus konden de fabrieken tonnen giftig afval in de Wolga storten, waaronder PCB's, zware metalen en olieproducten. Tegen de jaren tachtig bleek elk eitje dat de wetenschappers testten afwijkingen te bevatten, waardoor vele eitjes zich niet konden ontwikkelen tot een levende steur.

Als de steuren zich niet zelf konden voortplanten, zouden de communisten het wel voor ze doen. In 1959, nadat de wand van de dam op zijn plaats stond, opende de Sovjet-Unie de eerste steurkwekerij die de voorraad in de Kaspische Zee weer op peil moest brengen. Het houden van steur was halverwege de negentiende eeuw ontwikkeld door de Russische wetenschapper Fjodor Ovsjannikov. Er was echter nooit een economische reden geweest om de moeite te nemen kleine visjes in watertanks groot te brengen. Na 1959, toen de sovjets beseften dat hun kaviaarhandel werd bedreigd, besloten ze de methoden van Ovsjannikov toe te passen. Langs de rivieren waar de steur ooit had kuitgeschoten, waaronder de Wolga, Don, Dnjepr en Amoer, werden kwekerijen gebouwd. Halverwege de jaren zestig zetten de visbiologen miljoenen kleine steuren terug in dezelfde rivieren. Nu er zoveel geld was uitgetrokken voor de kwekerijen, realiseerde men zich dat ook de vis in de delta, waar de kleine visjes uitgroeiden tot volwassen vissen, moest worden beheerd. In 1962 werd het vissen op zee verboden, een jaar nadat de dam bij Wolgograd in bedrijf was gesteld en zestig jaar nadat de teruglopende vangsten de vissers naar het open water van de Kaspische Zee hadden gedreven. De jonge steuren konden weer ongestoord rondspartelen.

De vastberadenheid van de visbiologen had succes. De steurpopulatie stabiliseerde zich. Het kweekprogramma was een van de grootste successen van de Sovjet-Unie. Geen enkel land was het ooit gelukt de aanwezige steurpopulatie in stand te houden. Rusland, met de machinerie van een autoritair systeem, was in staat om strikte regels ten aanzien van het vissen op te leggen. De massa-executies en strafkampen lagen in Astrakan nog vers in het geheugen, niemand durfde de regels te overtreden.

Niet lang daarna begonnen de vangsten toe te nemen. Tegen 1980 brachten de vissers meer steur aan land dan in de tijd van de Romanovs. Dat jaar vingen de Kaspische vissers 26.600 ton steur, slechts een paar ton minder dan het record uit 1900. In de jaren tachtig, toen alles in de Sovjet-Unie leek in te storten, braken de steurvangsten nieuwe records.

Ondanks alle schade aan het Kaspische milieu had de steur de voorafgaande decennia getoond over verbazingwekkend veel weerstand te beschikken. Drie keer bevond de steur zich in de twintigste eeuw op de rand van het uitsterven, en drie keer werd de ondergang voorkomen. Eerst was het de Russische revolutie die de steur redde van roofzuchtige overbevissing. Toen, gedurende de hevige strijd van de sovjets tegen de nazi's, kreeg de vis opnieuw een rustpauze. De oeroude steur werd nog een derde keer gered door het laboratorium, toen de Sovjet-Unie een intensief kweekprogramma introduceerde.

De steur was echter niet onaantastbaar. Tussen de dag dat de bolsjewieken het Winterpaleis in 1917 bestormden en de dag dat Boris Jeltsin de bestorming van het Russische Witte Huis voorkwam in 1991, was de gemiddelde levensverwachting van de beloega teruggelopen van bijna een hele eeuw tot slechts twintig jaar. Tegen die tijd werden de meeste nakomelingen geboren in kweeklaboratoria in plaats van in rivier.

De Russen hadden de betekenis van de herhaalde terugkeer van de vis verkeerd geïnterpreteerd. Ze meenden dat de overleving van de vis het bewijs was dat de natuur alles wat de mens haar aandeed, kon verdragen. Ze geloofden dat de reusachtige steur, net als het gigantische sovjetimperium, voor altijd en eeuwig zou blijven bestaan.

Deel twee

Tien schokkende jaren voor de kaviaarwereld

6

Op het stroperspad

Voor haar geestesoog zag ze het beeld van een wild spleetogig volk dat gewapend met harpoenen lange, vette steuren op de mosbegroeide oevers trok. De mensen waren gehuld in huiden en hadden brede jukbeenderen en een donkere huid. En ze doodden de steuren onder het schreeuwen van 'Utsj' – einde.

- KOERBAN SAID, HET MEISJE VAN DE GOUDEN HOORN

De steur had het al moeilijk gehad onder het communisme, maar kapitalisme bleek nog veel erger te zijn.

Tegen de tijd dat ik in de lente van 2000 in Astrakan arriveerde, was het staatsmonopolie op kaviaar tot op de bodem toe ontmanteld. In zekere zin was de geschiedenis omgekeerd. Precies zoals de bolsjewieken de particuliere kaviaarhuizen van Astrakan na de revolutie hadden overgenomen, namen de nieuwe particuliere Russische bedrijven de kaviaarindustrie na 1991 over van de staat. De vissersboten, de steurnetten, de kwekerijen en de inmaakfabrieken werden verdeeld over een handjevol doortrapte handelaren, die de nieuwe kaviaarbaronnen van Astrakan werden. Moskou dicteerde niet langer hoeveel kaviaar zou worden geproduceerd of voor welke prijs de kaviaar zou worden verkocht. De kaviaarhandel was een zeer lucratieve business geworden, met vele concurrenten. De handel was ook buitengewoon corrupt geworden.

In theorie hadden alleen ondernemers met een vergunning toestemming om steur te vangen en in kaviaar te handelen. In de praktijk zwermden duizenden stropers langs de wirwar van oevers van de Wolga en andere rivieren, vastbesloten zo veel mogelijk steur te vangen als ze konden. Ze noemden zichzelf *brakanjeri*, een variant op het Engelse woord 'buccaneer' (piraat). Net als de oorspronkelijke boekaniers leefden ze van plunderingen.

De stropers zouden de kaviaarhandel ingrijpender veranderen dan elke ontwikkeling sinds de stoommachine. Ze visten midden in de nacht op steur, maakten kaviaar in hun keuken en verkochten die aan tussenpersonen voor minder geld dan de kozakken in de negentiende eeuw ervoor hadden gekregen. Nooit eerder was kaviaar zo goedkoop en in overvloed aanwezig. Binnen korte tijd waren deze stropers de voornaamste leveranciers van de kaviaar op de wereld, en tevens de grootste bedreiging voor het voortbestaan van de steur.

De 'piraten' vormden slechts de eerste schakel in een zeer lange keten, die zich uitstrekte van de bouwvallige dorpjes aan de Wolga tot de speciaalzaken van Europa en Amerika. Voordat de illegale kaviaar van de stropers in kristallen kommen met driehoekjes warme toast kon worden geserveerd, moest de delicatesse eerst de delta uit worden gesmokkeld.

SASJA WAS de eerste stroper die ik in de Wolga-delta ontmoette. Hij was net op weg naar huis nadat hij een nacht lang zijn haaknetten had gecontroleerd, toen ik hem tegen het lijf liep op de modderweg die van de rivier naar het groepje houten huisjes van het dorpje Sergejevka loopt. Hij had geen vis bij zich, hoewel het een warme ochtend in mei was, op het hoogtepunt van de steurtrek. Hij vertelde me dat hij de vorige dag ook al zonder vangst thuis was gekomen. Dit was niet ongewoon, stelde hij toen ik opmerkte dat hij weinig geluk had gehad. 'Stropen is als gokken', legde hij uit. 'Op een dag sla je je slag.'

Zelfs op de dagen dat Sasja de jackpot won, kreeg hij er vrij weinig voor. Zoals alle stropers was Sasja een beetje een gokker op de internationale kaviaarmarkt. Wanneer hij een koe vond aan zijn *snast*-lijn, haastte hij zich naar huis met de vis nog altijd sidderend in zijn armen en verwerkte hij de kaviaar snel op zijn erf. Zodra de eitjes en het zout waren gestold, had Sasja misschien vijf kilo kaviaar, iets wat in het westen duizenden dollars waard was. Zoals alle stropers in Sergejevka was Sasja echter verplicht zijn waardevolle buit over te dragen aan zijn *krysja*. Het woord betekent 'dak' in het Russisch en is slang voor bendes die 'bescherming' bieden. Nadat de kaviaar van alle stropers in het dorp was verzameld, leverde de krysja van Sasja de buit aan een grotere krysja.

In Moskou spraken mijn vrienden op dezelfde manier over Kaspische stropers als Amerikanen over drugsdealers. De drugdealers wisten echter hoe het er in de wereld aan toeging, en Sasja leek alleen te weten hoe het er in zijn dorp bij stond. Als een etnische Kazach had Sasja net zo'n breed en rond gezicht met Aziatische trekken als de Mongoolse ruiters die over de steppe raasden met Batoe Khan, maar hij had niets van hun trotse wilde houding. Hij had de gewoonte mistroostig naar zijn voeten te kijken als we praatten, naar de dikke mieren die uit de zanderige grond kwamen en over zijn sandalen renden. Hoewel hij nog maar vijfentwintig was, miste hij al veel tanden en had hij een bierbuikje. Zijn vrouw had hem een paar jaar eerder in de steek gelaten, en toen had hij besloten terug te keren naar zijn ouderlijk huis.

Ik had verwacht dat het moeilijk zou zijn iemand in de stroperswereld te vinden. Het bleek buitengewoon eenvoudig te zijn om in Sergejevka een stroper te ontmoeten. Iedere man in het dorp had een *snast*-lijn in het water om een centje bij te verdienen. Gemiddeld ving ieder drie à vier steuren per week en konden ze leven van de kaviaar die ze verkochten. Iedereen wist dat het illegaal was om te vissen zonder vergunning, maar als ik dit zei, haalden ze gewoon hun schouders op en vroegen wat ze anders moesten doen om hun gezinnen te onderhouden. Ze klaagden er ook over dat het steeds moeilijker werd van de steur te leven, omdat er steeds meer piraten aan het werk waren. Toen ik opperde dat er ook minder vis stroomopwaarts zwom, ontkenden ze deze mogelijkheid echter in alle toonaarden.

Sasja was kort voor zijn twintigste professioneel begonnen met stropen. Tegen de tijd dat hij oud genoeg was om een baan te nemen, waren er in de Wolga-delta geen banen te vinden. Toen de Sovjet-Unie in

1991 ineenstortte was Rusland volkomen geruïneerd. Overal langs de Wolga kwamen de fabrieken tot stilstand. De vader van Sasja had zijn hele leven gewerkt als visser bij het staatscollectief in Sergejevka. Toen dit collectief uiteenviel, werden ze piraten. Sasja begon met een *snast*-lijn waar over de hele lengte meer dan honderd haken aan waren bevestigd. Later voegde hij meer lijnen en haken toe. Toen hij zijn naam eenmaal had gevestigd, kreeg hij ook het recht op zijn eigen stukje rivier.

Sasja's dagen vervielen in een routine. Hij stond laat in de ochtend op, sleutelde wat aan zijn auto of dronk met vrienden. Wanneer er rond tien uur 's avonds geen teken was van de visserijpolitie, ging hij naar de rivier. Hij roeide dan zo geruisloos mogelijk naar zijn gebied. De visserijpolitie had hem al een paar keer gepakt. Gewoonlijk konden agenten worden omgekocht, maar Sasja had een hekel aan geld verspillen. Wanneer ze in een slechte bui waren, namen ze zijn dure *snast*-lijnen in beslag. Over het algemeen zorgde zijn krysja er echter voor dat de politie hem niet te veel lastigviel.

Sasja roeide langzaam en zocht naar een speciale overhangende wilg die hij gebruikte om de plek van zijn snast te markeren. De lijn dobberde net onder het wateroppervlak, waardoor hij moeilijk te zien was. Hij trok de boot evenwijdig aan de boom en voelde onder water tot hij de lijn beet had. Hij kon meteen zeggen of er een vis aan zat vanwege het extra gewicht. Hij trok zichzelf en de boot aan de lijn door het water tot hij bij de haak kwam waar de steur aan vastzat.

Ik vroeg Sasja of hij de kaviaar zou gebruiken als de steur al dood was. Hij glimlachte breed, alsof ik hem gevraagd had of hij verfrommelde dollarbiljetten zou weggooien. De regel dat kaviaar alleen van een levende steur kon worden bereid, was niets dan oudewijvenpraat, zei hij.

Geen enkele stroper zou ooit ook maar één eitje van de steur verspillen, vertelde Sasja. Een paar dagen voordat we elkaar ontmoetten, had hij een grote vrouwelijke Russische steur gevonden die aan zijn *snast*-haak spartelde. Hij wikkelde de vis in een doek en nam haar mee naar huis. Toen hij de vis op zijn keukentafel opensneed, stelde hij teleurgesteld vast dat er maar één kilo kuit in haar verschrompelde eierstokken te vinden was. Gewoonlijk zit de hele buikholte van de vis vol met eitjes;

een Russische steur van dertig kilo kan wel vijf tot tien kilo osetra-kaviaar bevatten. De geringe hoeveelheid eitjes in de buik zou kunnen duiden op een slechte gezondheid, of nog erger, een genetische afwijking die was veroorzaakt door de uitstoot van giftige chemicaliën in de Wolga. Sasja zei dat hij de kilo kuit toch met zout mengde en de kaviaar naar zijn krysja bracht, die hem er duizend roebel voor gaf, toen ongeveer dertig dollar, bijna voldoende om hem de maand door te helpen.

Sasja voelde er steeds minder voor zijn kaviaar aan iemand anders te overhandigen. Hij kende een paar stropers die tegen hun krysja in verzet waren gekomen. Zij leverden hun vangsten rechtstreeks aan handelaren in Ikrjanoje, een stadje circa dertig kilometer ten noorden van Sergejevka. Sasja had vernomen dat er in het centrum van Ikrjanoje een kaviaarmarkt was. Hij wist dat hij een veel betere prijs kon krijgen als hij de kaviaar zelf afleverde, misschien wel tweemaal het bedrag dat hij van zijn krysja kreeg. Het probleem van Sasja was dat hij geen manier wist om in Ikrjanoje te komen.

Niet lang nadat Sasja me dit plan had verteld, zag ik hem gebogen over de motor van een oranje Moskvitsj die in het karige gras naast zijn huis stond te roesten. Sasja zei dat hij probeerde de auto aan de praat te krijgen, zodat hij zijn kaviaar naar Ikrjanoje kon brengen. Hij had met een paar buren over het plan gepraat en deze hadden hem beloofd hun kaviaar mee te geven om in Ikrjanoje te verkopen. De ambities van Sasja gingen echter veel verder. 'Ik heb contacten in Ikrjanoje', legde hij uit. 'Ik wil een vergunning krijgen om vis te kopen. Je kunt dit doen. Je hoeft alleen maar belasting te betalen. Dan vis ik niet langer, maar koop de vis van anderen. Ik moet alleen eerst mijn auto repareren.'

Ik was verbaasd dat Sasja zijn plannen in de toekomst verbond aan de steur. Sinds hij voor het eerst op het stroperspad ging, was elk seizoen slechter geweest dan het voorafgaande. Er werd zoveel illegaal op zee gevist dat het aantal steuren, dat Sergejevka wist te bereiken, sterk was afgenomen. Zelfs nadat hij honderden haakjes aan zijn *snast*-lijnen had toegevoegd, ving hij in de lente van 2000 nog steeds maar zo'n drie vissen per week. Gemiddeld was maar een van die drie een vrouwtje. 'Dit is een slecht jaar geweest', gaf Sasja toe, 'maar er zijn veel slechte jaren geweest. Ik geloof de regering niet als ze beweert dat de steur op uitsterven staat.' Veel stropers gaven een soortgelijk antwoord. Nadat ze jarenlang door de sovjets waren voorgelogen, twijfelden veel Russen automatisch aan alles wat de regering beweerde.

'Nee, ik geloof niet dat we de steur doden', zei Sasja nog eens, met sterkere overtuiging. 'De Kaspische Zee is enorm groot. Misschien gaat de steur naar Kalmukkië of Kazachstan. Maar het is onmogelijk om de steur uit te roeien'.

Met die woorden sloeg hij de motorkap van zijn Moskvitsj dicht en ging hij te voet naar de oever om te kijken of er steur aan zijn lijnen was blijven zitten.

IKRJANOJE SLIEP nog toen een taxichauffeur ons eind mei op een vroege zondagochtend bij de markt van de stad afzette. Mira en ik liepen langs de afgegrendelde stalletjes op het moment dat mijn horloge zes uur 's ochtends aangaf. Een paar zwerfhonden snuffelde tussen de lege tafels, en een enkele verkoper was bezig vochtige sjalotjes en knapperige komkommers ter grootte van een augurk in een cirkel te leggen, voor de rest heerste er op de markt nog een diepe rust. Op de smalle geplaveide weg naar de stad had ik tientallen kleine bootjes gezien die waren vastgemaakt aan bomen, die tot hun laagste takken in het water stonden door de geregelde overstromingen in de lente. Zelfs de vissers moeten hebben geslapen. Toen we verder over de markt liepen zagen we een groot verweerd plakkaat dat bij de ingang hing, DE VERKOOP VAN VIS IS CATEGORISCH VERBODEN!!! deelde het in grote rode letters mee. Na jaren in Rusland te hebben gewoond, wist ik dat de waarschuwing maar één ding kon betekenen: we kwamen in de buurt van de zwarte markt voor kaviaar.

Sasja had me verteld dat de handel al vroeg begon, maar hij had niet erg duidelijk aangegeven waar. Toen we de markt verlieten, werden we aangetrokken door een groep flatgebouwen van tien verdiepingen. Zoals zoveel hoogbouw uit het sovjettijdperk zagen de gebouwen eruit alsof ze willekeurig uit de lucht op de grond waren gesmeten. Ik stelde me voor dat de arbeiders, op het moment dat ze de laatste baksteen hadden gemetseld, zich direct naar het volgende project hadden gespoed, want niemand had de moeite genomen het terrein rondom de flatgebouwen in te richten of zelfs maar het grove vuil op het terrein te egaliseren. Toen we de hoek omgingen kwamen we terecht op een plein met bleekgele aarde, met moguls zo groot als op de steppe. Aan één kant stonden de restanten van een schommel. De rand van de speeltuin werd gemarkeerd door bovengrondse gasbuizen, die werden ondersteund door metalen pijlers. Op het smerige terrein vlakbij de straat stonden verscheidene arme boerinnen, alsof ze op een bus stonden te wachten. Iedere vrouw droeg een lege plastic zak met daarop de namen van westerse winkels, zoals Benetton en Next. 'Waar wachten jullie op?' vroeg Mira. 'Vis', antwoordde een Kalmukse vrouw met een hoofd vol weelderige country-achtige krullen, voor ze bij ons wegliep. Wij besloten ook te wachten.

Elke keer als een auto voorbijreed, kon ik het zenuwachtige geritsel van winkeltassen horen. Na ongeveer een uur hielden de vrouwen hun hoofd schuin als vogels die luisterden naar een roep in de verte. Twee mannen op een rode motorfiets reden voorbij het terrein. De motorfiets cirkelde over de lege markt en schoot weer voorbij. De derde keer dat de motorfiets kwam aanrijden, stopte hij aarzelend. Direct haastten de vrouwen zich naar de motorrijders en zwaaiden met hun plastic zakken als strijdvlaggen, terwijl ze de beide mannen omringden. Ik probeerde mee te krijgen wat er gaande was, toen de Kalmukse vrouw uit de menigte viel en met een van pijn vertrokken gezicht naar haar been greep. Iemand had haar geschopt. Voordat ze weer op de been was, snelde een Russische vrouw er vandoor, haar volle tas tegen de borst gedrukt. De hoge bieder had zo-even een stuk steurvlees van de beide stropers gekregen. Een van de vrouwen legde uit dat ze van plan was de vis in te zouten voor balyk en het vlees op de vismarkt van Astrakan te verkopen. De overgebleven vrouwen verspreidden zich over het terrein om weer op goed geluk te wachten.

Mira en ik liepen op de motorfiets af. Er zaten pubers op, geen mannen zoals ik aanvankelijk dacht. De jongere van de twee had rood haar en was zo'n zestien jaar oud. Hij grijnsde blij. Na een nacht vissen zaten zijn gezicht en zijn haar vol aangekoekte rivierdrab. In zijn zak had hij echter tachtig roebel, gelijk aan vier dollar. Ik vroeg of ze ook kaviaar verkochten. 'De krysja heeft het ingenomen', legde de rode jongen uit. De krysja van de jongens had ook wat van het vlees opgeëist, zodat ze ongeveer een halve spitssnuitsteur van hun vangst over hadden. Ze hadden maar vier kilo naar de Ikrjanoje-markt meegenomen, omdat de straffen voor het verkopen van steur veel strenger zijn vanaf vijf kilo. Hun krysja had hun natuurlijke achterdocht jegens de politie niet geheel kunnen wegnemen.

Terwijl we over het stropen spraken, verzamelden zich verscheidene mannen om ons heen om mee te luisteren. 'Hoeveel kaviaar wil je hebben? Tien kilo? Twintig?' siste een man met een geheel afsluitende zonnebril over mijn schouder. Gekleed in een los trainingspak en nog huisslippers dragend, zag hij eruit alsof hij uit bed was gevallen en rechtstreeks naar de markt was gegaan. We voelden ons ongemakkelijk door zijn agressieve toon van verkopen. Toen hij ons aangaf hem te volgen, deden we dat echter wel. Hij liep een paar stappen voor ons uit toen we het uitgesleten speelterrein overliepen. Was het veilig van deze handelaar kaviaar te kopen? Wat moest ik doen met tien kilo kaviaar? Ik vroeg me af wat er zou gebeuren als ik al die blikken door de röntgenscanner op het vliegveld van Astrakan zou laten gaan. Zelfs als het me al zou lukken de kaviaar naar Moskou mee te nemen, en zelfs als ik alle kaviaar weggaf aan vrienden, dan zou ik toch een medeplichtige zijn geweest in de smerige business die de steur aan zijn einde hielp.

Net toen we de donkere vestibule van zijn flat bereikten leek de handelaar te aarzelen. Had ik zijn aanbod wel goed begrepen? Misschien vertrouwde hij onze motieven niet. Toen kwam het bij me op dat hij niet zoveel kaviaar had als hij had opgeschept. We stonden een tijdje bij de ingang en schopten onbeholpen tegen de vaalgele aarde. Hij zwaaide naar ons toen hij het gebouw binnenging en gaf aan dat we later moesten terugkomen.

DE VAL van het sovjetimperium had nog veel meer gevolgen dan alleen het verwijzen van het communisme naar de geschiedenisboekjes; het bezegelde ook het einde van het driehonderd jaar oude kaviaarkartel van Rusland.

Sinds 1675, het jaar dat tsaar Aleksej de kozakken verbood hun kaviaar direct aan buitenlanders te verkopen, had de Russische staat een strikt beleid ten aanzien van de export gevoerd. Toen de bolsjewieken aan de macht kwamen, ging de staat verder dan alleen het reguleren van de verkoop aan het buitenland. Ze eigenden zich de volledige heerschappij over de kaviaarbusiness toe, van begin tot eind, van het besluit hoeveel zou worden geproduceerd tot de prijs. De aandacht die de sovjets hadden besteed aan de kaviaarindustrie, was buiten proportie in verhouding tot het economische belang ervan. Olie bracht veel meer harde valuta in het laatje, maar het pompen van dit andere zwarte goud over de steppe raakte geen culturele trots. De sovjets beheerden hun kaviaarindustrie met dezelfde ijver als hun ruimteprogramma. Alles wat te maken had met kaviaarproductie werd geleid door hoge visserijambtenaren in Moskou, duizenden kilometers van de plek waar de steur zwom.

Met de ineenstorting van de Sovjet-Unie in 1991 verloor de Kaspische Zee zijn autocratische hoeder. Waar Rusland en Iran de buit eerder gezamenlijk hadden gedeeld, waren er nu vijf naties rond de zee, die allemaal sterk met elkaar wedijverden. Rusland en Iran bleven de grote spelers, maar Kazakstan, Azerbeidzjan en Turkmenistan werden sterke concurrenten. Deze drie nieuwe landen konden zoveel van hun eigen kaviaar op de markt brengen als ze wilden, tegen elke prijs die ze wilden. Zelfs Rusland was verdeeld als het over kaviaar ging. De kustlijn van de Kaspische Zee was verdeeld over drie federale republieken, Kalmukkië, Dagestan en de Russische Republiek.

Hoewel deze republieken dezelfde status hadden als staten in Amerika, gehoorzaamden ze niet altijd aan de centrale regering in Moskou. Vooral het boeddhistische Kalmukkië en het islamitische Dagestan, die zich nooit helemaal onderdeel van de Russische maatschappij hadden gevoeld, stonden op gespannen voet met elkaar. Deze republieken stonden bekend om hun corruptie en werden het centrum van de ondergrondse kaviaarindustrie. De federale visserijpolitie arresteerde geregeld stropers, maar de plaatselijke rechters weigerden de zaken te behandelen. In 1995 werd de visserijpolitie tegengehouden door de plaatselijke politie van Dagestan, met geweren in aanslag. Ze hadden net een hele boot met illegale steur in beslaggenomen, maar de politie van Dagestan stond erop dat de stropers hun vangst zouden behouden. Het zou nog erger worden. In november 1996 ging een bom af in een appartement van een flat van tien hoog in Kaspisk, een stadje aan de Dagestaanse kust waar leden van de visserijpolitie een basis hadden. Achtenzestig mensen, onder wie vrouwen, kinderen en bewakers, kwamen om. Hoewel de inwoners van Kaspisk de hoop allang hebben opgegeven dat de autoriteiten de dader vinden, gelooft iedereen in de stad dat de bom een direct gevolg was van de uiterst lucratieve kaviaarhandel.

TERWIJL DEZE nieuwe staten kibbelden, bleven de stropers vissen en bleef het aantal steuren afnemen. Het gevolg van dit misbruik is dat Rusland niet langer de grootste wereldproducent van kaviaar is. Deze titel is nu overgegaan op Iran.

Merkwaardig genoeg was het eten van kaviaar een van de weinige westerse gewoonten die ayatollah Khomeiny na de Iraanse revolutie probeerde aan te moedigen. De machthebbende mullahs zochten manieren om de Iraanse economie te verbeteren en dachten dat de visindustrie er baat bij zou hebben als Iraniërs hun producten mochten eten. De soennieten in Turkije kenden geen verbod op kaviaar, dus waarom zouden de Iraanse sjiieten wel een dergelijk verbod naleven? De mullahs riepen een commissie van Iraanse wetenschappers in het leven om de anatomie van de steur te bestuderen. Na een jaar onderzoek wisten ze verheugd mee te delen dat de vis inderdaad een klein groepje schubben bezat tussen de rug- en de staartvin. 'Er zijn voldoende schubben', verzekerde Mohammed Pourkazemi, hoofd biologie van Shilat, het staatsbedrijf voor de handel, me met een samenzweerderige lach tijdens onze ontmoeting. Ayatollah Khomeiny verklaarde kaviaar in 1981 *halal*, of rein, al geeft Pourkazemi toe dat veel Iraniërs zich er toch niet aan wagen.

Dat heeft de Iraanse kaviaarindustrie geen schade berokkend. Terwijl Rusland bezig was de kaviaarindustrie van de staat te ontmantelen, bouwde Iran zeer gestructureerd een efficiënt netwerk op van kwekerijen en verwerkingsfabrieken, gebaseerd op het sovjetmodel. De Iraniërs vervangen elke steur die ze uit de Kaspische Zee vissen door jaarlijks circa 24 miljoen uitgekomen visjes uit te zetten. Het aantal vissen dat elk jaar wordt gevangen varieert, maar er wordt minstens zoveel jonge vis uitgezet.

De meeste kenners beweren dat Iraanse kaviaar beter is dan Russische. Dit is echter een recente ontwikkeling. In het verleden werd kuit van de steur uit de ondiepe wateren van de Noord-Kaspische Zee als superieur beschouwd. In theorie zou kaviaar overal even goed moeten zijn, onafhankelijk van de plaats van herkomst in de Kaspische Zee. De steuren zwemmen in hetzelfde gebied en eten praktisch hetzelfde voedsel, en de soorten steur in het noorden en het zuiden van de Kaspische Zee zijn bijna gelijk. Anders dan een verschil in watertemperatuur, is het enige aspect dat de Iraanse kaviaar tegenwoordig echt van de Russische kaviaar onderscheidt de kwaliteit van de verwerking. De verpakkingsfabrieken in Iran zijn moderner dan die in Rusland. De echte reden voor het verschil is dat stropers een groot deel van de Russische kaviaar bereiden, en hun grove methoden resulteren in kaviaar van slechte kwaliteit.

Een decennium geleden zouden weinigen hebben voorspeld dat de Russische kaviaarindustrie zo sterk zou krimpen. In 1990 produceerde het Russische deel van de Kaspische Zee driemaal zoveel kaviaar als het Iraanse deel: 770 ton tegen 286 ton in Iran. Tegen 1996 was de totaalopbrengst van Rusland geslonken tot 82 ton, terwijl Iran 135 ton verpakte. Deze veranderde situatie is opmerkelijk, niet alleen omdat kaviaar een uiting is van Russische cultuur, maar omdat de rijke ondiepe wateren in het noorden van de Kaspische Zee de meest perfecte kweekvijver ter wereld is voor steur, veel beter dan de zuidelijker regio's langs de kust van Iran. Tweederde van de steurpopulatie in de Kaspische Zee verzamelt zich bij de monding van de Wolga. Hoe is het mogelijk dat Rusland meer steur heeft, maar zoveel minder kaviaar produceert?

Het hangt af van hoe je de nummers interpreteert. De internationale milieugroep TRAFFIC, die in 1996 een campagne begon om de steur te redden, houdt staande dat de officiële cijfers van Rusland slechts betrekking hebben op een klein deel van de echte vangst, misschien niet meer dan tien procent van de werkelijke vangst. Ze beweren dat de stropers de overige negentig procent binnenhalen. Gebaseerd op de schattingen van TRAFFIC voor 1998 zou dit betekenen dat ondergrondse stropers ongeveer 360 ton kaviaar produceerden, veel meer dan de schamele veertig ton die de legale Russische kaviaarbedrijven verpakten. De totale kaviaarproductie van Rusland was in dat jaar eerder zo'n 400 ton.

De ongecontroleerde stroperij verklaart slechts een deel van de afname. Tegen 1991 zaten de Russische kwekerijen zonder middelen – en geld. De kwekerijen konden net als vele sovjetfabrieken hun arbeiders niet langer uitbetalen. Ze hadden geen geld om voedsel voor de jonge steurvisjes te kopen en de kosten van het verwarmen van het water in hun vistanks te betalen. Het aantal babysteuren dat in de Wolga werd uitgezet viel snel terug, tussen 1990 en 1994 ongeveer met een derde. Aangezien er maar weinig steuren op de ouderwetse manier werden geboren, waren de kwekerijen gedurende het sovjettijdperk de voornaamste manier geworden om de steurpopulatie in de Kaspische Zee op peil te houden. In de nieuwe kapitalistische omgeving konden de kwekerijen het hoofd niet boven water houden. Op hetzelfde moment dat de stropers als bezetenen volwassen vissen uit het water visten, werden minder babysteuren in zee uitgezet om de volwassen exemplaren te vervangen.

De cyclus van de natuur was ernstig verstoord. Het aantal piraten dat in de Wolga en op de Kaspische Zee werkte nam toe, maar het aantal vissen om te vangen werd geringer. Teneinde hun opbrengst niet te laten dalen, moesten de piraten steeds jongere en kleinere vissen binnenhalen. Dit was precies wat was gebeurd met de vissers die in de Elbe en de Delaware op steur hadden gevist. Eerst troffen ze minder vis in hun netten aan, toen werd de vis kleiner, tot er ten slotte niet genoeg over waren om er nog langer op te vissen. Wanneer de kwekerijen niet gaan functioneren en het stropen in hetzelfde tempo doorgaat, zou de Kaspische steur wel eens hetzelfde lot als de steur in Noord-Amerika en Europa beschoren kunnen zijn.

IN RUSLAND is de grens tussen wat legaal is en wat illegaal is altijd vaag. Het wekt nauwelijks verbazing dat een van de meest angstaanjagende personages van Dostojevski de almachtige Groot-Inquisiteur is, die opduikt in een droom in *De Gebroeders Karamazov*. Hij alleen bepaalt wat is toegestaan en wat niet. We wisten dat Sasja illegaal op steur in de Wolga viste. Het was illegaal zonder toestemming kaviaar uit Rusland mee te nemen. Het was illegaal dat de twee jongens in Ikrjanoje hun steur verkochten op de markt. Het was echter niet illegaal om steur te verkopen op de vismarkt van Astrakan.

De vismarkt ligt op zo'n anderhalve kilometer van het stadscentrum, ondergebracht in een groot gewelfd gebouw uit de sovjettijd. In de enorme ruimte staan rijen tafels in de lengte van het gebouw. Elke tafel werd bemand door zijn eigen verkopers, die identieke piramides van verschillende soorten gerookte en gezouten zalm beheerden. Sommige vis had de kleur van oude vernis, andere vis was zo geel als boter. Naast solide blokken beloegavlees lagen gelakte stukken Russische steur en de delicate balyk van de spitssnuitsteur, die krulde aan de randen. De verkopers hielden de vliegen constant op een afstand door met een krant over de niet verpakte en ongekoelde balyk te zwaaien. Ergens, ver achter in de zaal, verkochten de marktkooplieden ook haring, snoek, gedroogde vobla en andere vis uit de Wolga, maar de overweldigende indruk bestond dat de hele inhoud van de Kaspische Zee naar Astrakan was gebracht en in de vismarkt te koop werd aangeboden. Toen ik deze overvloed aan steur openlijk tentoongesteld zag, begreep ik niet waarom het bestellen van sjasliek van steur in een restaurant zo'n gedoe was geweest.

Toen ik de paden afliep en bij gedreven verkopers gratis mocht proeven, merkte ik een man op die met een air alles overzag alsof de markt van hem was. Hij merkte mij ook op.

'Kaviaar?' informeerde hij bij wijze van begroeting.

'Misschien', antwoordde ik, want ik wilde me niet vastleggen, maar hem ook niet wegjagen.

Het werd al snel duidelijk dat er op de markt geen gedetailleerde discussies mogelijk waren, daarom besloten we elkaar te ontmoeten in een naburig café. Hij noemde zich Volodja, een koosnaam voor Vladimir. Zijn kleine gebogen verschijning, vette zwarte haar, pokdalige huid en fonkelende glimlach met gouden tanden contrasteerden met zijn piepende mobiele telefoon die hem het imago van een geslaagd zakenman moest bezorgen.

We gingen zitten op een terras van een café aan de Wolga en bestelden cola. Het was een prachtige dag in de lente. Een zachte bries woei vanaf het water en de warmte van de zon wikkelde ons in een cocon van welbevinden. Onder de roodwitgestreepte luifel van het café kregen we haast het gevoel dat we in een vakantieoord waren. We zagen hoe een boot van de Russische visserijpolitie een ruime opzichtige U-bocht maakte langs het café; de boot hield het trage tempo aan van een plezierjacht. Volodja onderbrak onze idylle aan de rivier zo nu en dan om in zijn telefoon te blaffen. Hij had grote vooruitgang geboekt sinds 1991, toen hij nog in een flat woonde zonder sanitair. Eind jaren tachtig, toen hij nog in de dertig was, mocht hij zijn baan in een chemische fabriek verruilen voor een pensioen nadat hij was blootgesteld aan giftige rookdampen. Wat in 1991 nog een redelijke uitkering voor arbeidsongeschikten was, werd binnen een jaar na het ineenstorten van de Sovjet-Unie gereduceerd tot een vodje papier. Zoals zoveel ambitieuze mensen in Astrakan begon hij kaviaar te kopen van de fabriek van Russkaja Ikra en vervoerde de delicatesse naar Moskou. Nadat de fabriek was geprivatiseerd, kocht hij overal waar hij kon kaviaar. Volodja verdiende in die eerste jaren voldoende om een modern appartement met twee slaapkamers te kunnen kopen voor zijn gezin, een tweede appartement voor zijn vierentwintig jaar oude zoon en een tweedehands Toyota Corolla. Hij liet bovendien zijn dochter rechten studeren. Nu had hij een punt bereikt waarop hij comfortabel in een trendy café kon zitten en met een handgebaar een rondje cola kon bestellen.

Toen zijn zaken zich uitbreidden kocht Volodja voor de zekerheid een vergunning om steurvlees te verkopen. Deze had veel gekost, zei hij, maar het was de moeite waard geweest. Nu was hij de eigenaar van verscheidene balyk-stalletjes die we op de vismarkt hadden gezien. Kennelijk hadden sommige restaurants in de stad niet de moeite genomen een vergunning aan te vragen, vertelde hij ons, en nu kon je maar moeilijk aan dergelijke papieren komen. Daarom moesten ze de steursjasliek in het geniep verkopen. Volodja hield zich uit liefhebberij ook nog steeds bezig met zijn illegale kaviaarbusiness, maar met steeds minder enthousiasme.

Kaviaar leverde geen winst meer op, klaagde Volodja. De prijs bleef maar dalen, terwijl de risico's van de handel steeds groter werden. 'Mensen denken dat Astrakan de bron van de kaviaar is, maar er is hier niets meer overgebleven', mopperde hij. 'Je moet tegenwoordig naar Dagestan gaan. De prijzen zijn daar belachelijk. Ze verkopen de kaviaar voor niets. Het is absurd. En de kaviaar is niet van goede kwaliteit'. De kaviaar die de Russische stropers in de delta produceerden was oneetbaar geworden, zei hij. 'De stropers begrijpen niet dat ze na de dood van de vis amper een uur de tijd hebben om de eitjes te verwijderen. Ze begrijpen niet dat ze schoon water moeten gebruiken – geen water uit de Wolga'.

Volodja leunde achterover in zijn stoel, zijn gezicht vertrokken van afkeer. De vangst van dit jaar was de slechtste die hij zich kon herinneren. 'Ik ben al op zoek naar iets anders. Ik doe enkele zaken met Iran', zei hij terwijl hij weer opgewekter keek. Wat voor soort zaken? 'Ik verkoop ze hout.' Hoe kwam hij aan hout op deze boomloze steppe? 'Uit Siberië natuurlijk', lachte hij. Voor de revolutie was Astrakan een belangrijk knooppunt voor goederen uit het oosten. De stad was rijk geworden door grondstoffen uit Siberië en luxegoederen uit Azië over heel Europa te distribueren. Handel vormt de toekomst van Astrakan, niet kaviaar, verklaarde Volodja. 'Als er geen maatregelen worden genomen', voorspelde hij wijs, 'zullen we de steur alleen nog op plaatjes kunnen zien.' Na een poosje ging zijn telefoon weer. 'Business', legde hij uit en excuseerde zich.

VOORDAT DE Sovjet-Unie oploste, voordat de piraten ontdekten dat ze konden leven van het mengen van steureitjes, voordat de stropers uit Dagestan de laatste vissen uit de Kaspische Zee dregden, werd de helft van de kaviaar, die in Rusland werd gemaakt, verpakt in de fabriek van Russkaja Ikra ergens in Astrakan. Westerse kaviaarhandelaren spraken altijd met respect over Russkaja Ikra. Het was de fontein waaruit al zo lang zoveel kaviaar was voortgekomen. Tot aan de laatste jaren van de Sovjet-Unie hadden maar weinig outsiders de fabriek ooit gezien. Buitenlanders werden zelden toegelaten, zelfs niet belangrijke klanten als Petrossian of Dieckmann & Hansen, tot de jaren tachtig, toen de fabriek bekend stond als de Kaspische kaviaar- en balykverwerkingsfabriek. Hoewel de sovjetfabriek aan het begin van de jaren negentig was overgegaan in particuliere handen, voelde ik een tinteling van opwinding dat ik op het punt stond het legendarische heiligdom van de kaviaarindustrie te bezichtigen.

Russkaja Ikra lag aan de rand van Astrakan, een paar kilometer van de houten pakschuren die in de negentiende eeuw langs de Wolga hadden gestaan. De fabriek bevond zich aan het kanaal dat naar Ioannis Varvarkis was vernoemd. Tijdens het visseizoen voeren de boten, met aan boord levende steur in tanks, de Wolga op om hun kostbare lading te lossen aan de kade van de fabriek. Russkaja Ikra, dat simpelweg 'Russische kaviaar' betekent, hield zich daarnaast elke week bezig met het inzouten, roken, inblikken en verpakken van tonnen vis uit de Wolga.

Doordat Russkaja Ikra zijn product exporteerde naar markten met harde valuta's, was het een van de Russische fabrieken die er beter aan toe was. De ingang naar het uitgebreide complex was keurig vormgegeven met bloembedden en schaduwrijke bomen. Toen onze taxi echter naar de hoofdpoort reed, merkte ik dat het complex gehuld was in een naargeestige stilte. Niemand hield ons staande toen we het stille administratiegebouw binnenliepen en naar de tweede verdieping klommen, op zoek naar directeur Vjatsjeslav Mironov. We vonden Mironov alleen, peinzend aan een bureau dat zo groot was als een sleepboot. Een van zijn vier telefoons ging: 'Het is een slecht jaar', zei hij tegen de beller. 'We hebben maar veertienhonderd kilo binnen gekregen. Gisteren hadden ze vijf of zes steuren, waarvan er maar twee of drie kaviaar bevatten. We kunnen niet meer krijgen tot het water gaat zakken. Ik weet niet wat jij gaat doen aan het tekort aan vis, maar ik ben begonnen met het verbouwen van courgettes en tomaten.'

Mironov was nog maar pas aangetreden als directeur van Russkaja Ikra, en op een manier die kenmerkend was voor de nieuwe markteconomie van Rusland. Hij werkte als een ikrjantsjik op de verdieping waar de vis werd verpakt, toen de regering begon staatsbedrijven te privatiseren door de werknemers aandelen te verstrekken. Mironov had in de gaten dat de wereld aan het veranderen was. Hij begon aandelen van collega's te kopen die liever contant geld hadden dan te wedden op de onzekere economische toekomst van Rusland. Al vrij snel was Mironov, samen met een paar investeerders op de achtergrond, de eigenaar van de grootste verpakkingfabriek voor kaviaar ter wereld. Om zijn nieuwe status als zakenman te benadrukken, had Mironov verschillende dikke gouden kettingen om zijn nek, die hij droeg in combinatie met een T-shirt dat contrasteerde met zijn Popeye-the-Sailor-armen.

Vanaf het moment dat we binnenkwamen, was duidelijk dat Mironov geen zin in ons bezoek had. Toen we hadden gebeld om een afspraak met hem te maken, had Mironov hartelijk beloofd me te laten zien waar Russkaja Ikra zijn kaviaar bereidde. Er was echter geen kuit om in te pakken op de dag dat we arriveerden, en Mironov vertelde ons dat hij alle werkkrachten naar huis had gestuurd. Hij beloofde opnieuw een rondleiding langs de verwerkingslijnen, als we een paar dagen later weer terug zouden komen. Maar toen we terugkeerden, was er nog steeds niet genoeg kuit om de machines te kunnen laten draaien.

Dit keer vroeg hij zijn assistent Nikolaj Sjirmanov ons rond te leiden. Dit was waarschijnlijk het beste. Mironov had moeite de simpele vragen die ik kon stellen te beantwoorden, maar Nikolaj kon de statistieken van Russkaja Ikra opdreunen als een deelnemer aan een spelletjesshow. 'Ik heb hier sinds 1982 gewerkt', legde hij schouderophalend uit. 'Ik was de directeur.'

Nadat Russkaja Ikra was geprivatiseerd was Nikolaj gedegradeerd tot manager van een fabriek. Zijn baan bestond er nu uit om de te grote fabriek zo efficiënt mogelijk te laten draaien. Soms moest hij steuren wel een maand in watertanks in leven houden, voordat er voldoende vis was om de verwerkingslijn aan te zetten. In 1987, toen hij nog directeur was, liepen de lijnen constant van de vroege lente tot de late zomer en produceerden jaarlijks veertienhonderd ton – ton, geen kilo! – kaviaar. Russkaja Ikra mag nu van geluk spreken als de fabriek zes ton per jaar haalt.

'Er was hier altijd een zeer zuinige eigenaar die zeer strikte maatregelen volgde en dacht aan de toekomst', herinnert Nikolaj zich. 'De stropers denken alleen aan vandaag. Wist je dat honderd procent van de kaviaar die in Moskou wordt verkocht afkomstig is van stropers?' Hij probeerde niet zijn nostalgie naar de Sovjet-Unie te verbergen, naar de tijd dat geraffineerde ikrjantsjiks nog geen fabrieksdirecteuren werden. 'Steur was de trots van het land', verzuchtte hij. 'Maar tegenwoordig vinden we olie belangrijker. De Verenigde Staten konden de bizon niet redden en wij kunnen de steur niet redden.'

We liepen naar het gebouw waar de producten werden verwerkt. Nikolaj liet ons de ruimte zien waar ikrjantsjiks als Mironov de eitjes hadden gezeefd, gewassen en gezouten. Dit was de plek waar ooit het overgrote deel van de Russische kaviaar werd bereid, toch was het niet groter dan een Amerikaanse keuken. We volgden Nikolaj naar de veel grotere verpakkingsruimte. Ooit stond het vol met tafels, waaraan arbeiders potjes handmatig met kaviaar vulden. Nu stond de ruimte leeg, met uitzondering van een glanzende roestvrijstalen verpakkingsmachine. Het apparaat had het ambachtelijke proces van het inblikken van kaviaar geautomatiseerd. Het vulde de kleine glazen potjes met afgemeten hoeveelheden kaviaar, zette er een deksel op en rolde ze naar een transportband die naar een grote verhitte tank liep, waar de potjes kaviaar werden gestoomd en gepasteuriseerd. Russkaja Ikra had de uitrusting net gekocht van Mondini, een Italiaanse firma die gespecialiseerd is in inblikmachines, in de hoop daarmee op arbeidskosten te besparen. Tot nu toe had Russkaja Ikra de machine amper gebruikt.

Naast de machine stonden dozen met nieuwe potjes opgestapeld, met een volume van dertig, zestig en honderdtwintig milliliter, en dozen met rode, gele en blauwe deksels. Ze wachtten op kaviaar. Ik merkte op dat er geen traditionele blauwe blikken van een kilogram aanwezig waren. Russkaja Ikra gebruikte ze niet meer, vertelde Nikolaj ons. Er was niet voldoende kaviaar om een hele reeks van dergelijke blikken te produceren.

VOORDAT WE Astrakan verlieten, maakten we nog een tochtje naar de vismarkt. Volodja had verteld dat naast de voornaamste hal een winkel was, waar je legaal kaviaar kon kopen. Het was de enige winkel in zijn soort in heel Astrakan. Het bleek dat we de winkel al verschillende keren voorbij waren gelopen zonder die op te merken – een klein metalen gebouw dat er uitzag alsof het een omgebouwde scheepscontainer was. Door het vettige raam van de vitrine vingen Mira en ik een glimp op van een armzalig stuk verse steur en een paar blikjes osetra-kaviaar. Het schamele aanbod deed me denken aan hoe de supermarkten er in de sovjettijd uitzagen. We vroegen of we mochten proeven en de bediende reageerde door een metalen lepel aan een vieze doek af te vegen. Hij nam een blik uit de vitrine en worstelde om het vacuümzegel te verbreken. Toen het niet wilde bewegen, zette hij het blik als een trompet aan zijn lippen en blies er lucht in. Het deksel sprong open. Hij schepte er een beetje uit met de aluminium lepel, een handeling die kenners zou hebben verafschuwd, wetende dat aanraking door metaal de kaviaar laat oxideren. De kaviaar was een beetje papperig, van het soort dat Russen *zjirovaja* noemen. De kaviaar was duidelijk ruim voordat de steur aan kuitschieten toe was geoogst. Toch vonden we de kaviaar redelijk goed smaken en een kilogram voor veertig dollar was nog altijd een koopje. Ik wist dat mensen in Ikrjanoje de helft van deze prijs betaalden, maar dit was tenminste legaal.

Toen we onze rekening betaalden, beseften we pas waarom de bediende ons een koopcertificaat gaf. Het bleek dat onze kaviaar ooit in beslag was genomen door de visserijpolitie. Dat verklaarde waarom de kaviaar *zjirovaja* was. Het was gemaakt door stropers die niet de middelen hadden hun vangst levend te bewaren tot de eitjes rijp waren. Ik was ook verbaasd een bekende naam op het certificaat tegen te komen. Er stond een stempel op van Karon, het bedrijf van Jevgeni Aptjekar. Hij had het recht verworven alles wat de politie in beslag nam te verkopen.

Zelfs met het stempel van Karon verwachtte ik dat we op het vliegveld wel het een en ander uit te leggen hadden. Mira en ik verpakten onze kaviaar in onze handtassen, naast enkele blokken balyk, zodat het niet leek alsof we probeerden om iets te verbergen. We liepen aarzelend op het controlepunt af en tikten op de ontvangstbewijzen van Karon om onszelf gerust te stellen. Voordat we wisten wat er gebeurde, liet de politie ons door. Onze tickets waren gecontroleerd, onze paspoorten waren geïnspecteerd en we liepen naar de wachtruimte met onze buit bij ons. Niemand had zelfs maar de moeite genomen onze tassen te onderzoeken, laat staan gevraagd naar een certificaat van Karon. Wanneer we hadden gewild, hadden we zo tien kilo kunnen kopen en probleemloos naar Moskou kunnen vervoeren. Vanuit Moskou hadden we het bijna overal naar toe kunnen nemen.

7

Het merk kaviaar

Er schuilt meer eenvoud in de man die impulsief kaviaar eet dan in de man die uit principe druivenpitten eet.

– G.K. CHESTERTON[1]

Het grootste deel van de twintigste eeuw waren er slechts twee belangrijke spelers op het gebied van kaviaar: Dieckmann & Hansen en Petrossian. Deze twee machten domineerden de wereldhandel tijdens de zeventig jaar van het sovjetregime. Zij hadden de wereld in even nette stukjes verdeeld als Washington en Moskou.

De twee grote kaviaarhuizen waren zo verschillend als de twee machten die in de Koude Oorlog tegenover elkaar stonden. Dieckmann & Hansen opereerden al vanaf de eerste helft van de negentiende eeuw vanuit de havens van Hamburg. Petrossian was een Franse nieuwkomer, die pas na de Russische Revolutie zijn eerste elegante winkel in Parijs opende. Dieckmann & Hansen werden geleid door rustige Duitse kooplui die van kaviaar een serieuze industrie hadden gemaakt. Petrossian werd geleid door verfranste Armeniërs die de geheimen van kaviaar met veel enthousiasme cultiveerden. Tegen het eind van de eeuw waren Dieckmann & Hansen een groothandel geworden, die tonnen kaviaar verkocht aan luchtvaartmaatschappijen en cruiseschepen. Petrossian bleef, zoals altijd, een luxe merk dat per blikje werd verkocht. Dieckmann & Hansen verkochten waarschijnlijk meer kaviaar, maar Petrossian was beroemder. Zelfs mensen die nog nooit kaviaar hadden gegeten, hadden wel eens van Petrossian gehoord. Petrossian had als voordeel dat zijn naam veel beroemder was dan die van Dieckmann & Hansen.

De rivaliteit tussen de twee kan worden teruggevoerd tot 1920, toen beide het recht kregen kaviaar vanuit de Sovjet-Unie te distribueren. Het was een goede periode voor de verkoop van deze exotische eitjes. Europa was herstellende van de Eerste Wereldoorlog en mensen wilden opnieuw beginnen; men gooide de gesteven kragen en tierelantijnen van voor de oorlog weg en ging op zoek naar eenvoud. Het modernisme had een gestroomlijnde esthetiek gebracht in de schilderkunst, literatuur, muziek, architectuur en mode. Kunstenaars reduceerden hun composities tot de platste, abstractste essentie. Schrijvers ontdeden teksten van het bloemige, Victoriaanse woordgebruik. Le Corbusier en Mies van der Rohe streefden naar een pure vorm van architectuur met rechte lijnen en geometrische vormen. Kaviaar, het voedsel van onopgesmukte eenvoud, was perfect voor het moderne gehemelte.

De hernieuwde interesse in kaviaar begon net toen Lenins nieuwe bolsjewistische regering wanhopig op zoek was naar een bron voor harde valuta. Dieckmann & Hansen waren de logische keuze om de onervaren communisten te helpen hun waardevolle kaviaar op de buitenlandse markt af te zetten. Het bedrijf was Rusland in 1914 ontvlucht toen tsaar Nikolaas de oorlog verklaarde aan Duitsland en had zijn vissersboten en inpakmachines aan de oevers van de Wolga laten staan. Nu de oorlog voorbij was, wilden Dieckmann & Hansen graag weer in de kaviaarindustrie stappen. De voorwaarden waren nu natuurlijk wel anders. Toen de sovjets het bedrijf in 1920 weer welkom heetten, was het als koper, niet als producent. Omdat ze geen keuze hadden, accepteerden Dieckmann & Hansen het aanbod van de sovjets om de enige distributeur voor Russische kaviaar in Duitsland te worden.

De Petrossian-familie had de kaviaar ook in 1920 ontdekt, maar was op een heel andere manier de industrie ingerold. Tot de revolutie had de familie zijdewormen gekweekt op een boerderij in de buurt van Tiflis. De Petrossians waren kort daarvoor naar Georgië geëmigreerd vanuit een arm bergdorpje in het naburige Armenië en hadden zich snel omhoog gewerkt. Net als andere kooplui op de etnische toren van Babel, zoals de Kaukasus wel werd genoemd, adopteerden de Petrossians de Russische taal om zaken te kunnen doen met hun Russische klanten. De twee oudste zonen, Melkoum en Mouchegh, werden naar Moskou gestuurd om rechten en architectuur te studeren, waar ze bleven totdat de bolsjewieken het Winterpaleis in St. Petersburg bestormden.

Toen de rest van de Petrossians met de eerste golf van edelen en handelslui naar Parijs vluchtten, zaten de twee broers vast in Moskou. Het was gevaarlijk de stad zonder officiële toestemming te verlaten en nog gevaarlijker door Rusland te reizen, dat werd verscheurd door revoluties, rellen en burgeroorlogen. Uiteindelijk lukte het hen de stad uit te komen en een weg te vinden naar het zuiden, door het Kaukasisch gebergte tot aan de grens met Perzië[2]. Hun eindbestemming was Parijs, maar eerst moesten ze een paar maanden in Teheran blijven wachten op paspoorten en reisdocumenten. Toen Melkoum en Mouchegh zich in 1920 bij hun familie konden voegen, was de Petrossian-clan naarstig op zoek naar een manier om geld te verdienen.

Tijdens een gesprek hierover tussen de broers en de rest van de familie kwamen de volle schalen kaviaar ter sprake, die ooit in Tiflis op tafel stonden. Ze realiseerden zich dat ze misschien wel geld konden verdienen door deze delicatesse in Parijs te verkopen. De broers besloten bij de nieuwe sovjetambassade langs te gaan en een gesprek aan te vragen met de afgevaardigde voor buitenlandse handelsbetrekkingen. Dit was gemakkelijker gezegd dan gedaan. De afgezant weigerde hen te woord te staan. De broers gaven echter niet op. Ze bleven aanvragen indienen bij de ambassade totdat ze uiteindelijk werden toegelaten en hun voorstel op tafel konden leggen. Ondanks de eerste onwil van de ambassade om hen binnen te laten, waren de sovjets nu best bereid zaken te doen. De Petrossians kregen te horen dat ze zoveel kaviaar konden krijgen als ze wilden – zolang ze er eerst maar in contanten voor betaalden. De broers gingen terug naar de ambassade met een koffer vol Franse franken voor twee ton lichtgezouten kaviaar.

Het geld was alles wat de Petrossians Rusland uit hadden kunnen krijgen. En nu stuurden ze het weer terug. De deal met de ambassade leek te mooi voor woorden. Maanden gingen voorbij en de broers hoorden niets van de sovjetambassade. Er werden wanhopige telegrammen naar Moskou gestuurd. Uiteindelijk, acht maanden nadat de Petrossians al hun spaargeld hadden weggegeven, arriveerde de eerste lading kaviaar per trein in Parijs, goed verpakt in lindehouten tonnen.

De timing van de broers was perfect. Een gretige César Ritz kocht een ton kaviaar voor zijn modieuze hotel aan het Place Vendôme. Aangemoedigd door dit eerste succes stortten Melkoum en Mouchegh zich op hun nieuwe werk. Ze huurden een hoekwinkeltje in de buurt van de Quai d'Orsay, op de Boulevard de Latour-Maubourg, en schilderden het interieur dezelfde kleur blauw als de grote Russische kaviaarblikken. Ze huurden een oud-kolonel uit het tsarenleger, Vorotoensjev genaamd, om de klanten, meest Russen in ballingschap met heimwee, te bedienen. Maar de Petrossians wisten dat ze moesten uitbreiden om succesvol te blijven, dus begonnen ze proeverijen te organiseren. Volgens de familieoverleveringen was het niet gemakkelijk de Kaukasische delicatesse in Parijs aan de man te brengen. De Petrossians hadden zelfs een kwispedoor bij de hand voor diegenen bij wie de kaviaar niet direct in de smaak viel. Maar het bedrijf van de broers werd steeds groter en al snel te groot voor de kleine winkel in Parijs. De sovjetregering verleende hun het exclusieve distributierecht voor heel Frankrijk; dezelfde overeenkomst als die ze had met Dieckmann & Hansen in Duitsland. De relatie was zo goed dat de Russen later Petrossian ook aanstelden als enige distributeur van zeekrab, een franchise die miljoenen waard zou zijn. Petrossian zou later uitbreiden naar de Verenigde Staten, waar ze de directe concurrentie aanging met de Amerikaanse divisie van Dieckmann & Hansen, Romanoff Caviar.

Terwijl de reputatie van Petrossian groeide, herhaalden en vergrootten de broers vaak de ontstaansgeschiedenis van het bedrijf, totdat deze was veranderd in een bijna heroïsche gebeurtenis. In het verhaal, zoals het tegenwoordig in de officiële catalogus van het bedrijf staat, waren het Melkoum en Mouchegh die 'Parijs kennis lieten maken met de magie van kaviaar'.

DE MYTHE is een van de belangrijkste ingrediënten van kaviaar. Zonder de sluier van legende en traditie is kaviaar gewoon een hoop viseitjes. De meeste kaviaardealers geven het niet graag toe, maar als kaviaar goed wordt klaargemaakt en vers wordt gegeten, is de smaak van de verschillende merken precies gelijk. Toch heb ik in mijn herinnering de naam Petrossian altijd met kaviaar geassocieerd. Het woord zelf al, met de dubbele *s*, die sist als de wind over de Kaukasische vlakte, roept een beeld op van een dorpje hoog in de bergen, waar maaltijden op fluweelzachte karpetten wordt geserveerd, met warm brood, geurige thee en een gekoelde schaal kaviaar.

De persoon die het verhaal van het illustere kaviaarhuis het beste kent, is Armen Petrossian, een van Moucheghs zonen. Hij nam het familiebedrijf eind jaren tachtig over van zijn oudere zus, Tamara Kotsjarian, die haar vader en oom Melkoum had opgevolgd. (Er was nog een broer, Christian, die de Amerikaanse tak een tijd runde.) Kaviaar was Tamara, Christian en Armen met de paplepel ingegoten; zestien jaar nadat hun vader zijn winkel in Parijs opende, trouwde hij met een meisje uit de familie Mailoff. De Mailoffs waren ook vluchtelingen van de revolutie, maar voordat ze naar Parijs vluchtten, hadden ze een vloot steurboten gehad in Bakoe. De kinderen van deze fusie groeiden op in een huis tegenover de familiewinkel op Latour-Marbourg en aten al kaviaar toen ze nog in de luiers lagen. Ik wilde Armen graag ontmoeten en meer te weten komen over het kaviaarhuis Petrossian. Na een aantal faxen nodigde hij mij uit met hem te dineren in het net geopende restaurant boven de winkel.

Toen ik afliep op een klein groepje mensen dat aan de bar stond, viel Armen Petrossian direct op. Hij had zo uit het negentiende-eeuwse Astrakan kunnen komen. Zijn grote krulsnor stond stijf van de was en hij droeg een zwierige vlinderdas. Ondanks zijn omvangrijke postuur was hij een elegante grijsaard. Terwijl Petrossian doet denken aan vervlogen tijden, was het restaurant, ontworpen door zijn broer Karen, een voorbeeld van modern minimalisme. De muren en vloeren waren lichtgrijs – steurgrijs – terwijl de stoelen en het lijstwerk glinsterend zwart waren – kaviaarzwart. Het restaurant in Parijs was een teken van Petrossians herrijzenis als kaviaardistributeur, na tien lange, moeilijke jaren in de marge.

Voordat ik naar Parijs ging, had ik een afspraak met de Amerikaanse directeur van Petrossian, Eva Vega, in het restaurant in New York, dat al sinds midden jaren tachtig op de begane grond zat van het elegante Alwyn-gebouw ten zuiden van Central Park. Vega was even nuchter als Petrossian elegant was en sprak met een opvallend New Yorks accent. Terwijl we lepels verse beloega, osetra en sevroega op warme toast schepten, vertelde ze me dat het bedrijf tijdens de val van de Sovjet-Unie ook bijna was ingestort, toen een vloedgolf goedkope kaviaar de markt overspoelde. 'Er heerste een wildwestmentaliteit', zei Vega. 'Al die goedkope troep kwam in koffers binnen, buiten de douane om. Ze verkochten het goedkoper dan wij. Koks vertelden mij dat we de prijs moesten verlagen. Ik ben veel klanten kwijtgeraakt.' Na een korte pauze stelde ze voor dat ik de warme toast die de ober bij mijn elleboog had neergezet, moest laten staan. 'Gebruik de rug van je hand', legde ze uit, een hoopje eitjes van haar vuist likkend.

Toen de Sovjet-Unie de prijzen bepaalde, had kaviaar niet te lijden van de marktwerking van vraag en aanbod. Maar zodra de communisten waren verdwenen, werden de eitjes gewone handelswaar. Aan het begin van de jaren negentig kon iedereen met genoeg geld, lef en wil om zaken te doen met Kaspische zeerovers een kaviaarhuis beginnen. De prijzen daalden omdat Russische emigranten, vishandelaren en importeurs van delicatessen meer en meer kaviaar invoerden. In Europa geven de officiële statistieken aan dat tijdens deze periode minder kaviaar werd geïmporteerd. Maar dat is omdat de koffersmokkelaars zoveel kaviaar meebrachten dat veel handelaren en restaurants niet de moeite namen die legaal te kopen. Tussen 1991 en 1997 verdrievoudigde de officiële hoeveelheid kaviaar die de Verenigde Staten binnenkwam van 32 naar 95 ton per jaar, hoewel de werkelijke hoeveelheid waarschijnlijk veel hoger was.

Het kan worden gezegd dat de Verenigde Staten in de jaren negentig na Rusland de grootste consument van kaviaar was, vóór Duitsland, Frankrijk en Japan. Kaviaar was in Amerika altijd al te koop geweest, gewoonlijk in delicatessenzaken en dure restaurants, maar eind 1994 verscheen kaviaar ook op andere plekken: in warenhuizen en supermarkten, op treinstations en luchthavens en op internet. Het was internet, meer dan de andere locaties, dat kaviaar voor iedereen toegankelijk maakte. Om kaviaar te kopen hoefde je niet langer in een grote stad te wonen waar een delicatessenzaak was. Binnen een paar keer klikken kon je een webpagina van een van de nieuwe kaviaardistributeurs oproepen, zoveel bestellen als je wilde en het binnen 24 uur verpakt in ijs thuis laten bezorgen.

Toen kaviaar een trend werd, werd het ook goedkoop. In 1995 verkocht het warenhuis Macy's een kilo osetra voor 270 euro, terwijl Petrossian er nog steeds 870 euro voor vroeg. Amerikanen konden zich deze luxe ook wel veroorloven. Terwijl de prijzen van kaviaar kelderden, verdienden Amerikanen goud geld. Midden jaren negentig stond er, dankzij de sterk stijgende aandelenmarkt, een mooi bedrag op de bankrekening van een gemiddelde investeerder. De kaviaar druppelde via de handelaren op Wall Street en de dotcom-miljonairs naar het niveau van universitair professoren en bedrijfsmanagers. Niet alleen had de bourgeoisie genoeg geld om zich de steureitjes te veroorloven, ze had ook een smaak ontwikkeld voor het sensuele, zoutige zwarte goud. Een culinaire experimenteerdrift zorgde ervoor dat mensen overal in Amerika in de supermarkt extra vergine olijfolie kochten en in wegrestaurants espresso dronken. Kaviaar was de volgende logische grens voor het culinair bewuste publiek. Deze overvloed had hetzelfde effect op de Amerikanen als op de nieuwe rijke industriëlen in het negentiende-eeuwse Duitsland: ze wilden alleen maar meer van het exotische goedje.

De democratisering van kaviaar had Armen Petrossian verrast, zo vertelde hij me toen we aan een van de grijze tafeltjes in zijn restaurant gingen zitten. In het begin had hij gehoopt dat Petrossian, door te doen wat ze altijd deed – kaviaar verkopen in een sfeer van exclusiviteit en luxe – de storm wel zou doorstaan. De strategie mislukte en midden jaren negentig moest hij zijn prijzen verlagen om te kunnen blijven concurreren. Hij zette een nieuw merk op, Dom Petroff, om tweederangs kaviaar te kunnen verkopen zonder de naam van Petrossian te compromitteren. 'Het was een moeilijke tijd', herinnerde hij zich. 'Veel mensen zeiden 'Waarom vraag je zoveel? Waarom koop je niet gestroopte kaviaar?' … De nieuwe markt maakte me wanhopig.' Wat Petrossian niet zei, maar wat voor mij duidelijk was, was dat mensen de goedkopere kaviaar kochten omdat deze volgens hen net zo smaakte als de duurdere soort.

Armen Petrossian zag dat kaviaar een product werd voor het grote publiek. De uitdaging was een manier te vinden om de Petrossian-ervaring uniek te maken. Alleen kaviaar verkopen was niet meer genoeg. In zijn hart was Petrossian een winkelier, die nog steeds naast de winkel woonde, maar hij wist dat de kracht van Petrossian lag in de naam, die een speciaal gevoel van weelde opriep: luxe met een stamboom. In plaats van zich in te graven besloot Petrossian uit te breiden. Het kantoor boven de winkel zou een restaurant worden en de naam Petrossian dragen. In tegenstelling tot het restaurant in New York zou hier niet alleen kuit worden geserveerd. Net zoals zijn vader en oom hun bedrijf hadden opgebouwd op een bekende lekkernij, zou hij dat ook doen. In 1999 nam hij een van Frankrijks bekendste koks, Philippe Conticini, in dienst; samen gingen ze aan de slag om een menu voor het nieuwe restaurant te creëren.

Petrossian bladerde door Conticini's menu en probeerde te beslissen wat ik moest eten. Conticini was, al voordat hij voor Petrossian ging werken, beroemd om zijn nagerechten – de Franse pers noemde hem een 'virtuoos met suiker' – en Petrossian pochte over de heerlijke zoetigheden die ons te wachten stonden. Maar eerst moesten we gaan eten, herinnerde hij mij. Petrossian legde uit dat het menu zo was ontwikkeld dat 'je wel of geen kaviaar kon eten'. Ik zou beginnen met 'geen kaviaar', zei hij. 'Geen kaviaar?', vroeg ik. 'Jij krijgt zwaardvis', kondigde Petrossian aan.

Onze borden werden gebracht; bedekt met transparante laagjes gerookte zwaardvis, zo teer en boterzacht dat ze smolten op mijn tong. Petrossian liet de ober een goede rode wijn brengen en een elegante karaf water met een giraffenek, en begon toen het verhaal van Petrossian te vertellen. De Fransen, zo begon hij, wisten niets van kaviaar voordat zijn vader en oom in Parijs arriveerden. Petrossian herhaalde wat ik al op de website van Petrossian had gelezen. 'De Fransen vonden kaviaar eerst helemaal niets', ging hij verder. 'Ze waren huiverig iets te eten dat uit de buik van een vis kwam … Maar na tachtig jaar is kaviaar, dankzij Petrossian, een Franse traditie. En dat is iets uitzonderlijks.'

Petrossian leunde even achterover en genoot van wat zijn familie had bereikt. Rondom hem zat het restaurant vol met het soort erg dunne, gebruinde vrouwen van een bepaalde leeftijd, die je in Parijs veel tegenkomt, ieder met een dure Kelly-tas van Hermès aan haar voeten. Ik wist dat Petrossians verhaal zwaar overtrokken was en wilde hem uitdagen, maar op een manier die niet te agressief klonk, vooral niet omdat er nog drie gangen te gaan waren.

'En hoe zit het met Rabelais? Hij had het over kaviaar', probeerde ik. 'En was kaviaar niet tijdens de belle époque in zwang in Frankrijk?'

'Misschien aten de Franse vissers het', was de enige concessie die Petrossian deed.

Ik kon zien dat ik hem al in de verdediging had gedrukt. 'Petrossian bracht niet alleen het idee van kaviaar als luxe naar Frankrijk, maar ook het luxeartikel zelf', voegde hij krachtig toe. 'Daarom zijn we zo beroemd. We zijn de enige kaviaarsoort waarvan de naam een handelsmerk is. We worden gezien als synoniem met kaviaar ... De winkel is een instituut. Mensen komen hier al was het een museum.'

Om zijn woorden kracht bij te zetten kondigde Petrossian aan dat we nu kaviaar met blini zouden eten. Ik zag al halvemaantjes van dunne, gevouwen pannenkoekjes voor me, met een lepeltje zwarte eitjes als de pupil midden in een oogbol van witte crème fraîche. Maar toen de ober arriveerde, droeg hij een schaal met in het midden een grote, bruine ovalen vorm. Het was een zachtgekookt ei in een korst van gefrituurde blini. Eromheen lagen minuscule krabkoekjes. De ovalen bal was bekroond met een ring van kleine zwarte korreltjes, die osetra bleken te zijn. Ik wilde de kaviaar graag proeven. Maar zodra ik de kaviaar met mijn vork aanraakte, brak de blini en liep de kuit in een gele stroom eigeel over de schaal. De blini, als die al zo kon worden genoemd, was even rijk en heerlijk als de zwaardvis. Conticini hield ervan ingrediënten, texturen en smaken op verrassende manieren te combineren. De volgende gang was nog mooier opgemaakt, met een schijfje gefrituurde rouget[3] gevaarlijk balancerend op een gestoofde tomaat, die weer in perfect evenwicht op een omeletrolletje lag; het was duidelijk dat kaviaar tijdens dit diner slechts een kleine rol speelde.

Ik probeerde het gesprek weer op kaviaar te brengen, vooral op de anarchie die de Kaspische steur bedreigde. 'Er zijn geen regels meer, behalve het recht van de sterkste', vertelde Petrossian mij. Hij miste de sovjettijd, toen alles nog ordelijk verliep. Maar hij maakte zich geen zorgen meer over de toekomst van de steur. De internationale gemeenschap, zo geloofde hij, deed alles om de steur te beschermen. Petrossian beschermde intussen de traditie van het maken van kaviaar, zei hij, met een geheim recept. 'De vis is niet het belangrijkste', legde hij uit, 'maar de rijping.' Ik had kaviaardealers nog nooit over rijping gehoord. Ik had verse kaviaar gegeten in Ikrjanoje die hemels had gesmaakt. Het is waar dat de smaak dieper wordt wanneer het zout door de membranen van de eitjes dringt, maar na twee maanden is de kaviaar gewoonlijk op zijn best. Na een jaar wordt de smaak minder.

Petrossian hield vol. 'Je moet de kaviaar twee maanden tot een jaar laten rijpen. Het product moet op smaak komen, net als zalm of wodka. De rijping maakt Petrossian-kaviaar zo uniek.' Ik zei dat Dieckmann & Hansen de kaviaar niet zo lang bewaarden. 'De Duitsers,' snoof hij, 'zien kaviaar als een industrie. De Fransen zien het als een delicatesse.'

Later, toen ik afscheid had genomen van Petrossian, bleef ik nog even voor de dichte winkel staan om de etalage te bekijken. De straatlantaarns wierpen een gloed over de blikjes in de winkel. De etalage was versierd met Russische folkloristische objecten: beschilderde houten eieren en samowaars. Petrossian had gelijk. De winkel was net een museum. En toen ging bij mij een licht op. Ik had net drie uur met Petrossian aan tafel gezeten, in het elegante restaurant dat de grote naam van zijn familie droeg, en daar een uitgebreid viergangendiner genuttigd van allerlei heerlijkheden; en toch had ik nog geen tien kaviaareitjes gegeten.

Op dat moment realiseerde ik me dat dit de toekomst was. Petrossian had de Fransen misschien niet kennis laten maken met kaviaar, zoals hij graag beweerde, maar het bedrijf had zeker een rol gespeeld in de manier waarop we over kaviaar dachten. De naam Petrossian deed denken aan een tijd waarin de Ballets Russes van Diaghilev en de verloren generatie van ballingen het er in Parijs van namen, hun heimwee verdovend met kaviaar en cocktails. Petrossian was zo nauw geassocieerd met het mysterie van kaviaar dat de substantie zelf slechts een onderdeel was van de hele ervaring. Het was net als Magrittes schilderij van een pijp die volgens het opschrift geen pijp was. De naam Petrossian stond voor het idee van kaviaar, net zoals het schilderij stond voor het idee van een pijp. Dit was een zeer nuttig gegeven in een tijd dat er steeds minder steuren de Wolga opzwommen om kuit te schieten. Natuurlijk kon je in het restaurant nog steeds een schaal kaviaar bestellen, maar dit gerecht was niet langer de hoofdattractie. Je hoefde geen kaviaar te eten in het Petrossian-restaurant om het idee te krijgen dat je genoot van een aristocratisch privilege. Op een bepaalde manier was Petrossian erin geslaagd de essentie van luxe uit het kaviaaratoom te halen, door alles te serveren dat werd geassocieerd met de delicatesse, behalve de delicatesse zelf. Dat was veel verbazingwekkender dan het verkopen van goedkope kaviaar.

DE PETROSSIANS waren niet de enigen die werkten aan het imago van kaviaar. In de twintigste eeuw overlaadden schrijvers, kunstenaars en restaurateurs kaviaar met legenden en verheven ze hem tot mijlpaal op weg naar het culinaire nirvana.

Ludwig Bemelmans, schrijver van de Madeline-boeken[4], besteedde in zijn memoires een heel hoofdstuk aan zijn ervaringen met kaviaar. Hoewel Bemelmans bekendstaat om zijn eigenaardige tekeningen, rijmpjes en het pittige Parijse schoolmeisje, droomde hij ooit van een loopbaan in de horeca. Als jongeman liep hij stage als hulpkelner in de keuken van het Ritz Hotel in New York. Daar ontwikkelde hij de gewoonte na zijn dienst met andere hulpkelners in een donker hoekje van de lege balzaal enorme lepels kaviaar naar binnen te werken. 'Dat was de beste kaviaar die ik me kan herinneren', schreef hij. Vanaf dat moment zou kaviaar altijd een van Bemelmans' hoofdzonden blijven.

Voor M.F.K. Fisher, die haar epicurische memoires in een literaire vorm goot, veranderde haar leven toen ze op jonge leeftijd kennismaakte met kaviaar. Het gebeurde toen ze drieëntwintig was en met haar ouders door Europa reisde. Na een lange dag bezienswaardigheden in Parijs te hebben bezocht, besloten de drie zichzelf te verwennen met een lunch in het Café de la Paix. Fisher bestelde een portie kaviaar. Ze vonden het zo lekker dat ze nog een portie en nog een bestelden, totdat de ober het hele blikje op tafel zette. 'Dat was een leuke introductie', concludeerde ze, 'tot wat hopelijk een redelijk lang leven zal zijn met zo nu en dan zo'n uitspatting.'

Henri Soulé, in de jaren vijftig exploitant van het restaurant Le Pavillon, een van de weinige echte Franse restaurants in New York, speelde tijdens de Koude Oorlog een belangrijke rol bij het verdedigen van de reputatie van kaviaar. Wanneer iemand kaviaar bestelde, stond hij erop dat deze met zo veel mogelijk bombarie werd geserveerd. De kaviaar werd voorgereden op een zilveren wagentje, geflankeerd door een eregarde van obers, die het gerecht presenteerden als ware het een heilig sacrament. Een ober zette een kristallen schaal met eitjes en een klein bordje op tafel, terwijl de anderen op discrete wijze warme toast, gekoelde Litouwse wodka en reepjes eiwit opdienden. Hij selecteerde de kaviaar die in zijn restaurant werd geserveerd, persoonlijk en opende voor belangrijke gasten als de hertog van Windsor altijd een vers blikje.

Hoewel de landgenoten van de hertog pas laat verliefd werden op kaviaar, werd het al snel een obsessie. Toen Winston Churchill in 1941 Lord Beaverbrook erop uitstuurde om de oorlog met Stalin te bespreken, instrueerde hij hem terug te komen met een overeenkomst en 12,5 kilo goede kaviaar. In *Terugkeer naar Brideshead*, Evelyn Waughs bitterzoete terugblik op het Engeland van voor de Eerste Wereldoorlog, zijn veel beschrijvingen van gerechten te vinden, maar daarvan zijn maar weinig zo sensueel als zijn verslag van een diner met kaviaar en blini's, toen 'de room en de hete boter zich vermengden en over de kaviaar dropen, waardoor elk groenig kraaltje een wit met gouden laagje kreeg'.

Iedereen had zijn eigen mening over hoe je kaviaar het best kon eten. Aristoteles Onassis eiste, wanneer hij ging dineren in het Hotel de Paris in Monte Carlo altijd gezeefde kaviaar. Christian Dior hield van een licht gebakken eitje over zijn kuit. Tijdens een bezoek aan San Francisco in de jaren dertig at Somerset Maugham zijn kaviaar met een sterke combinatie van champagne en martini's met absint. Pablo Picasso was een grote man in de kunstwereld, maar was ervan overtuigd dat de kleine speldenknopjes sevroega de kaviaarwereld beheersten. Ian Fleming hield van de naar noten smakende osetra, net als, zo nemen we aan, James Bond. Edward Ruscha, een Amerikaanse pop-artkunstenaar, legde graag instinctief een verband tussen zijn naam en Ruslands bekendste exportproduct door kaviaar op zijn doeken te smeren. Helaas was hij niet zo populair bij de Russen als Charlie Chaplin als kleine vagebond. Hoewel de Russen niet vaak copyright betaalden, maakten ze een uitzondering voor de geliefde filmster toen ze een extract van tweeduizend woorden uit zijn autobiografie in *Izvestia* afdrukten. Chaplins royalty's bestonden uit 4,5 kilo kaviaar, ongeveer een theelepel per woord.

TEGEN DE tijd dat de schokgolven van de val van Moskou Hamburg hadden bereikt, waren Dieckmann & Hansen niet langer in handen van de familie. Het kaviaarhuis had tussen de twee wereldoorlogen voorzichtig doorgerommeld en zich voornamelijk beziggehouden met de Duitse markt. Tijdens het bombardement van de geallieerden op Hamburg in 1943 waren het pakhuis en de totale voorraad van de familie in de as gelegd. Toen de vrede werd afgekondigd, lag Duitsland in puin. De Duitsers hadden geen geld of tijd voor triviale zaken als kaviaar en het kostte Dieckmann & Hansen dan ook veel moeite om de industrie weer op te bouwen. Het bedrijf overleefde wel, maar moest inkrimpen. In de nieuwe, naoorlogse samenstelling was het oude Duitse huis gereduceerd tot dochter van een grote coöperatie, de Romanoff Caviar Company. Nu was het de Amerikaanse dochter, aan het begin van de twintigste eeuw vanuit een kleine winkel opgezet door Ferdinand Hansen, die de touwtjes in handen had in de kaviaarindustrie. Door alle spanningen van de Koude Oorlog moesten de bedrijven hun voorraad uit Iran halen, in plaats van Russische kaviaar te verkopen, wat Dieckmann & Hansen altijd hadden gedaan. Romanoff probeerde echter wel de tradities van Dieckmann & Hansen in ere te houden. Het management over de Duitse tak werd overgedragen aan een ver familielid van de originele Hansens, Horst Gödecken. Maar in 1962 was de familie niet meer geïnteresseerd in het bedrijf en nam Gödecken een jongedame, Susanne Schwerdtfeger, in dienst als leerling.

Hoewel Susanne Schwerdtfeger geen familie was, werden Dieckmann & Hansen haar adoptiefamilie. Ze werkte zich naar boven tot algemeen manager en kocht in 1993, de dag voor het 125-jarig bestaan, een aandeel in het bedrijf. Schwerdtfeger was als jong meisje bij Dieckmann & Hansen komen werken; een mooi meisje met kort, blond haar, appelroze wangen en bereid om alles aan te pakken. Ze begon in de haven, waar ze douaneformulieren invulde. Ze ging vaak naar Leningrad om de kaviaar te inspecteren voordat deze naar Hamburg werd verscheept. Ze opende de vaten en verwijderde het stro totdat ze de blikken zag, per drie verpakt in linnen zakken. Ze moest ze tellen om te controleren of de zending compleet was. Toen ze meer afwist van kaviaar, kreeg ze de verantwoordelijkheid over bepaalde klanten en de taak nieuwe klanten te vinden voor de kaviaar.

Onder het management van Gödecken en Schwerdtfeger hervonden Dieckmann & Hansen iets van hun vroegere prestige. De stijgende economie in de jaren zestig betekenden dat de Duitsers weer kaviaar op tafel konden zetten. Dieckmann & Hansen werden een interessant bedrijf. In 1969 kocht een Texaanse rijstboer, Riviana Foods, zowel Dieckmann & Hansen als Romanoff. Riviana werd daarna in 1976 overgenomen door de Colgate-Palmolive Coporation. De tandpastaproducent was alleen geïnteresseerd in het Duitse deel en splitste daarom het bedrijf. Romanoff werd verkocht aan Iroquois Brands. Ook al bleven Dieckmann & Hansen deel uitmaken van een conglomeraat, het bedrijf kreeg door de splitsing meer onafhankelijkheid. De interesses van de twee bedrijven waren veranderd: Romanoff was nu exclusief een winkelmerk. Gödecken en Schwerdtfeger dachten dat het bedrijf zo beter af was. De beslissing om een onafhankelijk bedrijf te worden, bleek na 1977 inderdaad een zegen, toen Iran de toevoer aan het Amerikaanse bedrijf staakte. Maar omdat ze niet meer samenwerkten met Romanoff, hadden Dieckmann & Hansen geen fysieke aanwezigheid meer in de winkels.

Tegen de tijd dat ik Schwerdtfeger in haar kantoor op de Hamburgse kade ontmoette, waren de oude vispakhuizen rondom de kantoren van Dieckmann & Hansen verbouwd tot kantoren, grote appartementen en trendy restaurants. Je kon echter nog steeds de kranen en roodstenen Victoriaanse pakhuizen zien op de andere oever van de vrijhaven van Hamburg. De grens met Denemarken was maar een paar kilometer verderop en van daar kronkelde de Elbe richting de Noordzee. In de dagen dat de rivier vol zat met steur, zwommen ze voor de deur van Dieckmann & Hansen langs op weg van en naar zee.

In de loop der jaren had Schwerdtfeger bijna alles geleerd wat er over kaviaar te leren viel. Ze wist dat de zomer geen goede tijd was voor de aanvoer van kaviaar, omdat alles tot de Kerst in de pakhuizen bleef liggen. Ze wist dat de vangst uit Iran in de herfst goed was, die uit Rusland niet. Je moest erop letten dat de Iranese kaviaar niet te vroeg was, omdat er zoveel op zee werd gevangen, voordat de vrouwtjes rijp waren. Van haar echtgenoot, John Taylor, die ooit op de Iranese olievelden had gewerkt, had Schwerdtfeger geleerd dat bergvolken in de regio kaviaar tot een koek persten en het met brood en een glas melk aten. Ze onthield in welke Russische rivieren de steur nog kuit kon schieten en welke waren dichtgeslibd. Schwerdtfeger ging pas in 1987 naar Astrakan, toen dit dankzij Gorbachovs perestrojka mogelijk was, maar ze wist door gesprekken met leveranciers dat de kwaliteit van de steur sinds de jaren zestig was teruggelopen als gevolg van olieboringen in de Kaspische Zee. Toen de milieuorganisatie TRAFFIC in 1996 onderzoek deed naar de stroperspraktijken in Rusland, was Susanne Schwerdtfeger de persoon om de onderzoekers door de schimmige wereld van kaviaar te leiden. Uitgeput door de gebeurtenissen in de kaviaarindustrie had Schwerdtfeger onlangs de moeilijke beslissing genomen Dieckmann & Hansen te sluiten en zo een einde te maken aan het oudste kaviaarhuis ter wereld. Ze was van mening dat haar ervaring niet meer belangrijk was in de nieuwe, nietsontziende industrie.

Het had ongeveer twee jaar geduurd totdat Dieckmann & Hansen de gevolgen merkten van de nieuwe post-sovjetorde. Geleidelijk aan verdwenen haar oude, betrouwbare leveranciers en moest Schwerdtfeger moeite doen om nieuwe te vinden. 'We begonnen de jaren negentig als ervaren inpakkers', vertelde ze me. Daarmee bedoelde ze dat Dieckmann & Hansen grote kiloblikken kaviaar naar de vrijhaven van Hamburg importeerden en daar de inhoud in blikjes van honderd of tweehonderd gram deden. De bedrijven die de kleine blikjes kochten, plakten hier een eigen etiket op en verkochten de kaviaar voor een hogere prijs. Lange tijd domineerden Dieckmann & Hansen de luchtvaart- en cruisesector. Deze klanten gaven niet om etiketten, omdat ze de kaviaar niet rechtstreeks uit blik serveerden. Dieckmann & Hansen verkochten tonnen kaviaar aan luchtvaartmaatschappijen alsof het niets was. Toch was de reputatie als groothandelaar ook de zwakke plek van het bedrijf. Het betekende dat de gemiddelde afnemer de naam Dieckmann & Hansen nooit op een blikje kaviaar zag staan.

Omdat stropers meer en meer van de delicatesse uit Rusland smokkelden, begonnen tientallen nieuwe handelaren te concurreren met Dieckmann & Hansen om de klandizie van luchtvaartmaatschappen en cruiseschepen. Deze handelaren waren bereid kaviaar tegen een fractie van de oude prijzen te verkopen. Voor Schwerdtfeger was het mysterie van kaviaar niet zo belangrijk als voor Petrossian en dus probeerde ze overal goedkopere kaviaar te kopen: van Roemenen die steur vingen in de Donau, van Chinezen die in de rivier de Amoer visten, van Turken die met trawlers de Zwarte Zee leegvisten en zelfs van Polen, ook al wist ze dat daar geen steurindustrie was en dat de steur van Russische stropers afkomstig was. Het probleem was volgens haar dat 'je hun kaviaar niet kon vertrouwen'.

Het was inmiddels avond geworden en we zaten in haar kantoor, omgeven door dozen vol documenten, foto's en souvenirs uit de hoogtijdagen van Dieckmann & Hansen. De lucht over de Elbe was lichtoranje geworden en haar woorden klonken steeds meer als die van een lijkschouwer. In 1997, zo herinnerde ze zich, 'verkochten we kaviaar voor de helft van de oude prijs, en nog raakte je het bijna niet kwijt. Er was te veel kaviaar op de markt. Mensen kwamen hier met koffers vol binnen. Gewoonlijk was het product zuur of gistte het al ... Ik kocht het niet, maar ik ken veel anderen die dat wel deden.'

Terwijl Schwerdtfeger probeerde leveranciers te vinden en Dieckmann & Hansen het hoofd boven water probeerden te houden, werd het rapport dat ze met TRAFFIC had geschreven in internationale milieukringen uitgebreid besproken. Het onderzoek van TRAFFIC had aangetoond dat de Kaspische steur zou uitsterven. Naast het vele stropen en het mislukken van kwekerijen werd ook bijna geen nieuwe steur meer geboren. Op aandringen van wetenschappers en de onderzoekers van TRAFFIC begon de internationale organisatie, die toezicht hield op bedreigde diersoorten, te praten over het op de lijst zetten van de steur. Sommige wetenschappers vonden dat er extreme maatregelen nodig waren en zij drongen aan op een volledig verbod op de handel in kaviaar, vergelijkbaar met de wetten die de ivoorverkoop regelen. Maar de meeste mensen waren van mening dat een verbod te ver ging. De internationale organisatie, CITES genoemd – *the Convention on International Trade in Endangered Species* – besloot een compromis te zoeken. Ze legde exportquota op in de hoop illegaal vissen tegen te gaan, omdat het voor stropers moeilijker zou worden hun kaviaar Rusland uit te krijgen. De oudste handelaren, zoals Petrossian en Dieckmann & Hansen, waren blij met de beperkingen, omdat ze dachten dat hun positie veilig was. Maar omdat de voorschriften de legale toevoer beperkten, werd het ook voor deze handelaren steeds moeilijker de benodigde kaviaar te vinden.

Begin 1999 begonnen Schwerdtfeger en andere grote kaviaarimporteurs na te denken over het komende millenniumfeest. Voor een kaviaarimporteur is Oud en Nieuw wat moederdag is voor bloemisten. Schwerdtfeger was uitzinnig toen ze vroeg in het jaar hoorde dat ze tien ton kaviaar uit Kazakstan kon kopen. Wel wilde ze eerst weten of de zending legaal was. Ze belde het ministerie van gezondheidszorg van de Europese Unie om de reputatie van Kazakstan te controleren. Het ministerie gaf aan dat Kazakstan een vergunning had om kaviaar te verkopen. Een paar dagen later tekende ze een contract en boekte ze 540.000 euro over naar de bankrekening van haar leverancier in Kazakstan. Weer een paar dagen later kondigde het Europese commissariaat een totaal verbod af op kaviaar uit Kazakstan; niet omdat de kuit werd gestroopt, maar omdat de fabrieken daar niet aan de Europese standaards voor hygiëne voldeden. Dieckmann & Hansen mochten de kaviaar, waarvoor ze net hadden betaald, niet naar Europa exporteren. 'Toen we bezwaar aantekenden, was het alsof we tegen een muur praatten', klaagde Schwerdtfeger bitter.

Uiteindelijk kregen Dieckmann & Hansen het geld terug. De Kazakstani's konden de kaviaar wel aan iemand anders kwijt, en de prijzen stegen nog steeds. Het grootste deel van de legale kaviaar was toen al vergeven. Het zou het grootste feest van de eeuw worden en Dieckmann & Hansen hadden geen kaviaar. Schwerdtfeger kreeg het gevoel dat ze te oud werd voor deze snelle industrie. Ze had gehoopt het bedrijf te kunnen verkopen en met pensioen te gaan, maar na het millenniumdebacle waren Dieckmann & Hansen evenveel waard als een lekke ballon.

Het probleem zat dieper dan alleen maar het verlies van deze miljoenenorder. De kaviaarwereld was zo gefragmenteerd dat Dieckmann & Hansen degradeerden tot een van de vele handelaren. Hoewel de gemiddelde consument van kaviaar de naam Petrossian associeerde met de tere steureitjes, zei de naam Dieckmann & Hansen de meeste mensen niets. Schwerdtfeger maakte zich zorgen over dit gebrek aan merkbekendheid en daarom besloot ze begin jaren negentig een productlijn van Dieckmann & Hansen op te zetten. 'In het begin leek het niet nodig een merk te hebben. Mijn voorganger zag er geen reden toe en ik ook niet', zei Schwerdtfeger. Later realiseerde ze zich hoe ze zich had vergist. 'Ik was altijd zo conservatief', legde ze uit. 'Ik wilde het bedrijf niet uitbreiden. Ik wilde kunnen zien wat er gebeurde. Dieckmann & Hansen waren altijd zeer winstgevend geweest. Alles was onder controle. We vonden andere dingen veel belangrijker dan adverteren. We verkochten voornamelijk aan groothandels.' Toch wist ze dat de winsten in de consumentenmarkt hoger waren. 'Hier kwamen we in 1991 achter. We ontwikkelden een logo. In Japan hadden we een sterke markt voor Dieckmann & Hansen.' Ze besloten het nieuwe merk daar te introduceren.

Helaas was het toen al te laat. Dieckmann & Hansen konden niet tegen de concurrentie op, zei Schwerdtfeger. Ze dook in een van de dozen naast haar bureau en haalde een zilverkleurig boekje tevoorschijn, dat het huis ter ere van het 125-jarig bestaan had uitgegeven. 'Het groeiende aantal tevreden klanten is bewijs ... van het succes van eersteklas leiderschap en toegewijd teamwork', stond hierin. Vier jaar later hield het oudste kaviaarhuis ter wereld op te bestaan.

IN AMERIKA leefde de Dieckmann & Hansen-lijn nog wel voort, maar in een nieuwe vorm.

In 1980 werd Romanoff Caviar verkocht aan Iroquois Brands, een voedingsmiddelengigant met diverse productlijnen. De Amerikaanse tak van de Dieckmann & Hansen-familie hoopte dat de nieuwe eigenaar haar divisie met een financiële injectie nieuw leven zou inblazen. In plaats daarvan besloot Iroquois van Romanoff een goedkoop merk te maken.

De oprichter van de Amerikaanse kaviaarindustrie werd langzaam gereduceerd tot een leverancier van goedkope snotolfkuit. Er werden kleurstoffen toegevoegd om de lichte snotolfeitjes op steurkaviaar te laten lijken, maar de smurrie leek evenveel op echte kaviaar als havermout. Romanoffs neergang verontrustte Arnold Hansen-Sturm, het laatste lid van de Dieckmann & Hansen-clan die het bedrijf leidde. Hansen-Sturm was directeur van Romanoff gebleven nadat Colgate het bedrijf in 1976 overnam, maar toen het bedrijf vier jaar later weer werd verkocht, besloot hij een eigen huis op te zetten. Hij noemde het Hansen Caviar Company, na een van de eerste ondernemingen van Dieckmann & Hansen in de Verenigde Staten, en streek neer in een klein pakhuis tegenover het treinstation in Bergenfield, New Jersey. Hansen-Sturm was ervan overtuigd dat er in Amerika een markt was voor goede kaviaar en hij wilde zijn naam op de blikjes. Hansen-Sturm was vastbesloten de familienaam te behouden.

Schwerdtfeger had mij Hansen-Sturms telefoonnummer gegeven, maar toen ik belde, kreeg ik het gevoel dat hij liever niet over Hansen Caviar wilde praten. Hij scheepte me af met een verhaal dat hij bezig was met een deal voor een enorme hoeveelheid Kaspische kaviaar. Dit ging nog maanden zo door, totdat hij een dag met tegenzin toestemde dat ik hem in Bergenfield kwam opzoeken. Op de dag dat we hadden afgesproken, belde hij om af te zeggen, maar ik was al op weg naar New Jersey. Toen ik voor de deur stond, moest Hansen-Sturm me wel binnenlaten.

Hansen-Sturm liet me zijn verzameling souvenirs van Dieckmann & Hansen in zijn kantoor zien. Zijn grootste buit was een oud blikje waarop 'Sandwich Caviar' stond, de naam van de goedkope Amerikaanse steurkuit die aan het eind van de negentiende eeuw korte tijd populair was geweest. De muren van het kantoor hingen vol met oude anatomische tekeningen van steuren, foto's van Russische tonja's en glossy studiofoto's van kaviaarblikjes van Hansen. Een olieverfportret van zijn grootouders keek streng op het geheel neer.

Hansen-Sturm vertelde me dat, hoewel er nog verschillende Dieckmann & Hansen-familieleden waren, hij de enige was die zich nog bezighield met kaviaar. Zijn dochter had kort voor het bedrijf gewerkt en hij was teleurgesteld geweest toen ze besloot niet te blijven. Toen ik Hansen-Sturm ontmoette, zat hij net voor zijn pensioen. De stress van het bedrijf begon zijn tol te eisen. Maar dankzij de dagelijkse strenge blik van zijn grootouders kon hij zich blijven concentreren op het behouden van de naam Dieckmann & Hansen.

Hansen-Sturm was nog maar het derde familielid dat de scepter zwaaide over Romanoff. Het bedrijf was opgericht door zijn oudoom Ferdinand Hansen, die in 1886 voor Dieckmann & Hansen naar Amerika was gekomen om de vissers op de rivier de Delaware te leren hoe ze kaviaar moesten maken. Ferdinand, die afstamde van de oprichters van het Hamburgse bedrijf, bleef in Amerika, ook nadat er geen steur meer was. Ferdinand bouwde Romanoff uit tot de bekendste kaviaarnaam in Amerika. Op zijn etiket zette hij een Russische kozak en de adelaar van Habsburg, wat duidde op het huwelijk van de Russische delicatesse met Duitse marketingkennis.

Na de Tweede Wereldoorlog deed hij het bedrijf over aan een neef, Günther Sturm. Uit dankbaarheid voegde Günther Hansen toe aan zijn eigen naam, zodat de lijn die terugging tot 1869 behouden bleef. Toen Günther met pensioen ging, werd zijn zoon Arnold Hansen-Sturm het derde en laatste familielid dat Romanoff bestuurde. Een paar Hansens was kwaad, toen Hansen-Sturm in 1969 aankondigde dat hij het bedrijf zou verkopen aan Riviana Foods, maar ze konden hem niet tegenhouden.

Bij de overname bedong Hansen-Sturm dat hij verantwoordelijk zou blijven voor de productie van Romanoff. Hij merkte echter al snel dat onderdeel uitmaken van een grote onderneming ook nadelen met zich meebracht. De relatie tussen Romanoff en het Iranese kaviaarhuis, Shilat, verslechterde en in 1977 besloot het bedrijf de handelscontracten niet te verlengen. Deze preventieve beslissing van Romanoff was het eerste teken van een nieuwe strategie. Romanoff was zich aan het terugtrekken uit het hogere segment van de markt. Het wilde zijn prestigieuze naam nu gebruiken om 'betaalbare kaviaar' te verkopen, oftewel snotolfkuit (ook wel lompvis genoemd) uit IJsland en zalmeitjes uit het noordwesten van de Atlantische Oceaan. Hansen-Sturms rol bij de ontwikkeling van deze strategie is onduidelijk, maar uiteindelijk werd hij door de revolutie in Iran het slachtoffer van een onzekere markt. Toen Colgate in 1980 besloot de Romanoff-lijn te verkopen aan Iroquois Brands, raakte Hansen-Sturm zijn baan bij Romanoff kwijt.

Hoewel Hansen-Sturm niet blij was Romanoff te zien veranderen in een tweederangs kaviaarleverancier, had de ervaring bij een grote organisatie zijn houding veranderd. Hij geloofde nu dat de definitie van kaviaar verderging dan steureitjes. In Amerika werd alle kuit kaviaar genoemd, zolang de naam van de vis maar werd genoemd, zoals lepelsteur of zalm. Niet lang nadat hij Hansen Caviar Company had opgericht, begon Hansen-Sturm naar andere producten te zoeken, die als kaviaar konden worden verkocht. Hij bezocht de vissers bij de Mississippi en leerde hen kaviaar maken van de lepelsteur. Hoewel de kuit van de lepelsteur beter is dan die van de snotolf, wist Hansen-Sturm dat de smaak en textuur – en zeker de prijs – niet te vergelijken was met steurkaviaar. Net als Ferdinand droomde Hansen-Sturm ervan echte Amerikaanse kaviaar te verkopen. De Amerikaanse steurkuit die het meest op de Kaspische variant lijkt, komt van de Atlantische witte steur. Het enige probleem voor Hansen-Sturm was dat de wilde witte steur in zijn bestaan bedreigd werd en dat het verkopen van de kaviaar verboden was.

EEN BANKBEDIENDE in het dorpje Dollars Corner aan de rivier de Colombia in de staat Washington was de eerste die merkte dat er iets vreemds aan de hand was. Toen hij in 1990 op een dag de opbrengsten van het plaatselijke Value Motel telde, zag hij dat een paar bankbiljetten waren besmeurd met rode verf. Een paar dagen eerder was een naburige bank in het dorp overvallen door twee bewapende mannen. De bankbediende was slim genoeg geweest een explosief verfpakketje bij de buit te stoppen. Nu begon het geld weer terug te komen bij de banken in Dollars Corner.

De FBI zette een bewakingsoperatie op in het Value Motel, waar de besmeurde biljetten vandaan kwamen. Ze merkten direct twee verdachte gasten op, die een kamer voor een maand hadden gehuurd. Niet alleen wilden de twee per se contant betalen, ook hadden ze de manager verteld dat het kamermeisje niet hoefde schoon te maken. De twee zetten de FBI voor een raadsel. De vermeende bankovervallers droegen flanellen overhemden en overalls en verlieten het motel elke ochtend met een boot achter hun rode pick-up. Toen een van de verdachten iets in de afvalcontainer bij het motel gooide, ging een FBI-agent op zoek naar het object: een lege zoutdoos. De volgende dag volgden de FBI de verdachten naar het plaatselijke FedEx-kantoor. Toen de mannen weer weg waren, inspecteerden de agenten de vrachtbrieven en zagen ze dat de pakketjes bedoeld waren voor Bergenfield, New Jersey. Toen de bediende bij FedEx zei dat de twee vaste klanten waren en naar vis stonken, realiseerden de agenten zich dat de verdachten die ze al dagen volgden helemaal geen bankovervallers waren.

Het waren stropers. Gedurende een periode van vijf jaar hadden de twee illegaal honderden steuren gevangen en meer dan vijftienhonderd kilo wittesteurkaviaar gemaakt, die daarna per koerier naar Hansen-Sturm in New Jersey werd verscheept. De witte steur was tijdens de kaviaarkoorts in de negentiende eeuw enorm uitgedund. Hoewel aan het begin van de twintigste eeuw nog steeds een visverbod gold, was de stand nog niet weer op het oude peil. Maar er was genoeg witte steur voor sportvissers, die met de hengel zo nu en dan een grote vis uit het water haalden. Vissers konden alles met hun vangst doen wat ze wilden, behalve verkopen.

Toen Hansen-Sturm erachter kwam dat de meeste sportvissers de kuit weggooiden, was hij even verontwaardigd als zijn voorouders toen die in 1873 in New Jersey arriveerden. In navolging van zijn voorvaderen zocht Hansen-Sturm een paar vissers die bereid waren hem de kuit te verkopen en leerde hij hen kaviaar bereiden. Al snel stuurden ze hem grote hoeveelheden prima kaviaar van witte steuren.

Hansen-Sturm wist dat hij deze kaviaar niet openlijk als witte steur kon verkopen, dus verkocht hij hem als osetra. Omdat de kwaliteit goed was, kon hij eenvoudig doorgaan voor een van de twee duurste soorten kaviaar ter wereld. Deze list stelde Hansen-Sturm in staat de kaviaar van de vissers te verkopen voor wel duizend euro per kilo aan exclusieve klanten als de Rainbow Room en het Waldorf-Astoria Hotel in New York. Tegen die prijs moest Hansen-Sturm met vijftienhonderd kilo illegale kaviaar bijna 1,75 miljoen euro hebben verdiend.

De FBI droeg de zaak over aan de National Marine Fisheries Service (NMFS), die het spoor zonder problemen terug kon leiden naar Hansen Caviar. Uiteindelijk was de aanklacht van stroperij nog een van de minst zware misdrijven die Hansen-Sturm had gepleegd. Zodra hij erachter kwam dat de FBI hem in de gaten hield, begon hij als een gek bezwarende documenten uit zijn archief te halen. Maar zijn zorgvuldigheid als archivaris deed hem de das om. In plaats van het bewijs te vernietigen, verstopte Hansen-Sturm de boeken in de kofferbak van de auto van een van zijn medewerkers. Hansen-Sturms bedrog was zo doorzichtig dat een agent van de NMFS de boeken al snel weer boven water had. Hansen-Sturm werd naast stroperij daarom ook belemmering van de rechtsgang en liegen tegen de kamer, beide zware misdrijven, ten laste gelegd.

Toen ik Hansen-Sturm naar de zaak vroeg, beweerde hij dat hij nergens van afwist. 'We dachten dat we alles volgens de wet deden, maar we konden het tijdens de rechtszitting niet bewijzen', hield hij vol. Hij had in de rechtszaal dezelfde verdediging gebruikt. Maar waarom hij de vissers contant betaalde en het geld naar een postbus stuurde, was moeilijker uit te leggen.

Hansen-Sturm werd uiteindelijk veroordeeld tot achttien maanden gevangenisstraf. Zijn straf had zwaarder kunnen zijn, maar de jury besloot de aanklacht van stroperij te verminderen van ernstig misdrijf tot zware overtreding. Dit is een typisch voorbeeld. De meeste Amerikaanse jury's vinden milieu- en natuurdelicten niet ernstig genoeg om een lange gevangenisstraf op te leggen. De enige reden waarom Hansen-Sturm wel naar de gevangenis ging, was dat hij had geprobeerd zijn archief te vernietigen en de rechtsgang te belemmeren. Hansen-Sturm en Hansen Caviar Company kregen een boete opgelegd van nog geen 17.500 euro, minder dan één procent van de waarde van de illegale kaviaarverkoop.

Zelfs de schade die de naam Hansen leed, die Hansen-Sturm zo had geprobeerd te bewaren, was minimaal. Zodra hij in 1996 werd vrijgelaten, keerde Hansen-Sturm weer terug in het strijdperk en heropende hij de Hansen Caviar Company in hetzelfde pakhuis in Bergenfield, waar hij was begonnen. Met alle goedkope Russische kaviaar die Amerika overspoelde, wist Hansen-Sturm dat er genoeg geld te verdienen was.

[1] Gilbert Keith Chesterton (1874-1936). Productief schrijver, essayist en criticus uit Londen. Schreef o.a. de beroemde detectivereeksen The Innocence of Father Brown en The Wisdom of Father Brown.

[2] Het huidige Iran.

[3] Vissoort uit exotische wateren.

[4] In Amerika zeer populaire kinderboekenreeks over het kleine, pittige weesmeisje Madeline.

8

De vingerafdruk van de steur

We hebben de luxe van wodka. We hebben de luxe van kaviaar. Maar tijd, die luxe hebben we niet.

– BOB HOSKINS ALS NIKITA CHROESTSJOV[1], IN 'ENEMY AT THE GATES'

De malaise bij de oude kaviaarhuizen was een symptoom van een veel groter probleem. De stroom goedkope kaviaar had Dieckmann & Hansen geruïneerd en Petrossian verzwakt. Maar de stortvloed versnelde ook de ondergang van de steur.

In 1991 was hiervan nog niets te merken toen een Russische steurdeskundige, Vadim Birstein, naar New York emigreerde. De slachting in de Kaspische en Zwarte Zee was net begonnen en Birstein deed nog maar kort onderzoek naar het genoom van de steur. Tijdens zijn onderzoek begon Birstein zich te realiseren wat er met de steur aan de hand was. Hij was vastberaden de wereld op de hoogte te stellen van deze naderende ramp en milieubewegingen tot actie te dwingen. Het redden van de steur zou een obsessie worden voor Birstein.

Birsteins komst naar Amerika had niets met de steur te maken. In de Sovjet-Unie was Birstein zowel een gerespecteerd geneticus als een beroemd dissident geweest. Door deze interesses was hij uitgenodigd om naar de Verenigde Staten te komen om deel te nemen aan een wetenschappelijke conferentie over ethiek in de genetica. Hij dacht dat hij een paar weken in de Verenigde Staten zou blijven, maar werd verliefd op een Amerikaanse vrouw.

Wanhopig op zoek naar een manier in Amerika te blijven, belde Birstein alle wetenschappers die hij kende. In Moskou had hij voor een van de beste onderzoeksbureaus gewerkt. Het beste equivalent in New York was het Amerikaans Natuurhistorisch Museum. Omdat hij toch al in New York was, ging hij op bezoek bij een collega-geneticus bij dit museum, Rob DeSalle.

'Birstein stond zomaar bij mij op de stoep', herinnerde DeSalle zich. Voor iemand die hulp nodig had, was Birstein absoluut niet eerbiedig. DeSalle zei dat hij niet om een baan vroeg, maar er eentje eiste. Hij gaf DeSalle zijn cv alsof het een groot geschenk was. In de Sovjet-Unie had Birstein een succesvolle carrière opgebouwd, ondanks herhaalde botsingen met de communistische autoriteiten over verschillende van zijn dissidente acties. Hij had een hautaine houding, zoals veel Russische wetenschappers, die veelal met hard werken aan de sovjetacademies hun plaats in de academische wereld hadden verworven. Terwijl DeSalle Birsteins cv doorlas, zag hij dat zijn referenties even indrukwekkend waren als zijn arrogantie. Birstein had tientallen artikelen gepubliceerd en belangrijke ontdekkingen gedaan over de speciale rangschikking van chromosomen bij de steur.

DeSalle was op dat moment niet echt geïnteresseerd in de prehistorische dieren. Hij was gespecialiseerd in fruitvliegjes. Steuren waren voor genetici op dat moment nog niet een belangrijk ras en de kaviaarkoorts die de steur uit de Kaspische Zee zou verdrijven, was nog een paar maanden weg. DeSalle, die toen 35 was en in het lab het liefst Converse-gympen droeg, zocht een aardige manier om de indrukwekkende Russische wetenschapper af te wijzen. 'Ik vond het vreselijk dat ik hem geen baan kon geven', zei DeSalle. 'Het was een typisch verhaal van een Russische emigrant. Hoog opgeleid, slim en een goed wetenschapper. Als hij al dat werk in de Verenigde Staten had gedaan, zou hij nu afdelingshoofd zijn geweest.' DeSalle probeerde Birstein duidelijk te maken dat voor een man met zijn kwaliteiten in het museum geen baan was. Maar Birstein liet zich niet afschepen. Zijn confrontaties met de sovjetautoriteiten hadden hem geleerd door te zetten. Na zijn eerste gesprek met DeSalle kwam hij om de paar dagen langs om te zien of er een vacature was. Tijdens het derde of vierde gesprek gaf DeSalle zich over. Hij bood Birstein een baan als gastwetenschapper in zijn laboratorium.

De baan was precies wat Birstein zocht, behalve een ding: er was geen salaris. Maar met de aanstelling kreeg Birstein wel een kantoor in het museum, toegang tot DeSalles laboratorium en voor niets werkende studenten. Net als veel Amerikaanse onderzoekers moest Birstein proberen subsidies te krijgen om zijn onderzoek te bekostigen.

Het duurde even voordat de twee wetenschappers aan elkaar gewend waren. Hoewel DeSalle een prestigieuze onderzoekspositie had bij het museum, stond hij nog maar aan het begin van zijn loopbaan. Hij was opgegroeid in het Midwesten en had nog nooit iemand als de Russische geneticus ontmoet. Birstein was een grijzende veteraan van de verschroeiende academische en politieke strijd in Rusland. Hij was erudiet, kosmopolitisch en even thuis in literaire als wetenschappelijke kringen. ‘Hij was een god in Moskou, terwijl ik maar een groentje met middelen was’, zei DeSalle. Maar beiden waren verbeten en nauwgezette onderzoekers. DeSalle was wat gemakkelijker en stond meer open voor alternatieve benaderingen, terwijl Birstein geloofde dat er maar één juiste manier was om dingen te doen. Wanneer Birstein er was, werd er in het lab veel geschreeuwd.

Birstein was nog maar kort in het museum toen hij DeSalle vroeg of hij DNA-onderzoek op steuren mocht doen. Toen hij voor de conferentie naar Amerika kwam, had hij zijn verzameling weefselmonsters meegenomen die hij overal in Rusland had vergaard. ‘Steuren zijn niet interessant om de kaviaar’, vertelde hij DeSalle. ‘Ze zijn biologisch interessant. Ze vormen een groep levende fossielen.’ DeSalle was nog steeds meer geïnteresseerd in fruitvliegjes, maar Birstein bleef volhouden. ‘Het is echt een heel interessant systeem. Laten we het eens bekijken’, zei Birstein dan. Steur was ook eenvoudiger te bestuderen. Hoewel er drieduizend verschillende soorten fruitvliegen voorkomen, zijn er maar zeventwintig soorten steur. Het zou DeSalle meerdere levens kosten het DNA van alle insecten te onderzoeken, terwijl de twee voor alle soorten steuren slechts een paar jaar nodig zouden hebben. Birstein bleef aandringen. Steuren, zo vertelde hij DeSalle herhaaldelijk, zijn interessant, omdat ze de grootste zoetwatervissen zijn en omdat ze al zo vroeg voorkomen in de evolutieketen van gewervelden. Birstein smeekte totdat hij DeSalle weer had vermurwd. Al snel mengden de twee stukjes van Birsteins weefselmonsters met organische chemicaliën en distilleerden ze het DNA in DeSalles lab op de muffe zolder op de zesde verdieping van het Victoriaanse museum, waarna ze de reeksen chromosomen door de computers haalden.

In Rusland was Birstein meer geweest dan een gewoon wetenschapper. Hij was een actieve tegenstander van het communistische systeem, een echte, KGB-hatende dissident. Hij werd tijdens Breznjev lid van Amnesty International en had de groep voorzien van het laatste nieuws over andere dissidenten die waren gearresteerd, berecht of naar psychiatrische ziekenhuizen waren afgevoerd. Toen ik Birstein vroeg wat hem ertoe had aangezet de almachtige regering uit te dagen, lachte hij een beetje en zei hij: 'Waarom was ik een dissident? Ik was gewoon mezelf. Gewoon slechte genen, denk ik.'

Birstein begon zijn opstand al op vroege leeftijd, toen hij biologie studeerde aan de staatsuniversiteit in Moskou, het Harvard van Rusland. Hij en andere studenten geloofden dat de sovjetindustrie de natuur verwoestte. Ze wisten dat ze niet konden voorkomen dat de overheid het Aralmeer leegpompte of atoomafval dumpte in bewoonde gebieden. In plaats daarvan probeerden ze de fauna in Rusland te beschermen tegen menselijke rovers. Elk weekend reisden ze naar de Wolga om op zoek te gaan naar steurstropers. Als ze stropers vonden, verwijderden ze de netten en belden ze de vispolitie. In het licht van de hedendaagse meedogenloze, hightech stropersactiviteiten, lijkt dit gebaar van toen zowel vooruitziend als naïef.

Toen Michael Gorbatsjov in de jaren tachtig aan de macht kwam en de Russen verleidde met de belofte van democratie, voelde Birstein zich gesterkt. Hij wilde de smerige praktijken uit het sovjetverleden aan de kaak stellen. In 1990 werd Birstein benoemd als lid van een commissie die de verdwijning van Raoul Wallenberg onderzocht, een Zweedse diplomaat die tijdens de Tweede Wereldoorlog honderden Hongaarse joden had gered en die toegang had gekregen tot geheime staatsarchieven. Wallenberg verdween op mysterieuze wijze toen de Sovjet-Unie Hongarije binnenviel. Birstein was vastbesloten te bewijzen wat veel mensen al vermoedden: dat de KGB Wallenberg naar Moskou had ontvoerd en vermoord.

Birstein was in die jaren slechts in twee dingen geïnteresseerd. Een paar dagen per maand spitte hij door de sovjetarchieven op zoek naar informatie over de laatste dagen van Wallenbergs leven, en verder werkte hij in zijn laboratorium, waar hij zich over de chromosomen van de steur boog om te proberen de genetische code van de vis te ontcijferen. Toen, in een onbezonnen bui, besloot hij zijn twee levensprojecten te laten varen en opnieuw te beginnen in Amerika.

ZIJN POSITIE binnen het Natuurhistorisch Museum stelde Birstein in staat een van zijn obsessies weer op te pakken. In de zomer van 1992 waren DeSalle en Birstein druk bezig met het ordenen van delen van het DNA van alle bekende soorten steur. Elke set genen bevatte veel informatie over de vis en zijn afkomst. De twee wetenschappers probeerden een overzicht te maken van de genetische geschiedenis van elke soort. Door deze reeksen door de computer te halen en de verschillen te vergelijken creëerden DeSalle en Birstein een stamboom die de volgorde waarin elke soort zich had ontwikkeld en de relaties tussen de verschillende soorten weergaf. Binnen korte tijd hadden ze enorm veel informatie verzameld. Geen van beiden wist waar dit onderzoek toe zou leiden. Het was alleen al fascinerend de relaties tussen de soorten te begrijpen. DeSalle werd net zo enthousiast over steuren als Birstein.

Een van de dingen die ze ontdekten, was dat steur genetisch onvoorspelbaar is. Voor het menselijk oog ziet de ene Russische steur er misschien net zo uit als de andere, maar hun genen kunnen enorm verschillen. De twee wetenschappers besteedden veel tijd aan het vergelijken van genenreeksen, om er zo achter te komen welke genen de belangrijkste indicatoren voor elke soort waren. Bij mensen is er ook veel genetische variatie, maar allemaal behoren we tot het ras van *Homo sapiens*. Steuren kunnen er hetzelfde uitzien, maar toch tot verschillende rassen behoren.

Een reden voor deze grote genetische variatie in de steur is het feit dat plaatselijke populaties zich niet vaak met andere kruisen. Steur blijft trouw aan een eigen rivierenstelsel. Een Russische steur in de Wolga zwemt niet snel de Oeral op om kuit te schieten. In de loop van de tijd ontwikkelt de steurenpopulatie in de Wolga plaatselijke kenmerken die deze onderscheiden van de populatie in de Oeral. Als er maar genoeg tijd voorbijgaat en er genoeg wijzigingen plaatsvinden, transformeren de twee populaties in verschillende soorten. Op deze wijze zijn alle nieuwe soorten afgeleid van hun voorouders.

Omdat steuren gemakkelijk variaties ontwikkelen, moesten DeSalle en Birstein erop letten dat ze grote monsters namen. Als ze het genoom van een bepaalde soort bestudeerden, haalden ze het DNA uit tientallen verschillende vissen. Ze onderzochten ook zo veel mogelijk monsters uit zo veel mogelijk rivierenstelsels. Op deze manier hoopten ze een betrouwbare genenreeks voor elke soort te krijgen.

Genetisch onderzoek bestaat voornamelijk uit het maken van lijsten. Wetenschappers maken lijsten van DNA-reeksen, die ze weer gebruiken om lijsten voor andere soorten te maken. Dankzij hun nauwkeurige vergelijkingen ontdekten DeSalle en Birstein dat de standaardlijst om steuren te classificeren niet klopte. De oorspronkelijk lijst was over een periode van een paar eeuwen opgesteld door natuurkundigen, beginnend bij de grote plantkundige Carolus Linnaeus, die als eerste verschillende soorten categoriseerde. Toen deze natuurkundigen planten en dieren gingen classificeren, konden ze de verschillende gerelateerde soorten alleen met het oog onderscheiden. Nu hadden wetenschappers meer middelen tot hun beschikking en konden ze in cellen kijken en de moleculaire opbouw onderzoeken. Met deze methoden, en hun nieuwe inzicht in DNA, konden ze veel gemakkelijker en veel kleinere verschillen vinden. Hun ontdekkingen vereisten dat de taxonomische soortenlijst werd aangepast.

Al voordat ze begonnen met de DNA-typering, vermoedden de wetenschappers dat sommige van de zeventwintig soorten steur geen opzichzelfstaande soorten waren. De eerste verdachte was de Perzische steur, of *Acipenser persicus*, die te vinden is in de Zuid-Kaspische Zee, voor de kust van Iran. Deze steur leek veel op de Russische steur, of *Acipenser gueldenstaedtii*, die voorkomt in de Noord-Kaspische Zee. De kaviaar van deze twee vissen wordt osetra genoemd. Na het onderzoeken van tientallen monsters van beide vissen, concludeerden DeSalle en Birstein dat deze tot dezelfde soort behoorden. Tegelijkertijd realiseerden ze zich dat er misschien andere soorten waren die nooit waren geïdentificeerd en benoemd, wat betekende dat er meer dan zeventwintig soorten steur zouden kunnen zijn. Het was slechts een kwestie van tijd voordat ze deze voorheen onbekende soorten hadden geïdentificeerd.

Maar de Russische steur bleef beide mannen fascineren. Tijdens het onderzoeken van het DNA uit Birsteins vele monsters, vonden ze steeds vreemdere en afwijkende resultaten. Ze kregen zo nu en dan DNA-combinaties die niet overeenkwamen met de Russische steur of de valse neef, de Perzische steur. Ze testten de osetra-eitjes uit verschillende delen van de Kaspische Zee, maar een aantal resultaten kwam steeds terug met een afwijkende reeks.

Deze afwijkende resultaten, daarvan was Birstein overtuigd, kwamen overeen met die van de Siberische steur, de *Acipenser baerii*. Hoe kon dat? De Siberische steur was een zoetwatervis die alleen voorkwam in het Baikalmeer en Siberische rivieren als de Lena en de Ob, en Birsteins monsters kwamen uit het zoute water van de Kaspische Zee. Hij had de vis gezien en de kaviaar geproefd. Hij zag er exact uit als een Russische steur en de eitjes proefden als osetra.

Er waren twee mogelijke verklaringen en beide zouden grote gevolgen hebben voor zowel de kaviaarhandel als hun loopbaan. Tussen de 8000 en 10.000 jaar geleden, aan het eind van de IJstijd, was er in Siberië een groot zoetwatermeer geweest, dat zich uitstrekte van het Baikalmeer tot de Kaspische Zee en van de Zwarte Zee tot de Middellandse Zee. Toen de aarde warmer werd, trok het water zich terug en ontstonden aparte meren en zeeën. Volgens Birstein was een populatie Siberische steuren in de Kaspische Zee gebleven. Toen de Kaspische Zee van een groot zoetwatermeer veranderde in een kleine, zoute zee, pasten de overgebleven populaties Siberische steuren zich aan aan de nieuwe omstandigheden, net als de Russische steur.

DeSalle geloofde niet in deze theorie. Volgens hem was er een eenvoudigere verklaring. Er zwommen Siberische steuren in de Kaspische Zee omdat Russische wetenschappers ze daar hadden vrijgelaten. De kwekerijen langs de Wolga waren altijd al erg slordig geweest. Ze verzamelden emmers vol steureitjes, bevruchtten deze en gooiden het broed weer terug in zee, zonder bij te houden waar ze vandaan kwamen. Russische wetenschappers geven nu toe dat ze bijna alle beloega met vier of vijf steuren hebben gekweekt. Dat betekent dat de nakomelingen, die nu in de Kaspische Zee zwemmen, gevaarlijk weinig genetische variaties vertonen. Gezien deze lakse houding in het verleden was DeSalle ervan overtuigd dat de kwekerijen een paar decennia geleden Siberische steur in de Kaspische Zee hadden vrijgelaten.

Belangrijk was niet de vraag waarom Siberische steuren in de Kaspische Zee zwommen, maar waarom ze er nog steeds waren. Totdat DeSalle en Birstein de chromosomen van steuren onder de microscoop hadden gelegd, wist niemand dat er Siberische steur in de zee zwom. Nu waren er bewijzen dat deze zoetwatervis zich had aangepast aan een zoute omgeving. Maar zelfs nadat ze hun resultaten in wetenschappelijke kringen hadden gepresenteerd, zou het nog lang duren voordat iemand in de kaviaarindustrie hen geloofde.

TOEN BIRSTEIN en DeSalle begonnen met hun onderzoek, leek het pure wetenschap; onderzoek om hun eigen drang naar kennis te stillen. Maar toen hun resultaten een zo onverwachte wending namen, begonnen ze zich af te vragen wat ze met de resultaten konden doen.

Voor de grap stelde DeSalle voor kaviaar uit de winkels in New York te testen, om te zien of ze wel verkochten wat ze zeiden. De twee gingen naar de beroemdste kaviaarwinkels in New York en kochten van elke soort kaviaar een blikje. Toen ze weer in het lab waren, schepten ze een paar eitjes uit elk blikje, mengden dit met hun chemicaliën en voerden een test uit om te zien of de blikjes juist geëtiketteerd waren als beloega, sevroega en osetra. Vooral Birstein vond dit een leuk experiment, omdat hij van alle kaviaar kon proeven. DeSalle, daarentegen, hield absoluut niet van kaviaar. Maar beiden waren verbaasd te zien dat bijna eenderde van alle blikjes een verkeerd etiket droeg. Iemand hield de consument voor de gek: óf de producent óf de winkelier. Het schandaal haalde de kranten. Hun sensationele resultaten maakte DeSalle en Birstein korte tijd beroemd, terwijl de kranten dit 'stinkende zaakje' uitkamden. Toen de aandacht van de media verslapte, wisten ze nog steeds niet of hun test buiten de genetica kon worden gebruikt, maar om zeker te zijn vroegen ze het museum patent op hun methode aan te vragen.

In de tussentijd hoorde Birstein verhalen dat er steeds minder steuren zwommen in de Kaspische Zee; al voordat hij naar Amerika ging, wist hij dat het niet goed ging met de vis. Beter dan welke wetenschapper ook wist hij hoezeer hun overleven afhing van de kwekerijen en strikte overheidscontrole op de visserijsector. Zijn vader was zoöloog geweest en had in de jaren dertig in de Wolga-delta gewerkt. Toen Stalin voorstelde een dam te bouwen, hadden zijn vader en andere collega's er sterk voor gepleit dat maatregelen zouden worden genomen om de steur te beschermen. Op dat moment was hun belangrijkste zorg niet het verdwijnen van plekken waar de steur kuit kon schieten. Ze maakten zich meer zorgen over het veranderende waterpeil in de Kaspische Zee, waardoor de kreeftjes en wormen, het voedsel van de steur, zouden verdwijnen. Als klein jongetje had Birstein zijn vader horen beschrijven hoe de wetenschappers een robuuste worm uit de Zee van Azov hadden gehaald en in de Kaspische Zee hadden geïntroduceerd, om ervoor te zorgen dat de steur na de bouw van de dam niet zou verhongeren. Deze worm, gecombineerd met kwekerijen en andere maatregelen, hielp de steur overleven. In de jaren tachtig waren de vangsten weer bijna op het recordpeil van rond de eeuwwisseling, ondanks het feit dat in de rivieren steeds minder vissen werden geboren.

Birstein en zijn verzameling monsters arriveerden in Amerika slechts een paar maanden nadat het strenge beleid van de overheid, dat de steur zeventig jaar lang met succes had beschermd, was ingestort. Eind 1992 merkte hij dat het steeds gemakkelijker werd om in New York kaviaar te kopen voor zijn DNA-tests. De kaviaar werd ook steeds goedkoper. Toen hij met zijn collega's in Astrakan sprak, vertelden ze hem dat iedereen in de delta nu op steur viste. Birstein was duizenden kilometers van de Kaspische Zee verwijderd, maar hij realiseerde zich wat deze ongereguleerde vispraktijken betekenden. De Atlantische steur in de Delaware en de Europese steur in de Elbe en Rhône waren commercieel al uitgestorven; de Kaspische soort zou snel volgen. In 1993 zette hij zijn angsten op papier. Samen met collega's publiceerde hij een artikel in een natuurkundig tijdschrift, *Conservation Biology*. Tenzij de steur werd beschermd, zo luidde zijn doemscenario, zou er binnenkort geen vis meer overblijven.

Birsteins noodkreet was geschreven in de voorzichtige taal van wetenschappers, maar de boodschap was duidelijk en werd opgepikt door milieuactivisten en politici. Toen deze plannen begonnen te maken hoe ze de steur konden redden, werd Birstein woordvoerder voor de bedreigde vissoort. Het leek alsof hij plotseling de belangrijkste steurendeskundige ter wereld was geworden. De World Conservation Union (IUCN), een internationale milieuorganisatie, vroeg Birstein voorzitter te worden van de Steurengroep, een gespecialiseerde, internationale commissie verantwoordelijk voor het analyseren van het gevaar voor de steur.

Birstein was de juiste man om de zaak van de steur te bepleiten. Hij begon een eigen nieuwsbrief, *The Sturgeon Quarterly*, met korte wetenschappelijke artikelen en het laatste nieuws over de crisis in de Kaspische Zee. Een jaar na het artikel in *Conservation Biology* organiseerden hij, DeSalle en John Waldman een grote conferentie over steuren in het Amerikaanse Natuurhistorisch Museum. Het thema, 'biodiversiteit en natuurbehoud', was gericht op het redden van de 'levende fossielen' die nu 'snel van de aardbodem verdwijnen'. De conferentie trok specialisten van overal ter wereld naar New York en gaf het museum een reputatie als centrum van steurenonderzoek.

Na de conferentie begon Birstein statistieken, vangstcijfers, DNA-monsters en ander materiaal over de steurenpopulatie te verzamelen voor de IUCN. Terwijl hij bezig was met het wetenschappelijk deel van dit onderzoek, besloot de IUCN onderzoekers van een andere organisatie, TRAFFIC, naar de Kaspische Zee te sturen om de situatie met de stropers te analyseren om zo hun pleidooi kracht bij te zetten en de steur op de lijst met bedreigde diersoorten te krijgen. De onderzoekers, Caroline Raymakers en Thomas De Meulenaer, reisden een paar weken rond in de Wolga-delta, waar ze kleine dorpen en tonja's bezochten. Ze zagen dat de steurvisserij een van de weinig overgebleven economische activiteiten in deze wanhopige regio was. Als de vis nog niet commercieel was uitgestorven, zou dat zeer snel gebeuren.

Toen TRAFFIC zijn eindrapport publiceerde, kon de groep niet voorzien dat er zo sterk op zou worden gereageerd. Milieuorganisaties weten maar al te goed dat bedreigde diersoorten door de media niet gelijk worden behandeld. Snoezige en fotogenieke dieren als dolfijnen en walvissen doen het veel beter dan kleine, slijmerige wormen. Gezien de afzichtelijke snuit en pantserachtige romp van de steur was het niet een ideale kandidaat. Maar door de link met kaviaar werd het TRAFFIC-rapport over de steur opgepikt. Overal ter wereld werd geschreven en gesproken over het lot van de steur.

Tegen die tijd waren er veel wetenschappers die, net als Birstein, van mening waren dat de steur als bedreigde diersoort moest worden erkend. Het Duitse ministerie voor natuur en milieu omhelsde de zaak. Ze maakte zich vooral zorgen omdat zoveel van de illegale kaviaar uit Rusland in Duitse winkels werd verkocht. De Duitsers dachten dat de beste manier de vloed te stuiten was om internationale handelsbeperkingen op kaviaar voor te stellen, die door alle Kaspische staten moesten worden ondertekend. De enige organisatie die genoeg macht had om de voormalige sovjetrepublieken en Iran aan de onderhandelingstafel te krijgen, was de Convention on International Trade in Endangered Species of Flora and Fauna, ofwel CITES: dezelfde mensen die met succes de internationale handel in ivoor hadden verboden en de verkoop van zeldzame orchideeën uit de tropische regenwouden van Belize hadden beperkt.

CITES is een bijna wereldwijde milieuorganisatie, waarvan meer dan honderd naties lid zijn. Wanneer een nieuw land zich aansluit, tekent het een akkoord waarin het belooft de CITES-bepalingen en -procedures met betrekking tot de export en import van beschermde diersoorten te accepteren. De logica achter CITES is eenvoudig. Als stropers hun producten niet op de lucratieve buitenlandse markt kunnen verkopen, wordt stropen minder aantrekkelijk. Maar sinds de oprichting van CITES in de jaren zeventig zijn de meningen verdeeld. Een veelgehoord punt van kritiek is dat de organisatie zich te veel met de handel bezighoudt en niet genoeg met de factoren die de diersoorten in de eerste plaats bedreigen, zoals het verdwijnen van leefgebieden, culturele tradities en het gebrek aan ander werk voor stropers. Ondanks dat het een organisatie is die bedreigde diersoorten wil redden, doet CITES niets aan slachtpartijen en overbevissing. Ze maakt het alleen maar moeilijker producten over de grens te krijgen. In theorie betekent het als een land instemt met de exportbeperkingen van een diersoort dat het ook bereid is in eigen land op te treden tegen exploitatie. Maar niet alle landen hebben de wil of de middelen dat te doen.

De Russen wisten hoe moeilijk het zou zijn de stropers te stoppen. Ze hadden net een gevoelige nederlaag geleden op de Kaukasus tegen Tsjetsjeense rebellen, die een deel van de illegale kaviaarhandel in handen hadden. Net toen de Russische onderhandelingen met CITES bijna rond waren, vernietigde in het naburige Dagestan een enorme bom een appartementencomplex waar grenswachten woonden die toezicht hielden op de kaviaarexport. Deze 68 doden waren een angstaanjagend vooruitzicht op de problemen die zich zouden kunnen voordoen. Er stond veel op het spel voor de plaatselijke bevolking, als kaviaar niet langer vrijelijk mocht worden verhandeld. Duizenden families zouden hun enige bron van inkomsten kwijtraken en Boris Jeltsins wankele regering was bang voor sociale onrust.

Onder zware druk van CITES stemden Jeltsin en zijn kabinet in 1996 schoorvoetend in met de exportbeperkingen voor kaviaar. De vraag was toen echter al niet meer óf de Kaspische steur als bedreigde soort werd aangemerkt, maar hóé. CITES kent voor ongeveer 30.000 diersoorten drie maten van bescherming. De minst beperkende is Bijlage III, die soorten omvat die niet direct met uitsterven worden bedreigd. Deze soorten mogen vrij worden verhandeld. Als het aantal afneemt, wordt de soort opgenomen in Bijlage II en onderhevig aan internationale voorschriften. Als het aantal nog verder afneemt, wordt de soort onder de strengste voorschriften gesteld, in Bijlage I. Deze aanmerking betekent dat de soort commercieel niet langer levensvatbaar is. Alle handel erin is verboden.

Tijdens de onderhandelingen met Moskou werd steeds aangenomen dat de Kaspische steur in Bijlage II zou worden opgenomen en dat kaviaar nog mocht worden geëxporteerd. Maar niet iedereen zag het zo. Sommige specialisten geloofden dat de situatie zo ernstig was dat een volledig verbod op verkoop noodzakelijk was. Ze geloofden dat de steur snel commercieel zou uitsterven en wilden de vis laten opnemen in Bijlage I.

De Amerikaanse afgevaardigden waren het hiermee oneens. Zij beweerden dat, tenzij de Russen en Kazakstani's wisten dat ze geld konden verdienen met de verkoop van beloega, ze geen reden zouden hebben te investeren in kwekerijen die weer voor jonge vissen zouden zorgen. Dit gold ook voor alle andere bedreigde diersoorten in de Kaspische Zee. 'Mensen vonden dat, om CITES te laten slagen, handel noodzakelijk was om instandhouding te stimuleren', herinnert Rosemarie Gnam, werkzaam voor de Fish & Wildlife Service en voormalig VS-afgevaardigde bij CITES zich. Caroline Raymakers, wier rapport voor TRAFFIC leidde tot de handelsbeperkingen, deelde haar mening. 'We wilden de handel niet ondergronds drijven. We wilden goed beheer stimuleren en belonen', zei zij. De onderliggende veronderstelling bij de discussies was dat Rusland uiteindelijk orde op zaken zou stellen en meer kwekerijen zou bouwen. Dan zou alles wel goed komen.

De Russen zetten alles op alles om de drie soorten in Bijlage II te houden. Toch bleven veel politici sceptisch. Hoe zou CITES onderscheid maken tussen legale en illegale kaviaar? Een volledig verbod op kaviaar zou veel gemakkelijker zijn uit te voeren. Het betekende dat geen blikje kaviaar Rusland uit mocht. Het verbod op ivoor werkte ook deels omdat het een totaal verbod was. Natuurlijk was het tellen van olifanten gemakkelijk, omdat de kuddes via satelliet te vinden waren. Het controleren van de steurpopulatie was veel moeilijker. En de kaviaarhandel was een veel grotere industrie dan die in ivoor. Als sommige kaviaar legaal was en andere niet, zo wilden de Russen weten, hoe zou CITES dan weten welke?

Birstein en DeSalle hadden het antwoord. In 1996 hadden ze hun resultaten over de genetische code van de steur in het prestigieuze tijdschrift *Nature* gepubliceerd. 'Steuren lijken zo op elkaar dat je alleen op moleculair niveau kunt zien welke soort het is', zei Birstein. 'De Russen bleven zeggen dat ze geen beperkingen konden invoeren, omdat er geen methode was de soorten van elkaar te onderscheiden. Dus pasten Rob en ik onze DNA-test aan voor de drie belangrijkste Kaspische soorten.' Toen Birstein met CITES ging praten, legde hij uit dat de test kon worden gebruikt om een vingerafdruk van kaviaar te maken. Eenzelfde soort genetische test werd al in Amerika gebruikt om criminelen te identificeren. Bij rechtszaken gold DNA als bijna onweerlegbaar bewijsmateriaal. Birstein stelde voor zendingen kaviaar te testen voordat deze de Russische grens passeerden en ze identiteitspapieren mee te geven, vergelijkbaar met een paspoort. Net als een gewone reiziger zou de zending dit paspoort moeten tonen aan de douane. Daarna zou de zending weer worden getest om te zien of het DNA klopte. Met dit systeem zouden alle staten rond de Kaspische Zee hun export kunnen controleren.

Bemoedigd door het DNA-werk van Birstein en DeSalle besloten de Verenigde Staten een resolutie te ondersteunen om de steur op de lijst met bedreigde diersoorten te plaatsen. De drie Russische varianten werden aan Bijlage II toegevoegd. Toen de resolutie op de algemene vergadering in juni 1997 in Zimbabwe ter stemming werd overlegd, stemden alle 143 leden unaniem voor de continuering van de handel in kaviaar, alhoewel in afgeslankte vorm. Het leek Birstein dat er ten slotte weer hoop was voor de steur.

HET IS MOEILIJK aan te geven wanneer de liefde tussen Birstein en CITES over was, maar de problemen begonnen waarschijnlijk tijdens de vergadering in Zimbabwe. Alle afgevaardigden kregen een dik boek met de door Birstein zo nauwkeurig verzamelde wetenschappelijke omschrijvingen van alle steuren, hun leefomgevingen en hun milieustatus. CITES gebruikte deze informatie als basis voor de strategie om de steur te redden. Maar toen Birstein het boek doorbladerde, was hij ontsteld dat niemand van CITES eraan had gedacht zijn naam te noemen. Hij dacht dat dit wel het minste was wat ze hadden kunnen doen, omdat ze hem niet hadden betaald voor het onderzoek, dat hem maanden had gekost.

Wetenschappers die dit soort werk deden, werden gewoonlijk gesteund door hun universiteiten of instituten en subsidies. Maar Birstein was nog steeds een onbetaalde gastwetenschapper bij het Natuurhistorisch Museum, met weinig geld om zijn onderzoek te financieren.

Het langdurige debat over de classificatie van de steur alarmeerde Birstein. De mensen die voor deze, steeds groter wordende, internationale organisatie werkten, deden hem denken aan sovjetambtenaren. Hij maakte zich ook zorgen over het feit dat niemand leek te beseffen wat er in de Kaspische Zee aan de hand was. 'CITES is één grote bureaucratie', zei hij later. 'Ze wilden de bron van het probleem niet aanpakken. Niemand van al die mensen wilde het woord 'maffia' ook maar horen.'

Het duurde niet lang voordat Birstein in de clinch lag met de Amerikaanse Fish & Wildlife Service, die in Amerika toeziet op de naleving van CITES-besluiten. Zodra de CITES-voorschriften van kracht werden, moest de Fish & Wildlife Service met Birsteins test voorkomen dat kaviaarstropers hun illegale vangsten door de douane konden krijgen. Als de kaviaar legaal was geoogst, klopten de DNA-resultaten met het CITES-paspoort. Als de zending niet door de test kwam, betekende dit dat de kaviaar zeer waarschijnlijk was gestroopt. De Fish & Wildlife Service kon deze zendingen dan in beslag nemen.

Wat er daarna gebeurde, is onduidelijk. De Fish & Wildlife Service zegt dat men heeft aangeboden de rechten van Birsteins DNA-test te kopen, maar dat hij zoveel voorwaarden had gesteld dat ze het hadden opgegeven. 'We hebben vaak met dr. Birstein gepraat. We zouden Vadims test gebruiken. Maar er waren gewoon te veel problemen, over waar de test zou worden uitgevoerd en door wie', zei Rosemarie Gnam, die verantwoordelijk was voor het CITES-programma. Wanneer ze het over Birstein had, praatte ze langzaam en koos ze zorgvuldig haar woorden. Het belangrijkste probleem, zo zei ze, was dat 'hij de test wilde controleren'. Omdat ze genoeg hadden van de Russische wetenschapper, kondigde de dienst aan dat ze haar eigen DNA-test zou ontwikkelen.

Maar DeSalle en Birstein zeggen dat het zo niet was gegaan. De Russische wetenschapper wilde dat de overheid hem een eerlijke prijs betaalde voor de verzameling steurenmonsters, die als basis had gediend voor de DNA-test. ‘Vadim wilde de royalty’s niet voor zichzelf’, zei DeSalle, die als medeontdekker met Birstein op het patent wordt genoemd. Het geld zou in elk geval naar het museum gaan, omdat dat de rechten op het patent bezat. ‘Vadim vertelde me dat als we royalty’s kregen, we meer onderzoek konden doen.’

Maar toen de Fish & Wildlife Service de onderhandelingen met Birstein staakte, zat ze in een lastig parket. De kaviaarinspecties moesten in april 1998 beginnen. De dienst had slechts een paar maanden om de DNA-reeksen voor alle steuren te verzamelen, terwijl DeSalle en Birstein hier jaren over hadden gedaan. De deadline was slechts een deel van het probleem. De Fish & Wildlife Service had voor veel van de soorten ook geen weefselmonsters.

Eén manier om dit probleem te omzeilen was de resultaten te gebruiken, die DeSalle en Birstein in tijdschriften hadden gepubliceerd. Deze reeksen waren in openbaar bezit. Maar veel van hun resultaten stonden alleen in hun notitieboekjes. Zonder de complete resultaten had de Fish & Wildlife Service niet genoeg tijd of weefselmonsters om een goede test te ontwikkelen.

Als Birstein niet wilde helpen, misschien wilde DeSalle dan wel. De Fish & Wildlife Service vroeg DeSalle of ze zijn aantekeningen konden gebruiken, maar hij wilde ze liever niet prijsgeven. De dienst benaderde daarna zijn superieuren bij het museum, die zich in een lastige positie bevonden. Ze hadden veel moeite gedaan een advocaat in te huren om de DNA-reeksen van de steuren te patenteren, en het was de eerste keer in de geschiedenis van het museum dat het een patent toegewezen had gekregen. Moesten ze nu de resultaten zomaar gratis uit handen geven? Aan de andere kant, de federale overheid was een belangrijke financier voor wetenschappelijk onderzoek en het museum kon zich niet veroorloven de overheid, die zoveel geld gaf, tegen zich in het harnas te jagen. DeSalle zei dat museum hem had opgedragen zijn aantekeningen aan de overheid te geven. Ondanks zijn loyaliteit aan Birstein koos DeSalle voor het museum. Hij gaf de Fish & Wildlife Service het gevraagde.

Birstein was woedend op de Amerikaanse overheid. ‘Het was net als in de Sovjet-Unie. DeSalle werd enorm onder druk gezet. Hij raakte bijna zijn baan kwijt', klaagde Birstein. Hij was zelf niet langer welkom bij het museum. Tijdens het geschil dat hij met de Fish & Wildlife Service had, kreeg hij ruzie met bijna iedereen die maar iets met CITES te maken had.

Met DeSalles aantekeningen, de gegevens in de wetenschappelijke tijdschriften en wat eigen onderzoek slaagde de overheid erin een DNA-test te creëren. Birstein was van mening dat deze niet zou werken. Zelfs met DeSalles aantekeningen, beweerde hij, hadden ze niet genoeg weefselmonsters om een statistisch betrouwbare test te ontwikkelen. Ook had de Amerikaanse overheid nooit in zijn ontdekking van Siberische steur in de Kaspische Zee geloofd. Omdat overheidswetenschappers hun resultaten nooit in een toonaangevend tijdschrift hadden gepubliceerd, geloofde Birstein dat de test nooit was geverifieerd. Hij beweerde dat de test van de Fish & Wildlife Service onbetrouwbaar was en verloor kort daarna zijn positie als hoofd van de Steurengroep van CITES.

Hoewel veel van Birsteins collega's van mening waren dat hij gelijk had over de test, schrokken ze van zijn gedrag. Zelfs als nieuwkomer in Amerika had hij de regels van de academische gemeenschap moeten eerbiedigen. Hij had zich stil moeten houden en moeten meewerken met de Fish & Wildlife Service. Hij had dan in elk geval zijn positie bij het museum nog gehad. Maar andere wetenschappers hadden stiekem bewondering voor het feit dat hij aan zijn principes vasthield. 'De meesten van ons maken zich vooral zorgen over onze carrière', zei Phaedra Doukakis, die voor haar doctoraat onderzoek deed bij het museum. Birstein was een van haar mentoren geweest. 'Als Vadim ergens in gelooft, als hij gelooft dat hij gelijk heeft, dan zegt hij dat hardop, wat een ander er ook van denkt', zei ze. DeSalle had nog steeds bewondering voor Birstein en zijn principes. 'Hij kent geen angst. Ik zou willen dat hij meer werd gewaardeerd', zei DeSalle. Toen hij mij dit vertelde, had DeSalle Birstein bijna achttien maanden niet gezien, sinds zijn verbanning uit het museum. Nu er wat tijd was verstreken, was het gemakkelijker te analyseren wat er was gebeurd. 'Ik twijfel er niet aan,' zei DeSalle, 'dat Birsteins ervaringen met de Russische autoriteiten ertoe hebben geleid dat hij zich minder flexibel opstelde tegen de Fish & Wildlife Service dan goed was geweest.'

Birstein was zeker onhandelbaar. Hij was ontactisch en onuitstaanbaar. Maar ondanks alles was hij een goede wetenschapper. DeSalle zei dat Birstein gelijk had over de test van de Fish & Wildlife Service. Phaedra Doukakis is er ook van overtuigd dat de test onnauwkeurig is. Het grootste probleem, zo zeggen beiden, is dat ze geen rekening houden met de aanwezigheid van de Siberische steur in de Kaspische Zee. De reeksen die de overheid uit de tijdschriften en DeSalles aantekeningen haalde, waren niet voldoende om een goede DNA-test te ontwikkelen, zo hield DeSalle vol. 'Hun database was lang niet zo goed als de onze', zei hij. Om een betrouwbare DNA-test te maken 'heb je vijftig monsters van beloega, vijftig van osetra en vijftig van sevroega nodig. Je hebt monsters nodig uit verschillende rivieren. Die hadden ze niet.' Als de test van de overheid fout was, betekende dit dat ze de stropers niet zouden vangen. In plaats daarvan zouden ze de handelaren straffen die zich wel aan de regels hielden.

De ruzie over de DNA-test was in het laboratorium begonnen, maar zou al snel het abstracte circuit van wetenschappelijke tijdschriften verlaten voor de harde wereld van het juridische systeem. Terwijl het meningsverschil met de Fish & Wildlife Service steeds bitterder werd, werd het plan van CITES de steur te redden tot het uiterste getest.

[1] Leider van de Sovjet-Unie tussen 1953 en 1964.

9

Kaviaar uit een koffer

Brood kan wit of bruin zijn, maar kaviaar moet altijd zwart zijn.

– KASPISCH VISSERSGEZEGDE

Wanneer een kaviaarsmokkelaar op Kennedy International Airport in New York aankomt, moet hij als eerste een bagagewagentje zien te vinden. Smokkelaars vervoeren hun kaviaar namelijk het liefst in de grote, onhandelbare koffers die reizigers vaak meenemen op lange vakanties. In een grote koffer passen met gemak zestig kiloblikken Russische kaviaar, waardoor de koffer te zwaar is om te tillen of rollen. Er is nog een reden voorzichtig te zijn met zo'n koffer. Afhankelijk van het soort eitjes betalen handelaren in New York ongeveer 17.500 euro voor een koffer. Tegen de tijd dat de kaviaar is herverpakt in kleinere potjes en is afgeleverd bij de delicatessenwinkels, is de kuit meer dan 85.000 euro waard.

Kaviaar was al lange tijd een luxeproduct, maar nadat CITES in 1998 de toevoer beperkte, werd het ook een waardevol smokkelproduct. Binnen een jaar nadat de maatregelen werden geïntroduceerd, steeg de verkoopprijs voor een halve kilo goede beloega naar meer dan achthonderdvijftig euro, bijna evenveel als een kleine honderd gram goud. Zelfs de goedkoopste Russische sevroega kostte toen meer dan tweehonderdvijftig euro, meer dan een diner voor twee in een driesterrenrestaurant. Deze prijzen zorgen ervoor dat sommige handelaren vergaten dat het smokkelen van kaviaar in Amerika een zwaar misdrijf is.

De Amerikaanse Fish & Wildlife Service wilde dat kaviaarleveranciers zich gingen realiseren dat ze streng zouden toezien op de CITES-voorschriften. Net voordat de nieuwe regeling in april 1998 van kracht werd, nodigde de dienst alle Amerikaanse handelaren uit voor een bijeenkomst aan de St. Johns Universiteit in Queens, New York. Ambtenaren van de Fish & Wildlife Service vroegen alle handelaren zich bij binnenkomst in te schrijven, zodat niemand later zou kunnen beweren niet te weten wat de regels waren. Rosemarie Gnam, die had geholpen bij het opstellen van het de nieuwe CITES-voorschriften, gaf daar een presentatie, deels ter informatie en deels als waarschuwing. Vanaf nu, zo vertelde ze de handelaren, moest alle kaviaar die werd ingevoerd, vergezeld zijn van een CITES-certificaat. De Fish & Wildlife Service zou een DNA-analyse uitvoeren op elke zending om te controleren of de kaviaar in de containers klopte met de informatie in de documenten. Gnam zei dat de overheid iedereen wat tijd zou geven aan de nieuwe procedures te wennen. Maar daarna, zei ze, terwijl ze streng over haar bril de zaal rondkeek, zou iedereen die probeerde de CITES-vooschriften te omzeilen, worden vervolgd door de Fish & Wildlife Service.

Een paar maanden nadat de Fish & Wildlife Service de kaviaarindustrie begon te controleren, ging ik op bezoek bij Edward Grace, een speciaal agent voor de dienst, die belast was met deze controles. Hij werkte in een laag, glazen kantoorgebouw op Long Island, dichtbij Kennedy Airport, zodat hij er snel naartoe kon als douaniers iets verdachts vonden. Grace was zeer enthousiast over zijn nieuwe specialisme en nodigde me uit wat recente vangsten te bekijken. We gingen naar een opslagruimte die volstond met metalen kasten. Sommige waren smal en hoog, zoals de lockers die je vindt in een sportschool, terwijl op andere plekken geconfisqueerde pelsen van bedreigde dieren als zebra's en luipaarden aan haken hingen. Andere kasten waren gevuld met dozen vol tassen van krokodillenleer. Tegen een muur stond een grote koelkast. Toen Grace de roestvrijstalen deur opendeed, kwam hem een wolk vrieskou tegemoet. De koelkast zat vol met blikken kaviaar, de beloning van zijn laatste paar vangsten. Veel blikken en potten hadden handgemaakte etiketten vol spelfouten en onjuistheden en bevatten gestroopte kaviaar.

De meeste blikken waren in beslag genomen van toeristen die meer dan de toegestane limiet (tweehondervijftig gram) kaviaar hadden ingevoerd. Maar er waren ook stapels blikken die, verborgen in koffers, waren binnengesmokkeld. Grace had onlangs een Georgiër opgepakt, ene Albert Bazazasjvili, die op Kennedy Airport aankwam met elf grote koffers. Met al deze koffers en een ticket vanuit de Kaukasus, de bergketen tussen de Kaspische en Zwarte Zee, had hij net zo goed een sticker met *smokkelaar* op de koffers kunnen plakken. Op het douaneformulier had Bazazasjvili het vakje 'nee' aangevinkt bij de vraag of hij 'fruit, planten, vlees, voedsel, aarde, vogels, slakken, andere, levende dieren, natuurproducten [of] zuivelproducten' bij zich had. De douanebeambte die Bazazasjvili's bagage controleerde, moest al zijn bedenkingen hebben gehad voordat hij de eerste koffer opende. De koffers zaten stampvol eetwaar; wel zestig blikken kaviaar. Bazazasjvili had, natuurlijk, geen CITES-certificaat. Tegen de tijd dat de beambte de elfde koffer had bekeken, had hij driehonderd kilo kaviaar geteld, met een waarde van ongeveer 435.000 euro. Toen hij Bazazasjvili vroeg wat hij met al die kaviaar van plan was, legde hij uit dat een handelaar in Brooklyn op de kaviaar zat te wachten. Bazazasjvili bekende schuld aan smokkelen en werd veroordeeld tot tien maanden gevangenisstraf.

Voor iedere stuntelige smokkelaar als Bazazasjvili, zo wist Grace, waren er tien die veel slimmer waren. De Fish & Wildlife Service had slechts vier agenten voor Kennedy Airport, die niet alleen verantwoordelijk waren voor kaviaar, maar voor alle producten gemaakt van bedreigde diersoorten, zoals zachte shastoosh-sjaals geweven van haar van de chiroe, een Tibetaanse antilope, en ivoren juwelenkistjes van de tanden van een Afrikaanse olifant. Grace zei dat de agenten maximaal twintig procent van de passagiers die via de luchthaven reisden, konden controleren. Omdat kaviaar een prioriteit was, concentreerden ze zich vooral op vluchten vanuit de voormalige Sovjet-Unie en Oost-Europa. 'Ik confisqueer op één Aeroflot-vlucht soms wel drie tot vier keer een lading kaviaar', vertelde Grace me.

Het duurde niet lang voordat de smokkelaars dit doorhadden. Ze begonnen indirect naar de Verenigde Staten te vliegen, via onschuldige landen als Zwitserland. Ook vlogen ze nu op andere steden, zoals Miami en Baltimore. Sommige smokkelaars gebruikten helemaal geen koffers meer. Het was voor hen veel gemakkelijker buitenlandse beambten om te kopen en zo CITES-documenten in handen te krijgen om legaal kaviaar te exporteren. Op deze manier werden vanuit landen als Turkije, Polen en de Verenigde Arabische Emiraten tonnen kaviaar legaal geëxporteerd, hoewel in geen van deze landen op steur wordt gevist. Dit was een van de mazen in de wet. De verantwoordelijke milieuorganisatie in het land mocht zogenoemde her-exportvergunningen uitgeven. Grace zei dat zijn baan steeds meer ging lijken op het 'zoeken naar een naald in een hooiberg'.

HET IMPORTEREN van kaviaar in koffers kwam aan het begin van de jaren negentig veel voor, voordat de CITES-voorschriften van kracht werden. Omdat meer en meer mensen in kaviaar gingen handelen, waren er veel leveranciers en kelderde de prijs. De concurrentie om nieuwe aanvoer was moordend. Veel kaviaarinkopers in de Verenigde Staten kochten hun product bij iedereen die maar met een koffer vol blikken aan de deur kwam. Kofferkaviaar was min of meer legaal, zolang het bij de douane was aangegeven en een gezondheidscertificaat droeg; het was alleen niet de beste kwaliteit.

Veel handelaren maalden hier niet om omdat de kaviaar goedkoop was, maar beweerden wel dat hun product vers en van goede kwaliteit was. Klanten werd verteld dat de kaviaar met de hand was geoogst op de oevers van de Kaspische Zee, dat hij zorgvuldig was verpakt nadat die uit de buik van de vis was gehaald en dat de eitjes niet door bevriezing waren beschadigd. Op basis van de catalogi, die sommige handelaren schreven, kon je de strenge voorman al op de oevers van de Wolga zien staan, elke vis die werd opgesneden bekijkend en zeggend: 'Die wel. En die niet.' Je zou ook de indruk krijgen dat kaviaar in de jaren negentig moeilijk te krijgen was. De Petrossian-catalogus had het over 'warme contacten' in Rusland, die hielpen om de beste kaviaar te krijgen.

Maar als verse kaviaar tientallen uren in een koffer zat, kon deze bijna niet goed zijn. In het ideale geval wordt verse kaviaar altijd bij een temperatuur van -3 °C bewaard. Door het zout bevriest of bederft de kuit niet bij die magische temperatuur. Zakt de temperatuur ook maar met 1 °C graad, dan begint de kaviaar te bevriezen. Worden de tere eitjes dan weer ontdooid, dan scheurt het membraan en verandert de kaviaar in smurrie. Zelfs als verse kaviaar bij precies -3 °C wordt bewaard, blijft deze maar zes tot acht maanden goed. Veel handelaar kopen daarom het liefst gepasteuriseerde eitjes. Wanneer de kuit een uurlang licht wordt verwarmd en vacuüm wordt verpakt, kan deze de meest vreselijke omstandigheden weerstaan. De kuit kan twee jaar of nog langer buiten de koelkast worden bewaard en is dan nog steeds eetbaar. Maar de smaak van gepasteuriseerde kaviaar is anders; net zoals poedermelk niet smaakt als verse melk.

Kaviaarsmokkelaars werden met dezelfde uitdagingen geconfronteerd als Ioannis Varvarkis in de achttiende eeuw. Ze losten het probleem op door hun kaviaar in te vriezen, zodat deze een tien uur durende vlucht in een koffer onder in het ruim van het vliegtuig, waar de temperaturen sterk wisselen, zou doorstaan. Ik vroeg Adam O'Hara, een andere medewerker van de Fish & Wildlife Service, naar de kaviaarzendingen die hij in die jaren had geïnspecteerd en hij vertelde me dat veel wat over de versheid werd beweerd, niet waar was. 'Er bestaat een romantische temperatuur. Kaviaar moet op die temperatuur worden bewaard en direct worden gegeten. Maar wij krijgen kaviaar binnen die weet ik hoe lang in een oude vrachtwagen zonder koeling heeft gelegen', zei O'Hara. 'Mensen vertellen je van alles over textuur en smaak. Ik zie soms echt rotzooi binnenkomen. Het wordt in een blikje met een andere naam verpakt en mensen zijn zo gek om het te kopen.'

OMDAT DE TACTIEKEN van smokkelaars steeds ingenieuzer werden, vroeg Ed Grace zich af of hij ooit iets kon doen aan de groeiende berg illegale kaviaar. Maar hij onderkende de concurrentie tussen de dieven.

In het najaar van 1998 belde iemand de Amerikaanse militaire politie in Duitsland met informatie over een Poolse smokkeloperatie. De douanebeambte die de informatie kreeg, belde het kantoor op Kennedy Airport en daar waarschuwden ze Ed Grace. De informant gaf veel details over de hele operatie. Hij vertelde de douane dat ze moest uitkijken naar zeven Polen die uit Warschau kwamen met Finnair-vlucht 003 en gaf de namen door. Ze zouden koffers vol gesmokkelde kuit bij zich hebben, zei de informant. Drie ervan waren stewardessen van de Poolse luchtvaarmaatschappij LOT. Een was de waarnemend korpschef van de politie van Warschau en een ander een politieagent. De beller beloofde ook dat hun leider ze op zou wachten.

Grace en drie andere agenten, van wie er een Pools sprak, wachtten tot de groep door de douane was. De informant was zo nauwkeurig geweest dat ze de zeven koeriers al na een paar minuten bij de bagageband zagen staan. In hun zestien koffers hadden ze bijna vijfhonderd kilo kaviaar, met een handelswaarde van 700.000 euro. De kaviaar was ingevroren. Maar hij was tijdens de vlucht ontdooid; uit de ingedeukte blikken was zout slijm door de kartonnen dozen in de koffers gelekt. Grace nam aan dat de zeven gewone koeriers waren, die werden betaald om de koffers naar Amerika te brengen. Hij hoopte dat hij voorbij de douane het brein achter de operatie zou vinden.

Grace wist drie koeriers te overtuigen hun koffers naar de wachtruimte te brengen en te doen alsof er niets aan de hand was. Ze werden direct aangesproken door twee mensen, Wieslaw Rozbicki en Helena Koczuk. Ze praatten wat Pools en toen haalde Rozbicki een paar enveloppen uit zijn binnenzak en gaf deze aan de koeriers in ruil voor hun koffers. Elke envelop bevatte 4300 euro in contacten. Zodra de deal was gesloten, werden ze door Grace en de andere agenten aangehouden.

Rozbicki protesteerde en zei dat hij gewoon een werknemer was en naar het vliegveld was gestuurd om een geautoriseerde zending op te halen. Dat verklaarde niet waarom hij de koeriers contant betaalde, maar deed Grace wel geloven dat er meer mensen achter de operatie zaten. Rozbicki zei dat hij voor een kaviaarimporteur genaamd Gino International werkte, eigendom van een andere Poolse immigrant, Eugeniusz Koczuk, de echtgenoot van Helena. Binnen een paar jaar was Gino in de jaren negentig, toen er nog goedkoop onbeperkte hoeveelheden kaviaar te koop waren, een van de grootste importeurs van de Verenigde Staten geworden. Koczuks bedrijf leverde aan delicatessenhandels als Zabar's, Caviarteria en Urbani Truffels, bekende namen in New York die de kaviaar weer overal in het land verkochten.

Pas toen Grace een paar dagen later toestemming kreeg de bescheiden ranch van Koczuk in Stamford, Connecticut, te doorzoeken, ontdekte hij hoe groot Gino's operatie eigenlijk was. Bij het doorzoeken van het huis en de goed onderhouden blauwe Mercedes van Koczuk, vond hij logboeken met de inkoop- en verkoopinformatie van het bedrijf. In de garage stonden verschillende koelkasten. Op een tafel stonden dozen vol lege blikken en potten. Grace begreep dat deze onderneming veel groter was dan in het geval van Bazazasjvili, de amateur-smokkelaar. Grace vermoedde dat de levering op Kennedy Airport niet de eerste keer was geweest, dat Koczuk en Rozbicki hadden geprobeerd illegale kaviaar de Verenigde Staten binnen te smokkelen. Maar het zou een uitdaging worden om te bewijzen dat ze een grote smokkeloperatie leidden.

Koczuk en Rozbicki bleven volhouden dat ze een eerlijke zaak runden en dat het incident op het vliegveld het gevolg was van een vergissing. Als bewijs gaven ze Grace verschillende CITES-certificaten. Ze waren bij het CITES-seminar aan St. John's geweest en wisten dus dat ze speciale documenten nodig hadden om kaviaar te importeren. Grace verbaasde zich er in eerste instantie over dat Gino CITES-certificaten had. Maar toen hij ze goed bekeek, zag hij dat de datums niet klopten met de zendingen die hij op Kennedy had onderschept. Hoe meer stukjes van de puzzel hij in handen kreeg, hoe belangrijker deze documenten leken te worden. Gino International had dan wel CITES-certificaten gekregen, maar had ze nooit gebruikt om kaviaar te importeren. In plaats daarvan werden de certificaten bewaard en als dekmantel gebruikt. Als een van hun koffers werd tegengehouden, zouden ze hiervoor een certificaat hebben. Wanneer argwanende winkeliers naar de CITES-certificaten zouden vragen, konden Koczuk en Rozbicki hun een van de ongebruikte exemplaren faxen. Tenzij de koper de data bekeek, zou hij niet merken dat de documenten vals waren.

Maar om te bewijzen dat het hier om fraude ging, moest Grace een hele reeks gebeurtenissen op papier zetten, die begon in Warschau en eindigde in Stamford. De doorbraak voor Grace kwam dankzij wat eenvoudige, moderne technologie. Slechts weinig mensen realiseren zich dat hun kenteken wordt gefotografeerd elke keer dat ze met een E-ZPass langs een tolhuisje rijden of parkeren in de geautomatiseerde garage van het vliegveld. Om vanuit Stamford, Connecticut, naar Kennedy Airport in Queens te komen, moest het stel volgens Grace langs de tolhuisjes bij óf Tri-Boro óf de Whitestone Bridge zijn gekomen. Grace vroeg de computerbestanden op bij de autoriteiten, die de bruggen en parkeergarages beheerden, en keek of Koczuks kenteken hierin voorkwam. Binnen een paar minuten gaf de computer aan dat de Polen tussen april en november 1998 36 keer de reis van hun huis naar het vliegveld en terug hadden gemaakt. Uit datzelfde jaar vond Grace ook papieren waaruit bleek dat Gino International meer dan 12.500 kilo kaviaar had verkocht met een handelswaarde van meer dan achttien miljoen euro. Het merendeel hiervan was zonder certificaat geïmporteerd, ontdekte Grace. Al zijn andere vangsten verbleekten bij deze ontdekking.

Dit geval liet ook zien hoe de smokkelwereld in elkaar zat. Gino International kon grote hoeveelheden illegale kaviaar importeren en was dankzij goede relaties in Polen de grootste importeur van Amerika geworden. De enige reden dat Koczuk op het moment van de arrestaties niet op het vliegveld stond, was omdat hij in Polen was om kaviaar te kopen en koeriers te ronselen. Een van de koeriers, die werden gearresteerd, was Andrzej Lepkowski, waarnemend korpschef van de politie in Warschau. Dankzij zijn positie kon hij de Poolse douane gemakkelijk omzeilen. Lepkowski's vrouw, Katarzyna, werkte als stewardess voor de Poolse luchtvaartmaatschappij en rekruteerde daar collega's om koffers vol kaviaar te smokkelen. Niet alleen hoefden ze zo niet voor tickets te betalen, maar ze konden ook langs de douane lopen zonder te worden gecontroleerd.

Grace geloofde dat Lepkowski meer was dan een koerier. Hij was de enige in de groep, die op het vliegveld geen envelop met geld had gekregen. Grace was ervan overtuigd dat Koczuk en de waarnemend korpschef samenwerkten: Koczuk kocht de kaviaar en Lepkowski gebruikte zijn connecties bij de douane om deze het land uit te krijgen. Lepkowski, die in ruil voor strafvermindering tegen Koczuk en Rozbicki getuigde, bekende ook dat hij de koeriers tijdens de reis in de gaten hield. Dankzij Grace werd Koczuk veroordeeld tot twintig maanden gevangenisstraf; een ongewoon hoge straf voor een milieudelict.

Hoe de kaviaar in Polen terecht was gekomen, was een ander verhaal. Waarschijnlijk was hij via een smokkelroute vanaf de Kaspische Zee via Wit-Rusland naar Polen gebracht. Maar Grace wist dat hij de zaak niet verder kon onderzoeken. De Poolse politie wilde geen schandaal, omdat haar eigen collega's erbij waren betrokken. De namen van degenen die tonnen illegale kaviaar produceerden en naar Polen transporteerden, zouden voor altijd in Rusland verborgen blijven.

DE ZAAK van Gino International was een enorm succes voor de Fish & Wildlife Service, voor CITES en voor Grace, maar toch had hij na het onderzoek nog niet echt het gevoel dat de stroom illegale kaviaar was gestopt. Koczuk en Rozbicki waren amateurs, afhankelijk van geluk om hun koffers met kaviaar door de douane te krijgen. Toch waren ze slechts gepakt omdat iemand kwaad genoeg was om hen aan te geven bij de autoriteiten. Grace vroeg zich af welke methoden de meer ervaren smokkelaars gebruikten. Het zou niet lang duren voordat zijn collega's in Baltimore zouden kennismaken met de duistere kant van de kaviaarindustrie.

Eind 1998 was er zoveel verwarring in de industrie dat zelfs respectabele handelaren het niet zo nauw namen met de CITES-voorschriften en kaviaar kochten waarvan ze wisten dat deze illegaal was. Ze deden dit omdat ze niet genoeg voorraad hadden of omdat de prijs zo laag was. Ervaren handelaren probeerden zich verre te houden van kofferkaviaar; de risico's waren te groot, zowel voor henzelf als voor de toekomst van de kaviaarindustrie. Maar er waren ook genoeg bedrijven die altijd op zoek waren naar de goedkoopste kaviaar en hiervoor alles over hadden. Het bedrijf US Caviar & Caviar, bijvoorbeeld, was zo'n bedrijf.

US Caviar & Caviar werd opgericht in 1995, op het hoogtepunt van de kaviaarkoorts. De oprichters waren twee Iranese Amerikanen, Hossein Lolavar en zijn zwager Ken Noroozi, die een kantoor openden in Rockville, Maryland. Beide waren ervaren handelaren, maar ze hadden nog nooit zoveel kaviaar op de markt zien komen. De overvloed had de snelheid en de manier van zakendoen veranderd. Ze moesten nu concurreren met andere importeurs die allemaal hetzelfde product verkochten. Sommige handelaren, zoals Petrossian, hadden een reputatie dat ze altijd kwaliteit leverden. US Caviar & Caviar koos er echter voor goedkope kaviaar aan te bieden, wat betekende dat ze kaviaar van stropers betrok.

Al voordat CITES de kaviaarindustrie regulaties oplegde, waren Amerikaanse handelaren verplicht kaviaar te kopen, die door plaatselijke gezondheidsambtenaren in de Kaspische regio was goedgekeurd. Maar stropers konden hun kaviaar natuurlijk niet voorleggen aan deze overheidsinspecteur. US Caviar & Caviar omzeilde dit probleem door etiketten in het Cyrillisch met het vereiste stempel na te maken. De nepetiketten werden in de Verenigde Staten gedrukt en via FedEx naar de stropers gestuurd. De ronde sticker paste precies in het deksel van de kaviaarblikjes. Wanneer de zendingen in de Verenigde Staten arriveerden, bekeek de douane snel de etiketten om te zien of ze klopten met de foto's van legale merken, die ze van de Russische overheid hadden gekregen. Als de etiketten gelijk waren, keurde de douanier de zending gewoonlijk goed. Dankzij de nepetiketten kon US Caviar & Caviar kaviaar verkopen tegen een prijs die twintig tot dertig procent onder die van hun concurrenten lag. Binnen korte tijd werd het nieuwe bedrijf een van de grootste importeurs, met een indrukwekkende klantenlijst, waaronder American Airlines en de supermarkten van Fresh Fields. Deze klanten wisten niet dat de kaviaar in de keuken van stropers was gemaakt, met ongezuiverd water uit de vervuilde rivier de Wolga.

De introductie van de strengere CITES-handelsbeperkingen dreigde een eind te maken aan het succes van US Caviar & Caviar. Lolavar en Noroozi wisten dat hun enige voordeel op de andere handelaren hun prijs was. Als ze kaviaar moesten kopen van reguliere producenten, zouden ze hun concurrentievoordeel kwijtraken. Maar als ze probeerden via koeriers illegale kaviaar het land binnen te smokkelen, was het risico groot dat ze net als Gino International zouden worden gesnapt. Dus besloten ze het succesvolle systeem iets aan te passen. Ze ontwikkelden een plan waarmee ze illegale kaviaar even gemakkelijk konden importeren als door CITES goedgekeurde partijen.

CITES is misschien niet de efficiëntste manier om bedreigde dieren en planten te beschermen, maar de controles van de organisatie hadden wel een direct effect op de illegale kaviaarhandel. De Kaspische stropers moesten veel harder werken om hun product op de lucratieve Amerikaanse, Europese en Japanse markt te krijgen. Steekpenningen zorgden ervoor dat de Russische grenspolitie een oogje dichtkneep. Maar zodra de stropers de kaviaar uit de regio hadden weten te krijgen, moesten ze nog steeds iets beters dan kofferkoeriers zien te vinden om de kaviaar Amerika binnen te smokkelen. Het antwoord kwam in de vorm van corrupte milieuambtenaren in Turkije, Polen en de Verenigde Arabische Emiraten.

In 1995 besloot Noroozi onder de naam Kenfood Trading een kantoor te openen in de Emiraten. De Emiraten staan bekend als witwashuis voor allerlei smokkelpraktijken. Omdat er zoveel goedkope producten te koop worden aangeboden, was het in de jaren negentig een reguliere tussenstop geworden voor Russen op 'winkelvakantie'. Omdat in Rusland nog geen goed distributiesysteem bestond om goederen bij winkels af te leveren, werd dit door individuele koeriers gedaan. Ze vlogen naar de groothandel in de Emiraten of Turkije, kochten grote hoeveelheden consumentengoederen, zoals gordijnrails en T-shirts, en vlogen dan terug om ze door te verkopen. Vaak verdienden deze winkeltoeristen wat extra geld door een paar kilo kaviaar mee te nemen. Na de introductie van de CITES-voorschriften in 1998 moesten plaatselijk verkopers hun connecties bij het ministerie van natuur en milieu gebruiken om CITES-exportvergunningen voor kaviaar te krijgen. De verkopers regelden deze vergunningen door ambtenaren in de Emiraten prostituees te leveren. Een flinke zak geld wilde ook wel helpen.

Toch was een CITES-exportvergunning nog maar het begin. US Caviar & Caviar had ook een Russisch, Kazakstaans of Azerbeidzjaans gezondheidscertificaat nodig om de kaviaar naar Amerika te kunnen verschepen. Noroozi plakte nog steeds nepetiketten op zijn kaviaar, maar dat werkte in 1998 niet meer. Als onderdeel van de maatregelen om de steur te beschermen wilde de Amerikaanse douane nu ook de gezondheidscertificaten zien. Lolavar loste dit op door een stempel te laten maken dat identiek was aan het stempel dat Russische ambtenaren gebruikten. Met dit stempel kon hij zoveel documenten vervalsen als hij wilde.

Het leek alsof Lolavar overal aan had gedacht. Maar hoe meer illegale kaviaar hij Amerika binnensmokkelde, hoe meer foutjes hij maakte. In plaats van de werkelijke waarde van de zending aan te geven, begon hij te frauderen. Lolavar gebruikte vervalste vrachtbrieven, waarop een ander soort kaviaar stond vermeld. Een ton beloega werd een ton minder waardevolle sevroega. Dit plan werkte zo goed dat Lolavar dacht dat hij hetzelfde ook met zijn Amerikaanse klanten kon doen. Wanneer hij niet genoeg Kaspische kaviaar had, verkocht hij goedkope Amerikaanse lepelsteurkaviaar als sevroega. Soms was hij eerlijk tegen zijn klanten over de herkomst van zijn kaviaar. Hij vroeg American Airlines ooit of ze niet liever de goedkopere lepelsteureitjes hadden dan sevroega. Maar toen de luchtvaartmaatschappij erop stond de echte kaviaar te willen, stuurde Lolavar haar toch de lepelsteurkaviaar. Noch de maatschappij, noch de klanten proefden ooit het verschil.

Maar de Fish & Wildlife Service kreeg argwaan. In december 1998 vroeg een inspecteur in Baltimore of hij vier US Caviar & Caviar-zendingen mocht bekijken. Toen hij een van de blikjes oppakte, zag hij dat het etiket aan de randen losliet. Hij trok het etiket los en ontdekte dat daaronder informatie in het deksel gedrukt was. De originele informatie was niet voorzien van de vereiste keurmerken. Om zijn vermoedens te laten bevestigen, stuurde de inspecteur monsters van vier zendingen naar een laboratorium in Oregon. Met een versie van de DNA-test die Vadim Birstein had ontwikkeld, concludeerde de overheid dat de kaviaar in de blikjes niet overeenkwam met de beschrijving op de CITES-vergunningen die door de Verenigde Arabische Emiraten waren uitgegeven. De Fish & Wildlife Service nam de vier zendingen in beslag en startte een onderzoek.

Lolavar en Noroozi wisten dat ze verdacht werden van smokkelpraktijken, maar bleven manieren zoeken illegale kaviaar het land binnen te krijgen. In een poging de inspecteurs te omzeilen stuurden ze hun volgende zending naar Miami, met een ander bedrijf als importeur op de vrachtbrieven. Ze waren zo brutaal hun distributeur in Miami te instrueren het faxnummer van Baltimore boven aan de vergunningen te verwijderen. 'Hier zijn de vrachtbrieven', schreven ze in een aparte fax. '*Vergeet niet* de ID boven aan de pagina's met Tipp-Ex uit te wissen.'

Maar de toren van leugens stond op instorten. Tegen de tijd dat de zending uit Miami in maart 1999 in Maryland arriveerde, was het te laat. De politie had al toestemming het kantoor in Rockville te doorzoeken. Ze vond de zending uit Miami in de koelkast van US Caviar & Caviar. De DNA-analyse toonde aan dat de inhoud niet overeenkwam met de documenten. Het duurde maanden voordat de politie de ingewikkelde listen van het bedrijf had geanalyseerd, maar volgens hun berekeningen hadden Lolavar en Noroozi alleen al in 1998 meer dan 14.500 kilo steurkuit vanuit de Kaspische Zee binnengesmokkeld, met een waarde van ongeveer eenentwintig miljoen euro.

De twee smokkelaars Gino International en US Caviar & Caviar hadden samen de eerste jaren van de CITES-controles ongeveer negen ton aan kaviaar ingevoerd. Dat was meer dan het totale legale quotum van Rusland.

HET PLAN van US Caviar & Caviar werd ontdekt door een oplettende inspecteur, maar de wetenschap zorgde voor het bewijs. Omdat kaviaarsmokkelaars steeds beter werden in het slechten van grenzen, werd de DNA-analyse van de overheid een cruciaal wapen in de strijd de steur te beschermen. Nog in de roes van succes legde de overheid de twijfels terzijde die Vadim Birstein over de methoden naar voren had gebracht. Toen gebeurde er iets wat de controverse van het obscure, academische geschil naar een hoger plan bracht.

In de zomer van 1998 had Jevgeni Aptjekars bedrijf Karon vanuit de fabriek in Astrakan bijna een ton osetra naar Caviarteria in New York gestuurd. De kaviaar arriveerde op Kennedy Airport en werd snel doorgelaten door de douane, net als de honderden keren daarvoor. Caviarteria was een bekende importeur in New York, een bedrijf dat vele generaties Newyorkers kaviaar had geleverd. Het bedrijf had deze laatste zending kaviaar van een van de meest gecontroleerde producenten in Astrakan besteld, Karon, die bij een openbare veiling de rechten had gewonnen om in de Wolga op steur te vissen, was door CITES gecertificeerd als legale producent. Nadat de zending door de douane was doorgelaten, vertelde de Fish & Wildlife Service de eigenaars van Caviarteria, Eric en Bruce Sobel, dat ze de osetra mee konden nemen naar het pakhuis in Queens, terwijl als formaliteit een monster zou worden getest in het forensische lab in Oregon.

Dit keer klopten de monsters niet met de CITES-documenten. Het lab in Oregon vond sporen van Siberische steur in de osetra. Op 12 november arriveerden agenten van de Fish & Wildlife Service bij Caviarteria, die aankondigden dat deze zending en een tweede zending die ook niet door de DNA-test was gekomen, in beslag werden genomen. Eric Sobel, de meest nerveuze van de twee broers, ontplofte. Hij begon tegen de agenten te schreeuwen. De confrontatie liep uit de hand en de agenten zagen dat Sobel een pistool pakte. De routinematige douane-inval veranderde in een gevaarlijke situatie. De agenten probeerden hem te kalmeren. Ze vroegen Sobel zijn handen op zijn bureau te houden. Na een paar minuten was hij weer rustig genoeg om zijn advocaat te bellen en de agenten besloten geen klacht in te dienen wegens wapenbezit.

De Fish & Wildlife Service had de zending kaviaar niet eens mee kúnnen nemen; haar koelkast was niet groot genoeg. Iedereen stemde ermee in dat de kaviaar bij Caviarteria achter slot en grendel zou blijven, totdat de zaak was uitgezocht. Toen Jevgeni Aptjekar hoorde wat er was gebeurd, bood hij aan de kaviaar terug te nemen en Caviarteria schadeloos te stellen. Aptjekar vertelde me later dat hij verbaasd was over de DNA-analyse. Zijn vissers werkten alleen in de Wolga, zei hij. 'Ik zou daar absoluut geen Siberische steur kunnen vangen', voegde hij toe. 'Waarom zou ik iets illegaals doen? Ik probeer een goed product te leveren en een reputatie op te bouwen. Ik stuur niets dat niet door CITES is goedgekeurd.' Op dat moment wisten Aptjekar en Sobel niet dat Vadim Birstein een populatie Siberische steur in de Kaspische Zee had ontdekt.

De Fish & Wildlife Service verbood Aptjekar de zending terug te nemen. Als de kaviaar van stropers kwam, zo redeneerde de dienst, waarom zou hij deze dan opnieuw mogen verkopen? In plaats daarvan probeerde de overheid de zending verbeurd te laten verklaren. Sobel, die nog steeds woedend was op de overheid, ging in de tegenaanval. Zijn advocaat had gehoord van Birsteins DNA-werk en diende een aanklacht in waarin hij beweerde dat de test van de overheid onjuist en illegaal was. Birstein, die altijd had geprobeerd de steur tegen overbevissing te beschermen, schaarde zich aan de kant van de kaviaarhandelaren, de mensen die de industrie voortdreven. Hij werd Caviarteria's kroongetuige.

De Fish & Wildlife Service had in het geval van Caviarteria niet te maken met een ondergrondse, illegale organisatie. De Sobels waren al de tweede generatie kaviaarverkopers. Caviarteria was in 1950 opgericht door hun vader Louis. Toen hij genoeg had van zijn werk bij een reclamebureau op Madison Avenue, had Louis Sobel besloten zijn overredingskracht te gebruiken om kuit te verkopen. De naam van zijn eerste winkel, Caviar on Third, was niet echt een goede keuze, maar Louis bewees uiteindelijk toch dat hij zijn product een eigen aura kon geven. Hij wilde kaviaar minder geheimzinnig maken en presenteren als een product dat de gewone man zich kon veroorloven. In tegenstelling tot de andere winkels die kaviaar verkochten, verborg hij de blikjes niet, maar lagen ze gewoon in de schappen waar klanten ze in hun handen konden wegen. Louis stootte op een gat in de markt: zijn winkel zou ook als cafetaria toegankelijk zijn. Uiteindelijk vond hij ook een geschikte naam: Caviarteria.

Deze benadering werkte totdat Petrossian in New York arriveerde. Petrossian mikte niet op de gewone man, maar op de welgestelde klant. Zijn winkel en restaurant bij Central Park waren luxueus ingericht met sensuele etsen van Erte en diepzwarte marmeren panelen. Bij elke tafel stonden obers in rokkostuum klaar om afgekoelde toast weg te halen en te vervangen door verse. Caviarteria opende daarop ook een met marmer bekleed restaurant aan 59th Street, dichtbij Madison Avenue, een licht en niet te indrukwekkend etablissement. Je kon aan de bar zitten en onder het genot van een glas champagne de mensen bekijken die langs het restaurant liepen. Ook in Las Vegas en Miami kwamen Caviarteria-bars en elke bar probeerde glamour te combineren met een gevoel van toegankelijkheid. Caviarteria zag zichzelf als de tegenhanger van Petrossian.

Toen ik in het restaurant aan 59th Street arriveerde om met Bruce Sobel te spreken, zag het eruit als een kruising tussen een delicatessenzaak en een kleine bistro. Hoewel het pas middag was, zag hij er vermoeid en ongeconcentreerd uit. Steeds als ik wilde uitleggen dat ik geïnteresseerd was in Caviarteria's pogingen de DNA-test van de overheid te weerleggen, sprong hij op van tafel om zijn vrouw of zijn moeder te roepen. Hij liet me zelfs een tijd alleen omdat hij foto's moest laten ontwikkelen. Ik zat aan een tafeltje en keek hoe een grote vlieg over de spiegel boven de bar liep. Er kwam een jong stel binnen dat een grote portie kaviaar bestelde; deze werd op ijs op een grote zilveren schaal geserveerd. Toen Bruce terugkwam, had hij een potje van honderd gram beloega bij zich. Bruce gaf me een plastic lepeltje, een gewoonte onder handelaren om zo te voorkomen dat de eitjes oxideren. Daarna schroefde hij het deksel los en viel hij aan, alsof er een bak ijs voor hem stond. Hij stopte even, met de lepel in de lucht, en genoot zichtbaar van de smaak van zijn product. Daarna schoof hij het potje over het zwarte marmeren tafelblad naar mij toe.

Bruce begon op te scheppen over de hoge hygiënestandaarden bij Caviarteria. Ik schoof de beloega weer terug en mepte een vlieg weg. Bruce vertelde me dat al zijn werknemers een cursus in 'bacterieologie' hadden gevolgd. Hij kwam langzaam op gang en beschreef de supermoderne koelinstallatie, waarop een alarm was aangesloten dat afging wanneer de temperatuur boven de -3 °C kwam. De vlieg zoemde richting Bruces lepel. Ik probeerde hem weer weg te meppen. 'De gezondheidsinspectie in New York is onder de indruk van onze hygiëne', zei hij, terwijl hij de laatste beloega-eitjes van zijn lepel likte, zich onbewust van de vlieg die zo in tegenspraak was met zijn beweringen.

Elke keer als ik iets vroeg over de zakelijk kant van het bedrijf, zei Bruce dat ik dat aan Eric moest vragen. Ik besloot dat dus te doen. Eric werkte in het pakhuis van Caviarteria aan de andere kant van de East River, in de schaduw van de brug bij 59th Street. Hij was dunner dan Bruce en een stuk bruiner. Net als Bruce had hij diepblauwe ogen, die iets te groot leken voor hun oogkassen. Het pakhuis zag er nog soberder uit dan het restaurant. De kantoren leken net tijdelijke noodvoorzieningen, ook al zat Caviarteria er al jaren. Overal stonden computer- en printerdozen, alsof alles klaar stond voor een op handen zijnde verhuizing. Erics bureau was bedekt met stapels papier, lege potten kaviaar en elektronische apparatuur. Waar Bruce overal vaag over deed, probeerde Eric elke vraag met bewijsmateriaal te beantwoorden. Als hij een getal niet uit zijn hoofd wist, bladerde hij door zijn papieren totdat hij de juiste informatie had gevonden. Eric praatte echter niet zo gewillig over de rechtszaak. Toen ik het onderwerp aansneed, gaf hij me een stapel faxen van verschillende producenten die hem kaviaar aanboden, wat moest bewijzen hoe moeilijk het was een eerlijke leverancier te vinden. Het werd steeds moeilijker goede en legale kaviaar te vinden, klaagde hij.

Terwijl hij dit zei, begon hij te gniffelen en klapte hij in zijn handen. 'Als er een tekort is, is dat beter voor ons … Ik heb net de hele beloegavangst uit de Zwarte Zee opgekocht, zevenhonderd kilo', kondigde hij aan. 'Ik ga hem per kilo vijfendertig euro goedkoper verkopen, ook. Al onze concurrenten kopen al jarenlang beloega uit de Zwarte Zee en verkopen hem als Kaspisch. Ik ben de enige gek die eerlijk is … Ha! Dit jaar heb ik de hele oogst uit de Zwarte Zee. Dit wordt een slecht jaar voor beloega. De prijs kan alleen nog maar stijgen … Iedereen in de industrie liegt, behalve ik. Er zijn nog maar een paar grote spelers over … In Astrakan weet niemand wie Petrossian is … Maar ze weten allemaal wat ik wil.'

Na een tijdje werd hij stil. Hij zakte weer achterover in zijn stoel. In de maanden sinds zijn zending door de Fish & Wildlife Service in beslag was genomen, was de kaviaar van Karon bedorven. Bewijzen dat de overheid ongelijk had, was nu belangrijker dan dat verlies. 'Ik moest de boer op om dure vervangende kaviaar te kopen', zei Sobel. 'Goddank heb ik genoeg lef en middelen om de overheid een lesje te leren.'

Sobel zakte weer in zijn stoel. Ik besloot niet verder door te vragen over de rechtszaak. Ik kon altijd nog zijn advocaat vragen, Walter Drobenko. De volgende maanden sprak ik een paar keer met Drobenko. Elke keer dat ik belde, zei hij dat de zaak van Caviarteria binnenkort voor zou komen. Hij was ervan overtuigd dat Birsteins getuigenis de fouten in de test van de overheid aan het licht zou brengen. Een paar andere leveranciers hadden ook hun vraagtekens gezet bij de geldigheid van de test. Een gerespecteerd forensisch deskundige was bereid te getuigen over de problemen rond de methode, die de overheid gebruikte. Ik was benieuwd of een jury al deze wetenschappelijk complexe aspecten van de zaak wel zou begrijpen.

Laat in het voorjaar van 2001 belde ik Walter weer om te vragen wanneer de zaak zou beginnen. De rechtszaak, waarin het geschil over de DNA-test van de overheid zou worden uitgevochten, was uitgesteld, waarschijnlijk voor altijd.

Eric Sobel had zelfmoord gepleegd.

DE KAVIAARINDUSTRIE was toen al enorm veranderd. Tussen 1999 en 2001 was het aantal Amerikaanse leveranciers gehalveerd. De eigenaars van Gino zaten in de gevangenis. Zo ook de directeuren van US Caviar & Caviar, die ook een boete van 9,6 miljoen euro kregen opgelegd: een enorm bedrag voor een milieudelict. De eigenaar van Caviar Russe, een chique kaviaarbar in New York, had bekend een ongeregistreerd wapen te bezitten, toen de Fish & Wildlife Service bij zijn pakhuis een verdachte zending kwam inspecteren. Bruce Sobel probeerde Caviarteria boven water te houden. Dieckmann & Hansen, het oudste kaviaarhuis ter wereld, bestonden niet meer. Petrossian was een van de weinige grote importeurs die nog een smetteloze reputatie had. De Fish & Wildlife Service verwezen altijd naar Petrossian als een voorbeeld van een bedrijf dat zich netjes aan de CITES-regels hield en nog steeds goed liep. Maar voor kleine handelaren bleef elke dag een strijd.

Joel Assouline was een van die kleinere handelaren die de millenniumwisseling had overleefd. Zijn bedrijf, Caviar Assouline, verkocht al meer dan tien jaar kaviaar toen in de jaren negentig de koorts begon, en zijn ervaringen hielpen hem de chaotische jaren door te komen. Tegen de tijd dat de CITES-voorschriften werden ingevoerd, had hij met succes zijn bedrijf getransformeerd van grossier tot winkelketen. Hij kocht een oud fabrieksgebouw in de trendy kunstenaarswijk in Philadelphia, verbouwde de bovenste verdieping tot inpakafdeling, de middelste verdieping tot kantoren en opende op de begane grond een grote, zonovergoten winkel. Hij opende winkels in het centrum waar veel kantoorgebouwen stonden en op het vliegveld. En hij verkocht veel via zijn postorderbedrijf.

Ik ontmoette hem in zijn nieuwe winkel in de kunstenaarswijk, die vol stond met delicatessen die niets te maken hadden met kaviaar. Door alle commotie in de kaviaarindustrie had hij zijn zaak uitgebreid met andere producten. Klanten konden nu behalve kaviaar ook een pot gekonfijte eend of Frans zeezout kopen. Of ze konden op het zonnige terras lekker een kopje koffie drinken.

Assouline legde uit wat hem door de moeilijke jaren had geholpen: zijn kennis van lekker eten en zijn kennis van zakendoen. Geboren in Marokko in een Frans-joods gezin was hij naar Philadelphia gekomen om te studeren aan de prestigieuze Wharton-hogeschool voor economie. Eten was voor Assouline altijd belangrijk geweest. Hij werkte tijdens zijn studie als ober in Le Bec-Fin, een restaurant in Philadelphia met een Michelin-ster, en begon daarna een eigen Frans restaurant. Begin jaren tachtig sloot hij zijn restaurant en begon hij kaviaar te verkopen. Hij overleefde de zwaarste Iranese embargo's, toen er geen kaviaar meer binnenkwam, en de val van de Sovjet-Unie, toen het land werd overspoeld met goedkope kaviaar.

Maar de handelsbeperkingen van CITES waren de zwaarste beproeving gebleken. Hoewel zijn bedrijf tijdens de kaviaarkoorts in de jaren negentig sterk was gegroeid, was Caviar Assouline nog steeds een kleine speler. Assouline had niet genoeg personeel om iedere handelaar die hem kaviaar aanbood te onderzoeken. 'De regels zijn veranderd', legde hij uit. 'Wij maakten vroeger de regels uit. We zeiden hoeveel kaviaar we wilden en dat we later wel zouden betalen. Nu zeggen de leveranciers, zoveel kaviaar kun je krijgen en we willen van tevoren worden betaald. Toen de Sovjet-Unie nog bestond, had iedereen evenveel zeggenschap.'

Net als veel handelaren was Assouline blij met CITES. Hij wist dat het slecht ging met de steur en hij was ervan overtuigd dat handelsbeperkingen de enige manier waren om de kaviaarindustrie te redden, ook al betekende het voor hem meer werk. Maar het werk hield hem nu 's nachts vaak wakker. Elke keer wanneer een leverancier hem een aanbod faxte, vroeg hij zich af: 'Is dit legaal? Ga ik de bak in als ik dit koop?' Het eerste wat hij de verkoper altijd vroeg, was: 'Stuur me je CITES-vergunning.' Een keer waren een paar Turken bij zijn inpakfabriek gekomen met vierhonderd blikken kaviaar. Ze hadden een CITES-vergunning, maar de kaviaar zag er slecht uit en was al een paar uur buiten de koelkast bewaard. Hij proefde een paar eitjes uit elk blik en besloot zestig blikken te kopen. Maar zelfs met de CITES-vergunning in zijn archief, was hij bang dat hij verantwoordelijk zou worden gehouden, als de Fish & Wildlife Service later zou ontdekken dat de kaviaar niet echt legaal was. Hoezeer hij ook geloofde in de missie van CITES, hij vond toch dat de handelaren te veel verantwoordelijkheden kregen. Hoe moesten handelaren verschil maken tussen illegale kaviaar, wanneer de smokkelaars zo goed waren in het vervalsen van CITES-vergunningen? 'Je hebt de Fish & Wildlife Service, die hebben een missie. Ze vinden dat ze hun werk gedaan hebben, als ze een paar mensen hebben gepakt.'

Bijna op commando liep een ambtenaar de winkel binnen. Hij was niet van de Fish & Wildlife Service, maar van de FDA (Food and Drugs Administration). Hij wilde de inpaklijn van Assouline inspecteren. Gaat u gang, zei Assouline met een uitnodigend gebaar. Hij leidde de inspecteur naar de bovenste verdieping en kwam daarna weer terug. Assouline zei dat hij er wel vertrouwen in had dat alles werd goedgekeurd.

Wat hem meer zorgen baarde, zo gaf hij toe, was een recente poging om Russische kaviaar te importeren. Hij was gebeld door een vriend bij een ander kaviaarbedrijf met de vraag, of hij de helft van een zending van vijfhonderd kilo osetra wilde die via Nederland zou komen. Het was augustus en Assouline kon niet genoeg kaviaar vinden voor de kerstperiode. Hij zei tegen zijn vriend, Alfred Yazbak van Connoiseur Caviar, dat hij de zending wel wilde delen. Het Duitse bedrijf faxte Assouline de CITES-vergunning en Assouline faxte deze door naar de Fish & Wildlife Service om daar een 'second opinion' te vragen. Zo ver zij konden zien, was het allemaal legaal.

Omdat Yazbak toch naar Europa ging, zei hij dat hij naar Nederland zou gaan om de kaviaar te controleren. Een paar dagen later belde Yazbak om Assouline te vertellen dat de kaviaar het kopen niet waard was.

Assouline was teleurgesteld, maar hij vertrouwde Yazbak. In werkelijkheid was de kaviaar zeer goed, zo goed zelfs dat Yazbak tegen Assouline had gelogen en de hele zending voor zichzelf had gehouden. Yazbak had helaas pech. Toen de kaviaar op Kennedy aankwam, werden bij een DNA-test sporen van kaloega uit de rivier de Amoer tussen de osetra gevonden. De hele zending werd door de doane in beslag genomen. Yazbak werd veroordeeld tot twee jaar gevangenisstraf en kreeg een boete van 160.000 euro. 'Alfreds hebberigheid heeft me gered', zei Assouline, maar hij was niet blij met het resultaat. Hetzelfde had hem ook kunnen overkomen. Een paar dagen later stuurde een hem onbekende leverancier via FedEx een pakketje met een blikje kaviaar. Assouline weigerde ervoor te tekenen en stuurde het ongeopend retour. Het was gewoon te gevaarlijk.

In plaats van risico's te blijven nemen, besloot Assouline zijn bedrijf weer te veranderen. Hij was altijd geïnteresseerd geweest in de Amerikaanse keuken. Waarom ging hij geen Amerikaanse kaviaar verkopen? Deze was weliswaar niet zo goed als de Kaspische kaviaar, maar misschien kon hij ervoor zorgen dat de vissers hun kwaliteitseisen bijstelden. Assouline ging naar Mississippi, waar de vissers legaal op lepelsteur visten. Hij bracht ze goed Frans zout, leerde hen de beste technieken om de kuit te verwerken en sprak af hun productie te kopen. In plaats van te verhullen waar de kaviaar vandaan kwam, besloot Joel de afkomst juist te gebruiken. Het zou hem onderscheiden van andere handelaren. Op de borden in zijn winkels stonden zeven regionale soorten Amerikaanse kaviaar vermeld, van zwarte lepelsteur uit Tennessee tot lepelsteur uit de Yellow River in Montana. Assouline vulde zijn voorraden aan met kaviaar van gekweekte lepelsteur en steur. Hij had ook de hele productie van de Caviar d'Aquitaine-kwekerij in Bordeaux opgekocht, waar Siberische steuren worden gekweekt.

Met de Amerikaanse kaviaar en de gekweekte kaviaar zat Assouline redelijk veilig. Na wat Yazbak was overkomen, had hij besloten zelf geen Kaspische kaviaar meer te importeren en alleen maar te kopen van grotere bedrijven, die dit risico wel durfden nemen. Zijn winstmarge lag dan wel wat lager, maar zijn bedrijf was veilig.

Assouline had echter nog genoeg om zich zorgen over te maken. De prijs voor lepelsteurkuit was de laatste jaren dramatisch gestegen, omdat de steurstand in de Kaspische Zee sterk daalde. Milieuorganisaties waarschuwden hem dat de lepelsteur ook werd bedreigd. Maar terwijl biologen al spraken over handelsbeperkingen, bleef Assouline optimistisch over de kaviaarindustrie. 'Ik moet wel', zei hij met een wrange glimlach. 'Ik weet niet wat ik anders zou moeten doen.'

Maar hij bereidde zich wel voor op de dag dat de enige kaviaar die hij zou verkopen, niet uit een rivier maar van een kwekerij zou komen.

10

De steur redden

Kaviaar komt van de maagdelijke steur,
Maagdelijke steur is een heerlijk gerecht.
Maagdelijke steur hoef ik niet te smeken,
Daarom smaakt mij kaviaar niet slecht.

– Vertaling van het refrein van 'Caviar comes from the virgin sturgeon', gezongen door Dwight Fiske[1]

Chuck Edwards leidde me het donkere pakhuis binnen en ik volgde hem, terwijl ik probeerde niets nats of glibberigs aan te raken. Terwijl mijn ogen langzaam wenden aan de vochtige duisternis, zag ik iets wat leek op de showroom van een zwembadfabrikant na sluitingstijd. Het hele gebouw stond vol met rijen plastic baden. Ik hoorde het regelmatige klokken van de waterfilters, die vervuild water afvoerden en zuurstof het water in pompten. Zo nu en dan hoorde ik iets ruisen, een geluid dat deed denken aan hondenbrokken die uit de zak worden geschud. In een van de baden zag ik de vage vormen van vissen. Ze zwommen onvermoeibaar heen en weer in het water. Toen ik voorover boog om beter te kunnen kijken, stak een vis zijn kop uit het water en keek hij me aan als een puppy dat geaaid wil worden. 'Ga je gang. Je kunt haar aanraken', zei Edwards. De schubbenhuid van de steur schuurde lichtjes tegen mijn hand terwijl ik langs het gepantserde lichaam van de vis streek.

Als student zoölogie had Edwards ervan gedroomd de volgende Jacques Cousteau te worden. Maar in plaats van fantastische zeereizen te maken, werkte hij nu op een kleiner gebied, op de Stolt Sea Farm in Noord-Californië, waar hij in volle tanks 100.000 witte steuren kweekte. De steuren werden gegroepeerd op leeftijd en grootte, te beginnen met het bijna doorzichtige broed dat zich nog voedt via de eierzak, daarna in fases opwerkend naar de veertig kilo zware en acht jaar oude vrouwtjes, met een bolle buik vol rijpende eitjes. Edwards schatte dat tegenwoordig in de tanks van Stolt meer witte steuren zwommen dan om de hoek in de rivier de Sacramento, waar ooit gigantische vissen van bijna vijfhonderd kilo te vinden waren.

Terwijl de kwekerij niet dezelfde diversiteit en geheimzinnigheid had als de grote oceanen, prezen Edwards en zijn personeel zich gelukkig dat ze werkten in deze hermetische steurwereld, tussen de overstroomde rijstvelden in de San Joaquin-vallei. Op zijn manier was het kweken van steur net zulk onbekend terrein als de diepe oceaan. Steurkweken was nog steeds geen winstgevende industrie, ondanks meer dan tien jaar van vallen en opstaan en miljoenen euro's aan investeringen. Of een kwekerij slaagt of niet, heeft minder te maken met de zeebiologen die er werken of met de diepe zakken van de eigenaar, maar alles met wat er gebeurt met de Kaspische steur. Stolt gokt erop dat de toekomst van kaviaar bij de kwekerijen ligt, hoewel hij weet dat het succes van de kwekerij pas een feit wordt, wanneer het niet langer de moeite waard is steuren in het wild te vangen.

Toen ik hem sprak, was Edwards begin veertig, een rijzige man met de kalmte van een vliegvisser. Hij vertelde me dat hij een tijd verschillende banen in de hydrocultuur had gehad, voordat hij bij de Stolt-steurkwekerij in Elverta, vijftien kilometer ten noorden van Sacramento kwam werken. Het Noorse bedrijf is een van de grootste viskwekerijen ter wereld. Een groot deel van de niet-wilde Amerikaanse zalm die in supermarkten overal ter wereld wordt verkocht, komt uit de kweekvijvers van Stolt. Het bedrijf breidde zich uit naar andere soorten, zoals zalmforel, Atlantische heilbot, tarbot en zeebrasem. Deze worden vaak in portieverpakkingen verkocht onder het merk Sterling. Het in gevangenschap kweken van deze soorten is al routinewerk. Maar toen Stolt zich in 1987 ging bezighouden met steuren, zei Edwards, wist niemand zeker of kaviaar met succes kon worden gekweekt.

Om me te laten zien welke problemen het bedrijf tegenkwam, nam Edwards me mee naar een ander donker pakhuis, dat binnen de kwekerij gebouw '500' werd genoemd, omdat het ongeveer 500.000 pond (250.000 kilo) vis kan herbergen. De steuren hier waren groter dan in het eerste gebouw, bijna een meter lang, en zwommen in grote verzonken tanks. We zagen duizenden steuren alle richtingen uitschieten in het zwarte water. Ondanks hun afmeting waren ze nog maar drie jaar oud; in steurenjaren waren ze nog maar kleuters. Edwards vertelde me dat het acht tot tien jaar duurde voordat een vrouwtjessteur in gevangenschap eitjes heeft, die rijp genoeg zijn om kaviaar van de maken. Dit betekende dat Stolt al deze 250.000 kilo vis, en alle andere vissen op de kwekerij, bijna tien jaar moest verzorgen en eten geven voordat er winst op kon worden gemaakt. (Gekweekte tilapia daarentegen wordt al na zes maanden verkocht en zalm na drie jaar). Er is bijna geen bedrijf ter wereld waar een investeerder tien jaar wil wachten op inkomsten, laat staan winst. Toen ik de kwekerij bezocht, bestond deze achttien jaar en moest het eerste winstgevende jaar nog komen.

Het kweken van steuren bleek ingewikkelder dan Stolt dacht. Hoewel het fertilisatieproces van steureitjes al in de jaren zestig van de 19e eeuw in Rusland werd ontwikkeld, waren er altijd te veel wilde vissen geweest om een kwekerij op te zetten. De kwekerijen die na de Tweede Wereldoorlog in Rusland en Iran waren gebouwd, waren bedoeld om de visstand in zee op peil te houden, niet om steurbaby's te verzorgen tot ze volwassen waren. Toen Stolts kwekerij werd opgezet, wist niemand wat ze de steuren te eten moesten geven of hoeveel er in één tank konden leven. Ze wisten niet hoe ze onderscheid konden maken tussen waardeloze mannetjes en waardevolle vrouwtjes, of wanneer de vrouwtjes klaar waren om kuit te schieten. In het wild schieten witte vrouwtjessteuren pas voor het eerst kuit als ze bijna twintig zijn. Stolt halveerde deze groeitijd door selectief te kweken en beter voer, maar tien jaar is nog steeds lang als je op kaviaar zit te wachten.

Terwijl Edwards en ik in het donkere gebouw vijfhonderd stonden, konden we het complexe systeem zien, dat Stolt had geïntroduceerd om de steur gelukkig en gezond te houden. Omdat de vissen in zulke kleine tanks leven, werd het water continu gefilterd om vissenuitwerpselen, overgebleven voer en ander afval af te voeren. Computersensoren hielden de watertemperatuur en het zuurstofpeil in de gaten. Als een van deze twee te veel afweek, ging er een alarm af. De computers hadden ook het voeren van de steur geautomatiseerd. Aan een metalen lopende band boven de tanks hingen emmers met droogvoer die met regelmatige tussenpozen afgewogen porties voer in de tanks deponeerden. De vissen zwommen dan naar de oppervlakte, alsof ook zij door de computer werden bestuurd. Maar na een paar minuten verwoed eten, waren ze niet meer geïnteresseerd en zakten ze, samen met het voer, weer naar de bodem.

Alle steuren op de kwekerij van Stolt stammen af van dezelfde twintig witte steuren die in 1982 uit de noordelijke rivieren van Californië zijn gehaald en het bedrijf probeert het natuurlijke ritme van de wilde steur op de kwekerij te simuleren. Ongeveer op hetzelfde moment, als hun wilde familieleden stroomopwaarts zwemmen om kuit te schieten, wordt een kleine groep van Stolts gekweekte steur als broedgroep geselecteerd. Bij de vrouwtjes worden de eitjes verwijderd, bij de mannetjes de hom, het sperma van vissen. Daarna worden deze twee ingrediënten in een soort blender gemengd met water, een paar minuten geschud en dan in bakken gegoten. De bevruchte eitjes worden constant doorgespoeld met water om zo de natuurlijke stroming te imiteren, die het groeiende broed van zuurstof voorziet. Al na een paar dagen zijn de kleine visjes een halve centimeter lang, groot genoeg om de vorm van een volwassen steur erin te zien, met zijn opvallende snuit en haaiachtige staart. De jonge steuren dartelen lief door het water; iets waarin ze volstrekt niet lijken op de luie volwassen steur. Voordat de kaken van de steur hun karakteristieke vorm krijgen en de huid dikker wordt, lijkt de vis op een otter, vooral als hij in de tank aan het spelen is. De voorste vinnen van de steur lopen parallel met het lichaam, net als de vleugels van een vliegtuig, zodat de vis als een torpedo door het water kan schieten.

Vanaf het moment dat ze uit de eitjes komen, bestaat het werk op de steurkwekerij voornamelijk uit het sorteren van de vis. De steuren worden gemeten en op basis van hun afmeting in aparte tanks gezet. Wanneer de vissen drie jaar oud zijn, kunnen Edwards en de anderen eindelijk met een bloedtest het geslacht van de vis bepalen. Hier eindigt het voor de mannetjes. Ze worden gefileerd en verkocht, om zo het aantal hongerige mondjes te reduceren. Sommige vrouwtjes worden ook afgemaakt. 'We houden alleen de knapste meiden', zei Edwards knipogend. Hij bedoelde dit serieus. Visbiologen geloven dat mooie steuren ook mooie eitjes produceren die tot mooie kaviaar kan worden verwerkt.

DE DAG na de rondleiding in de kwekerij zag ik Edwards in een grote plastic tank staren die buiten naast gebouw 500 stond. Hij leek rustig, maar hij rookte een sigaret, een teken van gecontroleerde nervositeit. Zijn personeel zou kuit gaan oogsten van tweehonderd volwassen steuren en Edwards hoopte op een goede oogst. Als de kwekerij de komende dagen vier ton kaviaar kon produceren, zou voor het eerst winst worden gemaakt. Al vroeg die ochtend waren werknemers bezig de volwassen acht jaar oude vrouwtjes van de tanks naar het buitenbad te brengen. Het water hiervan was ontzettend koud. De kou zou de normaal al rustige steur nog onderdaniger maken. De vis had ook een hormooninjectie gekregen om de eitjes te laten rijpen, een middel vergelijkbaar met dat wat bij de bevalling de weeën versnelt. In het gebouw 500 stonden medewerkers in witte jassen klaar om met hun scherpe messen aan de slag te gaan.

Het eind was snel en efficiënt: eerst werd de kop ingeslagen en daarna het buikgebied van de vis ontsmet. Daarna maakte een werknemer met het mes een lange snee in de porseleinwitte buik. Terwijl de huid werd opengehouden, haalde een andere medewerkers de twee eierstokken eruit. De grijze zakken, ter grootte van en met de kleur van oude tennisschoenen, werden in een bak gelegd en snel naar de keuken gebracht om er daar kaviaar van te maken.

Edwards volgde de bak naar de keuken. Drie mannen bogen zich over de kleine eitjes en haalden er weefsel en bloedklonters tussenuit. Ze spoelden de eitjes in koud water af en drukten ze voorzichtig door een zeef om de parels te scheiden. De eitjes waren nog grijs, maar met wat zout werden ze voor je ogen zwart. Toen het zoutpercentage ongeveer vier procent was, smeerden de Amerikaanse kaviaarmakers de verse zwarte kaviaar op een stuk plastic, zodat Edwards deze kon inspecteren.

Edwards pakte een klein plastic lepeltje, bracht een paar eitjes naar zijn mond en liet deze over zijn tong rollen. Zijn lippen bewogen nauwelijks. Hij bleef stil, diep nadenkend, terwijl de kaviaarmakers wachtten op zijn oordeel. Edwards gaf mij een lepel en ik deed hem na; ik pakte een paar eitjes en liet ze smelten in mijn mond. De meeste handelaren zeggen dat kaviaar een paar weken moet rijpen, voordat hij op zijn best is. Terwijl de eitjes het zout absorberen, worden de individuele bolletjes dikker en wordt de smaak sterker en complexer, net als bij wijn in een houten vat. Maar op dat moment, terwijl de smaak van de net gezouten eitjes op mijn tong explodeerde, geloofde ik dat de substantie in mijn mond de beste kaviaar was die ik ooit had gegeten. Edwards, minder uitbundig, zei dat hij goed genoeg was.

DE KAVIAARKWEKERIJ had een vrij tumultueus verleden gehad, zodat Stolt nooit de moeite had genomen, zijn product een naam te geven. Maar eind 1999 realiseerde men zich dat de kwekerij niet langer een experimentele operatie was, maar een commerciële producent. Edwards voorspelde dat de kwekerij dat voorjaar voor het eerst winst zou maken. Iedereen was het erover eens dat Stolt met een herkenbare naam een hogere prijs zou kunnen vragen, net zoals in het geval van Petrossian. Stolt dacht erover de naam Romanov te gebruiken, de achternaam van de vroegere Russische tsarenfamilie, maar dit leek te veel op Romanoff. Ook overwoog hij de idiote naam Stoltinski, het Noors klinkende Nelson's en de aan koffie gerelateerde naam Jacob's Choice. Edwards luisterde terwijl men in het bedrijf allemaal vage, vreemde namen bedacht; daarna kwam hij met zijn plan: de Amerikaanse kaviaar moest een Amerikaanse naam krijgen.

In plaats van de oorsprong van Stolt-kaviaar te verdoezelen, dacht hij dat het goed zou zijn deze juist te benadrukken. 'Ik wilde niet alleen de beste kaviaar kopen, maar de beste Amerikaanse kaviaar', zei hij. Het was ook cruciaal dat mensen wisten dat de kaviaar van echte steuren kwam, en niet van het neefje, de lepelsteur, die minder sappige eitjes produceerde. Omdat de andere visproducten van Stolt onder de naam Sterling werden verkocht, stelde Edwards voor de witte steurkaviaar onder dezelfde naam op de markt te brengen. Tot zijn verrassing won Edwards het debat. Behalve de naam Sterling werden de woorden 'White Sturgeon Caviar' op de blikjes en deksels gedrukt.

Het idee van een goede Amerikaanse kaviaar viel bij veel inkopers in de smaak, vooral in Californië, waar verse ingrediënten en goede recepten werden gecombineerd tot een specifieke keuken. En toch bleek deze interesse niet direct te worden omgezet in verkoopcijfers. De kwekerij had het ongeluk dat de eerste kaviaar halverwege de jaren negentig werd geoogst, toen de Verenigde Staten werden overspoeld met goedkope Kaspische kaviaar. Het was al moeilijk genoeg voor gekweekte kaviaar om te concurreren met de illegale import, maar het was onmogelijk de reputatie van de wilde Russische eitjes te verslaan, ook al waren deze bevroren en in een koffer vervoerd. Het probleem, klaagde Edwards, is dat 'mensen denken dat de beste kaviaar Russische kaviaar is'.

Hoewel Sterlings kaviaar goede kritieken kreeg van gourmetrecensenten, die zich verwonderden dat de witte steureitjes net als osetra proefden, bleven de handelaren sceptisch. 'Gekweekte kaviaar groeit te snel. Het smaakt naar zoetwater. Net als andere gekweekte vis proeft alles hetzelfde', vertelde Susanne Schwerdtfeger, voormalig directeur van Dieckmann & Hansen, mij. Hoewel wilde steur een gevarieerd dieet heeft, krijgen gekweekte steuren elke dag steeds hetzelfde voer. Gekweekte steur leeft in vers water, niet in zout zeewater. Toen ik Armen Petrossian vroeg of hij ooit Sterling zou verkopen, zei hij dat dit niet waarschijnlijk was. Waarom niet? 'De smaak', zei hij met een grimas op zijn gezicht. Ik kreeg vaak te horen dat gekweekte kaviaar naar niets smaakte, maar het was altijd moeilijk om te zeggen of deze klacht objectief was of gekleurd door dezelfde grilligheid die van kaviaar in de eerste plaats meer dan viseitjes had gemaakt. In het najaar van 2001 belde Edwards mij op een dag op om te vertellen dat Sterling, tijdens een blinde proef van de *Wall Street Journal*, als beste uit de test was gekomen en alle Kaspische concurrenten had verslagen. Hij was enorm blij; maar hij bleef zijn bedenkingen houden.

Ondanks weerstand van de ouderwetse handelaren begon Sterling aan het eind van de jaren negentig langzaam zijn plaats te vinden onder Amerikaanse inkopers. Edwards kreeg bestellingen van koks die vroeger niet eens zijn telefoontjes wilden beantwoorden. Maar ondanks dat Sterling steeds populairder werd, werd voor de gekweekte kaviaar nog steeds niet dezelfde prijs betaald als voor de Kaspische kuit. Koks en handelaren kochten Sterling omdat het goedkoop was; het feit dat deze kaviaar ook goed was, was minder belangrijk. Zelfs toen Russische osetra vijfenzestig of veertig euro per vijftig gram kostte, was Sterling gedwongen vast te houden aan de prijs van 45 euro.

Totdat Sterling op gelijke voet zou kunnen concurreren met Kaspische kaviaar, was voor een goede omzet meer volume nodig. Edwards hoopte in 2000 vier ton kaviaar te kunnen oogsten, maar de steurenpopulatie van de kwekerij groeide zo snel dat hij voorzag in de toekomst tien of zelfs vijftien ton Sterling-kaviaar te kunnen produceren. In elk Kaspisch land, behalve in Iran, werden de CITES-oogstquota verlaagd. Als het quotum van Rusland bleef dalen, zag Edwards een kans dat Sterling-kaviaar, tegen een vergelijkbare prijs, ooit een groot deel van de markt zou kunnen uitmaken. Zijn uitdaging nu was ervoor te zorgen dat mensen geloofden dat de kwaliteit van gekweekte kaviaar altijd even goed zou zijn als die van wilde kaviaar.

Terwijl ik bij Edwards op kantoor was, kwam Rod Mitchell langs, een belangrijke visleverancier aan de oostkust, om zijn bestelling voor zijn Browne Trading Company op te halen. Mitchell was een goede klant en Edwards wilde de kaviaar zelf testen, voordat deze de deur uitging. Nadat hij een handvol plastic lepels had gepakt, riep hij een paar medewerkers bij zich en vroeg hij hen of ze even wat kaviaar wilden proeven.

Terwijl we van zijn kantoor naar gebouw 500 liepen, legde Edwards uit dat de kwekerij grote problemen had de kaviaar vers te houden. De meeste producenten kunnen hun kaviaar gekoeld wel een jaar bewaren, maar Stolts eitjes bleven in de koelkast maar een paar maanden goed. Hij vroeg zich af of dit inhield dat gekweekte kaviaar minder lang in de schappen kon blijven liggen. Of lag het aan het water? Een jaar had hij de fout gemaakt vijverwater in de tanks te gebruiken in plaats van bronwater, waardoor de eitjes naar modder roken.

Op een wijnkasteel zou een dergelijke proeverij in een koele ondergrondse kelder worden georganiseerd. Bij Stolt vond het plaats in de voorraadkamer naast de koelcellen, tussen plankenvol lege potten, steriele handschoenen en plastic lepeltjes. Edwards pakte een paar 1800-grams blikken uit de koelkast, waarvan de meeste zes maanden eerder waren geoogst, en deelde de lepeltjes uit. De mannen schepten allemaal wat eitjes op huepel en lieten ze over hun tong glijden. Edwards sprak als eerste:

'Ik zou deze door het toilet spoelen.'

Wat ze zochten, legde Edwards uit, was het geringste bewijs van imperfectie, tekenen van fermentatie of een bittere nasmaak. Fermentatie geeft aan dat de kaviaar begint te schimmelen. Kaspische kaviaar heeft het tijdens het vervoer dan wel zwaar te verduren, maar de reputatie ervan is reeds gezet. De kwaliteit van Sterling moest volgens Edwards beter zijn als het bedrijf mensen willen overtuigen gekweekte eitjes te kopen. Mensen die maar één keer per jaar kaviaar eten, proeven niet dat de kaviaar een bijsmaakje heeft, maar de kenners wel. Sterling-kaviaar kon zich geen enkele slechte kritiek veroorloven.

Edwards opende nog een blik en boog voorover om de eitjes te ruiken. 'Dit ruikt zuur', kondigde hij aan.

Joe Melendez, die binnen het bedrijf bekend stond om zijn uitstekende smaakpapillen, was ook niet blij. 'Het smaakt naar nat cement', zei hij nadat hij een monster uit een ander blikje had geproefd. Melendez, een grote, joviale man die als kaviaarverwerker op de kwekerij werkte, had de meest kleurrijke beschrijvingen voor slechte kaviaar: 'zure appels', 'smerig', 'ciderachtig', 'schimmelkaas', 'smaakt naar bier'.

Maar na een paar slechte blikjes werd er niet meer gelachen. Edwards trok scheve gezichten en gooide de gebruikte lepeltjes in de prullenbak. Van de zestien blikjes die de groep had geproefd, waren twaalf niet goed genoeg bevonden. 'Gooi maar weg', zei Edwards na de laatste, waarna hij de kamer verliet en de anderen liet opruimen.

Het was na vijven en de meeste kantoormedewerkers waren al naar huis. Edwards was al sinds half zeven 's ochtends op de kwekerij, maar ging achter zijn bureau zitten om wat administratie bij te werken. Terwijl hij nadacht of hij nog langer zou blijven of naar huis zou gaan, kwam zijn manager, Peter Struffenegger, binnen rennen, een kaviaarblikje voor zich uit houdend. Er kwam rook onder uit het blikje. Edwards begon te lachen. 'Wil je daarmee zeggen dat we de boel maar moeten platbranden?', vroeg hij fronsend.

Maar Peter maakte geen grapje. 'Kijk eens', zei hij terwijl hij naar het blikje wees. Er lag een brandende sigaret in. 'Het is een leuke asbak', zei Edwards.

'Zie je het niet?', zei Peter glimlachend. 'Er komt rook uit. Dit is waarom de kaviaar bederft. Het zijn de blikjes!'

Hoewel de blikjes volgens de industriële standaard waren gemaakt, waren de blikjes die Stolt had gekregen slecht. Waar de zijkanten luchtdicht aan de onderkant zouden moeten zijn vast gelast, zaten kleine openingen langs de onderkant. In een poging de tradities van de kaviaarindustrie te volgen, verpakte Stolt zijn kaviaar in dezelfde soort blikken die al een eeuw werden gebruikt, sinds ze de lindehouten vaten hadden vervangen. De blikjes waren een van de onbreekbare tradities van de kaviaarindustrie, maar Edwards zag dat deze traditie in het geval van Stolt tekortschoot. Het bedrijf verloor kaviaar door de verkeerde blikjes. Stolt zou een paar tradities moeten opgeven.

Edwards was al een tijdje op zoek naar nieuwe inpakapparatuur. Op een vakbeurs had hij een machine gezien, die verse kaviaar in vacuümpotten kon verpakken. Nu Stolt had bewezen dat gekweekte kaviaar een goed product was, besloot Edwards dat het tijd was te investeren.

TOEN STOLT de steurkwekerij in Elverta kocht, wist het bedrijf veel over hydrocultuur, maar weinig over kaviaar. De mensen die Stolt kaviaar leerden maken, waren Mats en Dafne Engstrom.

De Engstroms woonden in San Francisco, in een buurt vol elegante pastelkleurige Victoraanse huizen, die uitkeken op de brede blauwe baai. De kaviaar had dit uitzicht betaald.

Mats en Dafne waren beide lange, ongelooflijk knappe Zweden, die in de jaren zestig uit verveling hun land waren ontvlucht. Mats was oorspronkelijk naar Amerika gekomen om economie aan Harvard te studeren, hoewel hij eigenlijk werd aangetrokken door Californië. Mats ging uiteindelijk als investeringsdeskundige werken bij een bank in San Francisco, maar zijn persoonlijkheid en de werktijden klikten niet. De Engstroms zagen hun vrienden alternatieve carrières nastreven, bijvoorbeeld biologische supermarkten en zonne-energie, maar Mats en Dafne hielden evenveel van goed eten als van het goede leven, zodat ze, toen Mats zijn bankcarrière opgaf, besloten een delicatessenzaak op te zetten. Dafne, die was gestopt met werken om de kinderen op te voeden, was klaar voor een nieuwe uitdaging. Het duurde niet lang totdat Mats en Dafne zich realiseerden dat er in Amerika een markt was voor kaviaar.

In de jaren zeventig was kaviaar moeilijk aan de man te brengen, zelfs in Californië. 'We kwamen aan in het Amerika van de porterhousesteak', zei Mat met een uitgestreken gezicht en een wrang lachje. 'Als mensen al aan kaviaar dachten, dachten ze aan Petrossian. Petrossian wilde mensen laten denken dat zij het monopolie op kaviaar hadden.' Omdat het voor een nieuwkomer erg moeilijk was een contract voor zwarte kaviaar te sluiten met de Russen, begonnen de Engstroms snotolfkuit te verkopen onder het merk Tsar Nicoulai. Begin jaren tachtig waren de sovjets wat gemakkelijker. De Engstroms bouwden een reputatie op als belangrijke leverancier van Kaspische kaviaar aan de westkust. Kaviaar werd het belangrijkste product van hun bedrijf, California Sunshine genoemd, naar hun nieuwe vaderland.

De Engstroms hielden van alle soorten buitenactiviteiten, van skiën tot zeilen. Toen ze op een middag terugkwamen van een zeilexcursie, raakte Mats op de kade in gesprek met een sportvisser. De visser vertelde hem dat hij een witte vrouwtjessteur had gevangen en de kuit mee naar huis nam voor zijn kat. Engstrom vond het beeld van een kat die de waardevolle eitjes oplikte erg grappig. Hij moest de Russen bijna om zwarte kaviaar smeken, terwijl deze Amerikaanse visser hem gewoon weggooide. Nog weken daarna bleef het verhaal in zijn hoofd spelen. De commerciële steurvisserij was sinds 1917 in Californië niet meer toegestaan, maar hij vroeg zich af of er een manier was deze regel te omzeilen; bijvoorbeeld met een kwekerij. Mats en Dafne besloten naar Davis te rijden, een uur ten noorden van San Francisco. De universiteit van Californië had daar een landbouwhogeschool die had geholpen de vruchtbare Napa Valley te transformeren tot een van 's werelds belangrijkste wijngebieden. Mats dacht dat ze misschien geïnteresseerd zouden zijn in het kweken van vis.

Toevallig waren ze in Davis zeer geïnteresseerd in vis. De hogeschool had net een hydrocultuurafdeling opgezet, met de bedoeling viskwekerijen in Californië te stimuleren. Een van de eerste professoren die waren aangenomen, was Serge Dorosjov, een Rus die net van de Sovjet-Unie was overgelopen. Omdat ze ervan uitgingen dat een Russische ichtyoloog wel iets van kaviaar zou afweten, stuurde de hogeschool de Engstrom door naar Dorosjov. Hij had in het prestigieuze Russische Federal Institute of Fisheries and Oceanography gewerkt, waar Igor Boertsev had geleerd kaviaar uit levende steur te halen. Maar Dorosjov wist niets over kaviaar. Hij was gespecialiseerd in gestreepte baars en andere zeevissen. Hij had in zijn leven misschien drie keer kaviaar gegeten.

De Engstroms waren niet de enigen die Dorosjov advies hadden gevraagd over het kweken van steuren. Er waren meer viskwekerijen die ook steur wilden gaan kweken. Toen de universiteit het hydrocultuurprogramma opzette, dachten ze dat ze onderzoek zouden moeten doen naar oesters of meervallen. Maar de universiteit was vooral van plan inheemse soorten uit Californië te bestuderen, en daar viel de steur ook onder. Dorosjov beloofde de Engstroms dat hij zo veel mogelijk te weten zou proberen te komen over het kweken van steuren.

Dorosjov las alles over steuren wat hij kon vinden. Bijna al het onderzoek was door Russen verricht. Maar hij leerde ook een paar dingen van het werk van Maurice Fontaine, een van de bekendste visdeskundigen in Frankrijk. Fontaine was bij ichtyologen bekend door zijn pogingen eind jaren zeventig de sovjetoverheid ervan te overtuigen Frankrijk een paar levende steur te geven om mee te kweken. De Fransen droomden ervan de kaviaarindustrie in de Gironde, waar ooit tonnen kaviaar van de inheemse steur, *Acipenser sturio*, of gewone Europese steur, werden geproduceerd, weer nieuw leven in te blazen. Omdat er te weinig Europese steuren waren, wilden de Fransen in plaats daarvan Siberische steur gaan kweken. De sovjets wilden hun geheimen echter niet zomaar prijsgeven. Kaviaar is een van de weinige Russische producten die overal ter wereld populair zijn en bovendien de nationale trots. Maar Fontaine hield vol. Hij bood aan de kennis die Frankrijk had van forel te ruilen voor steur. Uiteindelijk overtuigde hij de Russen. Het resultaat van Fontaines diplomatie is de Caviar d'Aquitaine-kwekerij in Bordeaux, een van de succesvolste steurkwekerijen ter wereld.

Het feit dat Caviar d'Aquitaine in Frankrijk zoveel succes had met de Siberische steur, betekende nog niet dat in Californië ook witte steur in gevangenschap kon worden gekweekt. Siberische steuren brengen het grootste deel van hun leven in zoet water door, terwijl de witte steur in Californië alleen het zoete water van de rivieren opzoekt om kuit te schieten. En de Siberische steur is sneller volwassen dan de witte steur. Dorosjov wist niet zeker of de Californische vis een kunstmatige omgeving zou overleven. Dorosjovs andere probleem was dat hij eitjes en hom moest zien te verzamelen om een proefgeneratie te creëren.

In 1982 gaf het Department for Fish and Game van Californië de Engstroms toestemming twintig vissen uit de rivieren de Colombia en Sacramento te halen, op voorwaarde dat de exemplaren weer zouden worden uitgezet zodra de eitjes en hom waren verwijderd. Mats ging in de plaatselijke cafés op zoek naar vissers die levende steuren konden leveren voor het experiment. De vissers begrepen niet waarom hij beslist levende steuren wilde hebben, maar ze stemden in. Ze waren nog verbaasder toen Engstrom met dezelfde steuren terugkwamen om ze weer vrij te laten.

Mats merkte ooit op dat het kweken van steur, om kaviaar te produceren, te vergelijken was met het planten van een bos om een papierfabriek op te zetten. Het opzetten van de kwekerij duurde veel langer dan de Engstroms hadden verwacht. Oorspronkelijk hadden ze hun tanks in een oud pakhuis in Sacramento staan. Maar net toen de vissen begonnen te groeien, brandde het pakhuis uit en gingen alle steuren dood. Na die ervaring verhuisden ze de hele operatie naar een plek tussen de rijstvelden van Elverta. Door de brand waren ze enorm voorzichtig geworden en ze installeerden de nieuwste controleapparatuur om te voorkomen dat hun kwekerij weer door een ramp zou worden verwoest. Ze kochten ook een duur waterfilteringssysteem. Dit systeem zorgde voor de afvoer van vissenuitwerpselen en ververste het water op een natuurvriendelijke manier, maar was enorm duur. Ze produceerden niet veel kaviaar, maar omdat Russische kaviaar halverwege de jaren negentig zo goedkoop was, was dat ook niet belangrijk. Niemand was geïnteresseerd in hun eitjes. De Engstroms moesten op zoek naar nieuwe investeerders om de kwekerij open te houden. Uiteindelijk werden ze gedwongen hun eigen aandeel in het bedrijf te verkopen. Stolt, die al op een andere kwekerij in de buurt van Sacramento met steuren had geëxperimenteerd, kocht in 1995 het bedrijf in Elverta. De Engstroms bleven net lang genoeg om de werknemers te leren hoe ze van de kuit kaviaar moesten maken.

Het was voor de twee een bittere ervaring. Maar de Engstroms konden kaviaar maar niet uit hun hoofd zetten. Toen de steurenpopulatie in de Kaspische Zee dramatisch daalde, schraapten ze zo veel mogelijk geld bij elkaar en openden ze in 2000 een nieuwe steurkwekerij die zou moeten concurreren met Stolt.

DE VANGSTEN in de Kaspische Zee waren in het voorjaar van 2000 dramatisch slecht; veel slechter dan iedereen had verwacht. De vissers op de Wolga hadden vergeleken met het jaar daarvoor maar veertig procent van het aantal steuren gevangen. Jevgeni Aptjekar had zich terecht zorgen gemaakt of zijn bedrijf het quotum wel zou halen.

De wetenschappers en natuurbeschermers die een paar jaar daarvoor hun vertrouwen hadden gesteld in de exportbeperkingen, waren teleurgesteld in CITES. De organisatie had allerlei quota en regels opgelegd, maar nog steeds werd er kaviaar het Kaspisch gebied uitgesmokkeld. De Russische overheid leek ook niet echt bereid te zijn de steur te helpen. Terwijl ik in Astrakan was, hield de minister van binnenlandse zaken een toespraak in de stad over strengere controles op stroperij. De lokale televisie liet de dagen daarna zien, hoe de politie illegale netten en lijnen in beslag nam, stropers arresteerde en de meelijwekkende, bruinverbrande zielen geboeid afvoerde. Maar toen ik naar een groenteboer ging in de buurt van het appartement van mijn vriendin Mira, zag ik daar kaviaar liggen voor een prijs die nog lager lag dan midden jaren negentig.

Terwijl de crisis in Rusland toenam, gingen in de Verenigde Staten alarmbellen rinkelen. Sinds CITES handelsbeperkingen had geïntroduceerd, waren de Amerikanen alleen maar verzotter geworden op kaviaar en was

Amerika de grootste afnemer van kaviaar ter wereld geworden. Een resultaat van deze populariteit van kaviaar was een grotere vraag naar de eitjes van soorten die vroeger werden geminacht, zoals de Amerikaanse lepelsteur, waardoor het met deze soorten ook steeds slechter ging. De natuurramp in de Kaspische Zee was niet langer een regionale kwestie. De schokgolven waren overal voelbaar waar steuren met moeite stroomopwaarts zwommen om kuit te schieten: van de rivier de Amoer langs de Chinees-Russische grens tot de Donau in Roemenië en de Mississippi in Amerika.

Terwijl de pessimistische vangstrapporten uit de Kaspische Zee binnenkwamen, begonnen verschillende Amerikaanse natuurorganisaties hun zorgen te uiten over CITES' vermogen de stroperijen te stoppen. In het najaar van 2000 besloten drie organisaties, de Natural Resources Defense Council, de Wildlife Conservation Society van de Bronx Zoo en SeaWeb, hun krachten te bundelen om CITES te dwingen strengere maatregelen te nemen om de steur te redden.

Het bleek moeilijk het trage bureaucratische systeem van CITES tot actie te bewegen. De drie organisaties besloten de media te informeren over hoe de steur in de Kaspische Zee werd afgeslacht, net zoals TRAFFIC dat in 1996 had gedaan. Dit rapport, getiteld 'Roe to Ruin' ('Het is uit met de kuit') bevatte veel dezelfde informatie, maar kwam met een veel radicalere conclusie. Omdat de bestaande handelsbeperkingen de slachting niet hadden kunnen tegenhouden, vonden zij dat er een direct verbod op beloega-kaviaar moest komen. De beloega is de grootste, bekendste en oudste steur ter wereld. Volgens de schatting in het rapport waren er nog minder dan achttienhonderd volwassen vissen in de Wolga over.

Om een zo groot mogelijke impact te hebben besloot de coalitie het rapport te presenteren tijdens een grote CITES-bijeenkomst. De bijeenkomst werd gehouden in de Verenigde Staten; in het trainingscentrum van de Fish & Wildlife Service, op de glooiende heuvels van Shepherdstown, in West Virginia, een uur rijden van Washington. Na aandringen van de coalitie stemde CITES toe tijdens de vergadering een verbod op beloega te bespreken.

Terwijl de afgevaardigden zich verzamelden in de lobby van het rustiek-landelijk ingerichte gebouw, rimpelden de woorden 'ban' en 'beloega' zich door de zaal, alsof iemand een steen in het water had gegooid. CITES-bijeenkomsten bestaan gewoonlijk uit saaie opsommingen van regels, voorschriften en statistieken. Maar dit keer zat de bezoekersgalerij helemaal vol en leek het alsof iedereen een tolkentoestel droeg. De bijeenkomst leek ook een beetje op een reünie. Caroline Raymakers, die het TRAFFIC-rapport had geschreven, en Rosemarie Gnam, die haar baan bij de Fish & Wildlife Service had opgezegd om bij het Amerikaans Natuurhistorisch Museum te gaan werken, zaten tussen de afgevaardigden. Op de galerij zaten Mats Engstrom en Armen Petrossian naast steurenwetenschappers als David Secor, van het biologisch laboratorium in Chesapeake, en Ellen Pikitch van de Wildlife Conservation Society. Opvallende afwezige was Vadim Birstein, die niet langer contact had met CITES. Nog opmerkelijker, en zorgwekkender, was dat Kazakstan geen afgevaardigde had gestuurd om het voorgestelde verbod te bespreken, ondanks dat dit land de grootste populatie beloega ter wereld heeft.

De sterren van de bijeenkomst waren de twee Iranese afgevaardigden, Mohammad Pourkazemi, hoofd van het staatskaviaarbedrijf, Shilat Trading, en de directeur, Mohammad Hosseini. Ze werden als helden binnengehaald. Slechts een paar maanden daarvoor hadden de Verenigde Staten het dertien jaar oude embargo op Iranese kaviaar opgeheven. Niet alleen wees hun aanwezigheid tijdens de CITES-bijeenkomst op een warmere relatie met de Verenigde Staten, het gaf CITES ook de mogelijkheid op te scheppen over het enige succes dat de organisatie had geboekt. Iran werd gezien als de enige Kaspische staat die zijn eigen steurpopulatie niet probeerde uit te roeien. Het had de visserijen zo georganiseerd dat er altijd genoeg steur zou zijn om de steur te vervangen die in de visnetten terechtkwam. Door miljoenen kleine steuren in de zee uit te zetten en de vangsten nauwkeurig bij te houden was Iran erin geslaagd de steurenpopulatie te stabiliseren. Amerikaanse en Europese ambtenaren zwermden als vliegen om de twee Iraniërs, die uitlegden hoe hun kwekerijen en het visvolgprogramma werkten en die vragen beantwoordden. Iran, ooit bestempeld als internationale paria, werd tijdens de CITES-bijeenkomst als modelburger opgevoerd.

Hoewel er in de drie jaar dat de steur op de lijst met bedreigde diersoorten stond, veel was gebeurd, bleven de argumenten over een verbod op beloega rond hetzelfde standpunt draaien. De fervente milieuactivisten klaagden dat het immoreel was de delicatesse te verkopen wanneer er zo weinig steuren over waren. De meer pragmatische types brachten daartegen in dat de lucratieve kaviaarhandel noodzakelijk was om de Kaspische staten genoeg financiële stimulansen te geven om de steur te redden. 'We willen de handel niet ondergronds drijven', herinnerde Marinus Hoogmoed, de norse Nederlander die de discussie voorzat, de afgevaardigden. 'We willen goed management belonen.'

Maar Liz Lauck, van de Wildlife Conservation Society, vertelde me later dat ze dacht dat het te laat was de Kaspische staten op deze manier te wijzen op hun verantwoordelijkheid. 'Het idee kaviaar te gebruiken als prikkel om de natuur beter te beheren, is een krachtig argument. Maar wanneer een soort zo wordt bedreigd als in het geval van de beloega, kun je geen enkele vis meer uit het systeem halen', beweerde zij. De lelijke beloega was al verdwenen uit de Adriatische Zee, de Zee van Azov, de rivier de Po in Italië, de Morava in Tsjechië en de Donau in Hongarije. Het voortbestaan in de Wolga was bijna helemaal afhankelijk van de kwekerijen, en Iran en Kazakstan waren de laatste plekken waar de beloega nog natuurlijk kuit kon schieten. Ik vroeg Sue Liebermann, die bij de CITES-bijeenkomst de Fish & Wildlife Service vertegenwoordigde, wat de Verenigde Staten zouden doen als het een vis had die zich in dezelfde situatie bevond als de beloega. Natuurlijk zou er dan een verbod komen, antwoordde ze snel. 'Natuurlijk, als het bij ons met de beloega zo ging als in de Kaspische Zee, zouden we de visindustrie stoppen. Dat hebben we al gedaan voor vissoorten waarmee het veel minder slecht gaat dan met de beloega.'

Na nog naar verschillende argumenten te hebben geluisterd, leken de afgevaardigden eerder verward dan verdeeld en werd Hoogmoed steeds ongeduldiger. Hij klaagde dat het steurprobleem veel te ingewikkeld was voor zo'n grote groep afgevaardigden en stelde voor een kleinere werkgroep te vormen om een compromisvoorstel te formuleren. Deze werkgroep stond open voor iedereen die belang had bij de kaviaarindustrie, van producenten tot wetenschappers. Het was al laat in de middag en iedereen was moe. Terwijl de afgevaardigden voor een korte pauze de zaal verlieten, herinnerde Hoogmoed iedereen eraan dat deelnemers die zich wilden opgeven voor de werkgroep zich bij hem moesten melden.

Ik ging naar de lobby om koffie te halen en zag twee Russisch sprekende mannen apart staan. Niemand praatte verder met hen, dus stelde ik mij voor. De kortere man, gekleed in een tweedjasje, was Vladimir Shevljakov, de attaché voor het visserijwezen aan de Russische ambassade in Washington. Naast hem stond een lid van de Russische visserijcommissie, een reus in een slecht passend blauw pak, genaamd Sergej Nikonorov. Geen van beiden had tijdens de vergadering iets gezegd, dus wilde ik graag hun mening horen over de steurcrisis. Ik vertelde hen dat ik dacht dat het jammer was als Rusland zo'n belangrijk deel van de cultuur als kaviaar zou verliezen.

'Kaviaar is niet belangrijk voor de Russische cultuur', reageerde Shevljakov. 'Olie is belangrijk voor de Russen.'

Ik was ietwat overdonderd door zijn botheid, en volgens mij Nikonorov ook. Later, toen we alleen waren, vertelde Nikonorov mij dat hij in Astrakan was geboren. Zijn vader was visbioloog geweest en hij had hem in zijn voetsporen gevolgd. Hij vond het moeilijk nu te moeten toekijken hoe olie voorrang kreeg boven de steur. Hij zei dat een grote Russische olieraffinaderij al een bron had aangeboord in de ondiepe Noord-Kaspische Zee, een gebied dat als kweekvijver fungeerde voor jonge steuren. 'Ik weet zeker dat dit heel slecht is voor de steuren', verzuchtte hij. 'Het is nu een keuze tussen olie of de natuur.' Het was wel duidelijk welke zou winnen. Het beste wat Rusland nu kon doen, zo dacht hij, was steurenembryo's verzamelen en deze invriezen. 'Over honderd jaar, als er geen olie meer in de Kaspische Zee is, kunnen we deze dan gebruiken om de natuur weer op te bouwen.'

Shevljakov kwam een paar minuten later weer terug en ik vroeg hem wat hij aan de werkgroep zou voorstellen. Hij zei dat hij niets over een werkgroep had gehoord. Dat vond ik vreemd, omdat Hoogmoed hier langdurig over had gesproken en Shevljakov perfect Engels sprak. Ik vertelde Shevljakov en Nikonorov dat ze zich moesten aanmelden als ze deel wilden nemen aan de discussie over de ban op beloega. 'O ja, dat moet ik zeker doen', zei Shevljakov hevig knikkend.

Toen de vergadering weer werd hervat en de afgevaardigden de zaal weer binnendruppelden, zag ik door de ramen van de lobby de twee Russen over het parkeerterrein lopen. Ze stapten in hun auto en reden weg. Van de drie landen waar de beloega nog voorkwam, was er slechts één, Iran, geïnteresseerd genoeg om deel te nemen aan een poging de prehistorische vis te redden.

Uiteindelijk bereikte de werkgroep niet echt veel. De groep kwam samen, voerde een hevige discussie en ging weer uiteen, zonder een verbod aan te nemen op beloegakaviaar. Slechts weinig afgevaardigden voelden iets voor een volledig verbod. Veel geloofden dat het niet eerlijk was voor Iran, dat zo hard leek te werken aan de bescherming van de steur. Dus vroeg CITES, in plaats van een verbod op te leggen, de Kaspische staten nogmaals hun vangstquota te verlagen. Dit was minder dreigend dan een volledig verbod op beloega.

Maar vier van de vijf Kaspische staten weigerden. De vier voormalige sovjetstaten hielden vol dat de bestaande quota prima waren. CITES was verbijsterd over de weerstand. De vier waren bang dat de quota gewoon uit een hoed waren getrokken, zonder enigerlei wetenschappelijke evaluatie van de populaties in de Kaspische Zee. CITES vroeg de vier staten zelf een telling uit te voeren. Zodra de Kaspische staten wisten hoeveel steuren er nog over waren, legde CITES uit, konden *zij* beslissen hoeveel elk jaar mocht worden gevangen. Maandenlang gingen argumenten heen en weer, totdat CITES wanhopig begon te worden. 'Ik ben nog nooit zoveel misverstanden en communicatieproblemen tegengekomen', klaagde een gefrustreerde CITES-medewerker in het voorjaar van 2001 tegen een journalist van de *Wall Street Journal*.

Toen het visseizoen van 2001 begon, waren de quota nog steeds hetzelfde. De vissers gingen terug naar de tonja's aan de Wolga en de Oeral en wierpen hun netten weer uit. De stropers hervatten hun nachtelijke tochten. De vangsten zouden weer lager uitvallen, net zoals het jaar ervoor. Alleen de kaviaarkwekerijen in Californië en Frankrijk boden nog hoop op een toekomst voor de steur.

[1] Amerikaanse zanger (1892-1959). Zong vooral op feesten en partijen.

Epiloog

De laatste reis stroomopwaarts van de steur

Epiloog

De laatste reis stroomopwaarts van de steur

Kaviaar voor boeren is onzin,
Hij is te goed voor de gewone man.

– LIED DOOR RICHARD RODGERS EN LORENZ HART

Achter de toren begon de zee, de volledige gezichtloze, loden, onpeilbare Kaspische Zee, en daar voorbij, de woestijn – scherpe rotsen en dorre planten: stil, stom, onoverwinnelijk, het mooiste landschap ter wereld.

– KURBAN SAID, ALI AND NINO, 1937

Het visseizoen in de Wolga was bijna voorbij. De winden die in het voorjaar over de steppen waaiden, waren veranderd in de slome lucht van de zomer. Je zag nog maar zelden een steur flappend in de netten hangen die de vissers uit het water haalden. Alle vissen die dat voorjaar hadden geprobeerd hun reis te maken, waren al gevangen, of waren op een of andere manier erin geslaagd de netten te ontwijken en hun paaigronden te bereiken. In de tonja's keerden de vissers weer naar hun dorpen terug om in hun moestuinen en rijstvelden te werken. Ik ging weer naar Astrakan om een taxichauffeur te zoeken die mij naar Wolgograd wilde brengen, waar ik een paar dagen op bezoek zou gaan bij de een plaatselijke steurenkwekerij.

De weg van Astrakan naar Wolgograd loopt het grootste deel van de vierhondertachtig kilometer langs de rechte, rustige rivier de Wolga, en terwijl we naar het noorden reden, realiseerde ik me dat we dezelfde route volgden als de paar steuren die aan de vissers waren ontsnapt. Twee eeuwen geleden, toen steuren helemaal naar Kostroma zwommen, het middeleeuwse centrum van Rusland, zou dit deel van de Wolga hebben gewemeld van de migrerende steuren. In Wolgograd had de steur nog maar een derde van zijn totale reis afgelegd.

We konden Wolgograd ruiken voordat we de stad zagen. De stad gaf een licht alkalische geur af. Nadat Stalin de rivier had afgesloten met een enorme hydro-elektrische dam, werd de vroegere buitenpost van de tsaren het industriële centrum van de steppe. Chemische fabrieken doemden op aan de horizon als middeleeuwse forten met spitse torens. De fabrieken lagen aan de rivier en loosden het meeste afval in het water. Langs de weg stonden nog steeds groepjes kleurrijk geverfde houten huizen, alsof de bewoners de veranderingen in hun omgeving niet hadden opgemerkt. De landelijke huizen maakten snel plaats voor de eerste flatgebouwen in sovjetstijl. Wolgograd is een langgerekte stad op de linkeroever van de rivier, en de flatgebouwen lijken op schakels in een lange keten. We draaiden uiteindelijk van de rivier af richting het centrum van de stad, een leeg plein waaraan verschillende officiële gebouwen stonden, en parkeerden voor het Intourist Hotel, gebouwd in de door Stalin zo geliefde Gotische bruidstaartstijl, een miniatuurversie van de enorme torens in Moskou.

Sergej Maltsev arriveerde bij het hotel in zijn groene Niva-jeep. Toen ik hem belde om te vragen of hij me over de kwekerij kon rondleiden, vertelde hij me dat ik een paar dagen nodig zou hebben om te zien hoe het allemaal werkte in Wolgograd en daarom bood hij gul een slaapplaats aan. Maltsev had dikke getinte glazen, zodat het in het begin wat moeilijk was zijn gezichtsuitdrukkingen te lezen, maar hij was zeker hoffelijk. Hij omarmde me toen ik mezelf voorstelde. Hij was zo hoffelijk en netjes dat ik bang was dat hij een buiging zou maken, toen hij de deur van de Niva opende om me te laten instappen.

Maltsev was plaatsvervangend hoofd van de kwekerij in Wolgograd, die was gebouwd op een eiland in de Wolga, net ten zuiden van de dam.

De kwekerij werkte ongeveer zoals de steurkwekerij van Stolt, behalve dat de vissen hier in de rivier werden vrijgelaten wanneer ze tussen de acht en tien centimeter groot waren. De vissen waren dan te groot om door de happige sterlet, een riviersteur, te worden opgegeten en konden voor zichzelf zorgen. De kwekerij in Wolgograd produceerde elk jaar een miljoen jonge visjes, hoewel dit minder was dan voor de val van de Sovjet-Unie. Begin jaren negentig werd de overheidssubsidie ingetrokken en besloot de kwekerij geld te verdienen door bevruchte steureitjes te verkopen aan viskwekerijen in Uruguay, Sri Lanka, Hawaï en Australië, een optie die ooit verboden was om het zwaarbeveiligde 'recept' van de steurenkweek geheim te houden. Maar voor de kwekerij was deze buitenlandse concurrentie niet meer van belang en ze verkocht nu met plezier bevruchte eitjes aan iedereen die 4400 euro per kilo wilde betalen: ongeveer tien keer zoveel als voor niet-bevruchte eitjes werd betaald. 'Iedereen kan tegenwoordig steur gaan kweken', zei Maltsev blij. Alle plekken die hij noemde, lagen op het zuidelijk halfrond, waar nooit inheemse steur had bestaan. Kwekerijen hebben allemaal een eigen plekje, volgens Maltsev, maar 'het grotere probleem is het beschermen van de natuurlijke paaigronden van de steur. We moeten voorkomen dat de stand van de steur de kritieke ondergrens bereikt, anders zal de soort zich niet kunnen herstellen. We zijn al bijna op dit beslissende punt aanbeland.'

We reden verder naar het noorden langs de rivier, richting de enorme Wolgograddam. Maltsev wilde me het laatste project van de kwekerij laten zien. Onderweg wees hij een paar van de fabrieken aan die aan de rivier lagen. De vervuilingsniveaus waren gedaald, omdat zoveel bedrijven na 1991 failliet waren gegaan. Nu werden sommige weer opgestart. Dit was goed nieuws voor de mensen in Wolgograd, maar slecht nieuws voor de vissen, die al deze PCB's en zware metalen in hun vetweefsel opslaan. Maltsev leek de rol van vervuiling in de huidige crisis voor de steur te verwerpen, net zoals hij de effecten van de dam en de stropers lager inschatte. 'Er is iets geheimzinnigs aan de hand. Vijftien jaar geleden hadden we dammen, vervuiling en stropers, maar vingen we nog 25.000 ton steur.' Een paar jaar geleden had de kwekerij rotsblokken in het water rondom het eiland aan de voet van de dam gelegd om een kunstmatige paailocatie te creëren voor de steur. In het voorjaar zwommen duikers dan door grote wolken visjes. Dit jaar waren er volgens de duikers geen steurenbaby's te vinden.

Maltsev vergat een van de belangrijkste redenen waarom het zo slecht ging met de steur: kaviaar was voedsel voor de massa geworden. De steureitjes, oorspronkelijk voedsel voor boeren, werd later door rijke kenners als delicatesse ingelijfd. Maar toen de laatste honderd jaar de pleziertjes en luxeartikelen van de rijken toegankelijk werden voor steeds meer gewone mensen, gebeurde dit ook met kaviaar. Na de val van het communistische kartel werd kaviaar gedemocratiseerd en getransformeerd tot een algemeen verkrijgbare delicatesse, die op treinstations en luchthavens aan reizigers werd verkocht. Nu denken zowel werkloze boeren die 's nachts hun lijn uitgooiden, en ambtenaren die in restaurants dineerden, hun dromen te kunnen realiseren via steureitjes.

Het probleem is dat er niet genoeg steuren in de regio zijn om een hele wereld te voeden. De lokale steurenpopulaties volstonden slechts voor de lokale bevolking. Dit geldt voor veel planten en dieren. De meeste kunnen niet op grote schaal worden verhandeld, tenzij ze rigoureus worden gedomesticeerd en gecultiveerd.

De Niva reed via een steile, bochtige weg naar de basis van de dam. Hoewel het maar vierenhalve kilometer was naar de andere oever, was de andere kant van de dam niet te zien. Maltsev parkeerde de auto voor een muurschildering van arbeiders die een prachtige toekomst tegemoet lopen, en gebaarde me dat ik hem door een deur achter hun benen moest volgen. We kwamen in een trappenhuis en daalden daar de lange trappen af. Terwijl we naar beneden liepen, hoorde ik gerommel, vergelijkbaar met het ruisen van de zee dat je hoort als je een schelp tegen je oor houdt. Het gerommel werd steeds luider. Het licht in de dam was troebel en vochtig, net als in het pakhuis bij Stolt. Toen we helemaal beneden waren, zagen we een rij glanzende rode machines op spichtige poten: de turbines in het binnenste van de dam. Het doffe gebulder was het geluid van de rivier zelf, die nutteloos tegen 54 miljoen ton beton beukte.

We liepen een grote zaal binnen, waar alleen een paar grote tanks stonden. Maltsev wees er trots naar. Deze waren voor de babysteuren.

Zijn kwekerij was van plan kaviaar te gaan kweken in de dam. De vochtige omstandigheden waren perfect voor het kweken van vis, legde Maltsev uit, en het hydro-elektrische bedrijf had de ruimte niet meer nodig. Sinds de Sovjet-Unie failliet was gegaan, waren de turbines hier uitgezet. Binnen het beest dat zoveel steuren het leven had gekost, zag Maltsev een toekomst waarin nieuwe steuren zouden worden geboren. De dam zou de steur redden.

Het was allemaal al geregeld. De Russische overheid had zelfs toegestemd het project een bescheiden subsidie toe te kennen, evenals het hydro-elektrische bedrijf dat de dam exploiteerde. Maltsev hoopte dat ook buitenlandse investeerders interesse zouden krijgen. Een verdieping onder de vistanks had Maltsev een hele andere kwekerij opgezet: hier werden wormen gekweekt. Hij was van plan de steur hetzelfde voer te geven als ze in de natuur ook kregen, zodat de eitjes naar de zee zouden smaken. Deze steuren kregen geen gemalen en tot vlokken geperst visvoer. Zodra de steuren te groot zouden worden voor de tanks, zouden ze naar drijvende bakken in de rivier verhuizen totdat ze volwassen waren.

Het grootste probleem voor de nieuwe kwekerij, zo vertelde Maltsev, was het gebrek aan wilde vissen om een beginpopulatie op te zetten. Volgens zijn berekeningen had de kwekerij eitjes nodig van minimaal vijfhonderd wilde vrouwtjessteuren. In het verleden hadden de sovjets genoeg gehad aan vijf of tien. Stolt was zijn kwekerij begonnen met twintig vissen. Maar Maltsev was ervan overtuigd dat een grotere genetische poel nodig was om gezonde vissen te kweken. Hij wist niet waar hij die vijfhonderd vissen vandaan moest halen. Geen enkele visser was bereid hem hun vissen met eitjes te geven en van zijn budget kon hij geen koeien kopen.

Het gebrek aan geld en middelen weerhield Maltsev er niet van grote plannen te maken. Gezien de locatie in de Wolga, de moeder van alle steurenrivieren, voelde hij een verantwoordelijkheid een kwekerij te creëren die de natuur zo veel mogelijk imiteerde. Toch waren dergelijke reddingspogingen soms even schadelijk voor de natuur als stropers. Hoe groter de kwekerij werd en hoe meer steuren Maltsev in zijn drijvende bakken uitzette, hoe meer uitwerpselen en overgebleven voer zich op de rivierbodem zou ophopen. De golven zouden dit afval meevoeren naar zee, waar de natuurlijke leefomgeving van de steur verder werd vervuild. Sommige gekweekte steuren zouden uit de bakken ontsnappen en gaan paren met wilde vissen, wat zou resulteren in genetische fouten en de verspreiding van ziekten. In een poging de kwakkelende steur te redden en te behouden, worden wij er als mensen aan herinnerd dat we de natuur altijd veranderen, ook al doen we ons best hem te behouden.

Maltsev zag deze risico's als de prijs die moest worden betaald om dit kleine onderdeel van de waterwereld te redden. De steur zou niet langer de 'pelgrim van de meest illustere wateren' zijn die Ovidius in de Zwarte Zee voor de kust door het water zag dartelen, maar een dier in gevangenschap, voor zijn overleving afhankelijk van menselijke zorg en interventie. Onze honger naar die heerlijke steureitjes zou uiteindelijk ons juk kunnen worden.

Kaviaar is dan wel niets meer dan rauwe viseitjes, toch heeft deze delicatesse iets wat mensen inspireert om te dromen van andere werelden en identiteiten. Niemand heeft tegenstrijdige gevoelens over kaviaar. Degenen die kaviaar haten, haten hem vanuit het diepst van hun hart. Degenen die ervan houden, hebben er alles voor over die exploderende bolletjes op hun tong te kunnen proeven. Als we deze ervaring verliezen, en de vis die de ervaring mogelijk maakt, raken we een deel van onszelf kwijt. De steur verbindt ons met een tijd waarin de wereld nog nieuw was. We hoeven maar een beetje kaviaar te proeven om vervuld te raken van de fluisteringen van een oceaanbries die doet denken aan het eerste moment waarop wij, net als de prehistorische steur, werden opgenomen in de baarmoeder van de zee.

Dankwoord

Dit boek was niet mogelijk geweest zonder de gunsten, het enthousiasme en de goede wil van veel mensen.

Ik had het geluk veel meertalige vrienden te hebben die mij bij dit boek hebben geholpen door buitenlandse boeken op te sporen, officiële documenten te vertalen en me te leiden door het Russische labyrint dat bureaucratie heet. Mira Bergelson en Volodja Sverdlov grepen direct de kans aan om de Wolga-delta rond te reizen op zoek naar stropers en vertaalden hun woorden moeiteloos. Valentina Markova pleegde telefoontjes, regelde interviews en opende vele deuren voor mij. Mijn Russische vrienden nodigden me bij hen thuis uit, gaven me te eten en zorgden ervoor dat ik me tijdens mijn verblijf in Moskou enorm thuis voelde.

In Philadelphia was mijn vriendin Mika Tserousis zo enthousiast geworden over de rol die een Griekse zeekapitein speelde in de ontwikkeling van de kaviaarindustrie dat zij zijn hele levenswandel naploos. Beate Hemmann las me geduldig hardop voor uit Duitse geschiedenisboeken.

Ik ben dankbaar voor de hartelijkheid van verschillende mensen die ik tijdens mijn onderzoek heb ontmoet. Susanne Taylor-Schwerdtfeger verwelkomde mij hartelijk in Hamburg, net zoals Armen Petrossian dat deed in Parijs. David Secor van de biologische laboratoria in Chesapeake verklaarde een groot aantal wetenschappelijke zaken voor mij. Ellen Pikitch bood aan dit manuscript te redigeren en hielp me bij het controleren van wetenschappelijke kwesties. Mats en Dafne Engstrom vertelden mij over hun tijd in de kaviaarwereld. Chuck Edwards gaf me toestemming rond te kijken op een werkende kaviaarkwekerij. Sergej Maltsev was niet alleen een zeer gulle gastheer en toegewijd wetenschapper, maar doneerde ook zeer waardevol archiefmateriaal. Ik ben ook veel verschuldigd aan het Calvert Marine Museum dat brieven en foto's uit het archief beschikbaar stelde. De New Jersey Coastal Heritage Trail verschafte mij ook veel nuttige informatie. De Salem County Historical Society en de Greenwich Township Historical Society waren zeer waardevolle bronnen.

Ook wil ik mijn agenten bedanken, Neal Bascomb en Christy Fletcher, die een uitgever voor mijn boek vonden, en mijn redacteur, Charles Conrad, die het tot een goed resultaat heeft weten te brengen.

Ik zou dit boek nooit hebben kunnen afmaken als mijn bazen bij de *Philadelphia Inquirer* mijn veelvuldige afwezigheid niet door de vingers hadden gezien. Robert Rosenthal, Anne Gordon en Jeff Weinstein gaven me de tijd om dit project te voltooien. Ik wil ook al mijn oplettende vrienden en collega's bedanken, die mij tijdens het schrijven van dit boek wezen op artikelen en programma's over kaviaar die zij tegenkwamen.

En ten slotte wil ik mijn echtgenoot Ken bedanken, een echte vishater, die ervoor zorgde dat ik de tijd kreeg te schrijven, zich aanpaste aan mijn op steuren gerichte wereldje en op de koppige printer paste; mijn dochter Sky, die afbeeldingen van steuren tekende, meeging op steurexpedities en net als ik droomde over kaviaar.

Bibliografie

Aczel, Amir D. The Riddle of the Compass: The Invention That Changed the World. New York: Harcourt, 2001.

Allen, Brigid, red. Food: An Oxford Anthology. New York: Oxford University Press, 1994.

Asimomytis, Vassilis. Ioannis Varvakis. Athene: Kaktos, 2001.

Astrakhan, Time and City. Astrakan: Nova, 1998.

Barrett, Thomas M. At the Edge of the Empire: The Terek Cossacks and the North Caucasus Frontier, 1700-1800. Boulder: Westview Press, 1999.

Beebe, Lucius. 'The Costliest Food.' *Holiday* (September 1955).

Bemelmans, Ludwig. *La Bonne Table.* Boston: David R. Godine, 1989.

Birstein Vadim J., John R. Waldman en William E. Bemis, red. *Sturgeon Biodiversity and Conservation.* Dordrecht/Boston/Londen: Kluwer Academic Publishers, 1997.

Birstein, Vadim J., red. *The Sturgeon Quarterly* 5, nrs. 1-2 (juni 1997).

Birstein, V., P. Doukakis en R. DeSalle. 'Polyphyly of mtDNA lineages in Russian sturgeon, *Acipenser gueldenstaedtii*: forensic and evolutionary implications.' *Conservation Genetics*, 1: 81-88, 2000.

Borodine, N. 'The Ural Cossacks and their Fisheries.' *The Popular Science Monthly*, nr. 6 (oktober 1893): 767.

Chlebnikov, Velimir. *Collected Works of Velimir Khlebnikov: Letters and Theoretic Writings.* Vert. Paul Schmidt. Red. Charlotte Douglas. Cambridge, Mass.: Harvard University Press, 1987.

Chodarkovsky, Michael. *Where Two Worlds Met: The Russian State and the Kalmyk Nomads, 1600-1771*. Ithaca: Cornell University Press, 1992.

Boss, Kit. 'The Great Northwest Caviar Caper.' *Pacific* (13 maart 1994) (magazine van de *Seattle Times*), p. 12.

Burk, John. *The History of Virginia, from its First Settlement to the Present Day*. Petersburg, VA: Dickson and Pescud, 1805.

Chamberlain, Lesley. *Volga, Volga: A Journey Down Russia's Greatest River*. Londen: Picador, 1995.

Chang, K.C., red. *Food in Chinese Culture*. New Haven: Yale University Press, 1977.

Clarke, Edward Daniel. *Travels in Various Countries of Europe, Asia, and Africa. Part the First. Russia, Tartary, and Turkey*. 1811. Herdruk, New York: Arno Press, 1970.

Cobb, John N. *The Sturgeon Fishery of Delaware River and Bay. Report of the Commissioner*. Washington: US Commission of Fish and Fisheries, juni 1899. Part XXV, Government Printing Office.

Coleman, Charles Washington. 'Sturgeon Fishing in the James.' *Cosmopolitan* (1892).

Connor, Bud. *Great White Sturgeon Angling*. Frank Amato, Portland, Oregon, 1996.

Cresson, W.P. *The Cossacks: Their History and Their Country*. New York: Brentano's, 1919.

De Custine, Marquis Astolphe. *Empire of the Czar: A Journey through Eternal Russia*. Herdruk, New York: Doubleday, 1989. Originele uitgave 1839.

De Hell, Xavier Hommaire. *Travels in the Steppes of the Caspian Sea*. Londen: Chapman and Hall, 1847.

De Meulenaer, T., en C. Raymakers. *Sturgeons of the Caspian Sea and the International Trade in Caviar*. Cambridge, Groot-Brittannië: TRAFFIC International, 1996.

De Rohan-Csermak, Geza. *Sturgeon Hooks of Eurasia.* Chicago: Aldine, 1963.

Dieckmann & Hansen. *125 Years, 1869-1994.* Hamburg: Dieckmann & Hansen, 1994.

Dodds, Richard J.S. *Solomons Island and Vicinity: An Illustrated History and Walking Tour.* Solomons Island, MD: Calvert Marine Museum, 1995.

Dorsey, Hebe. *The Age of Opulence.* Londen: Thames and Hudson, 1986.

Dumas, Alexandre. *Adventures in Czarist Russia.* Vert. en red. A.E. Murch. Londen: Owen, 1960.

Dumas, Alexandre. *Le Grand Dictionnaire de Cuisine. Vol. 3. Poissons.* 1873. Herdruk, Payré, Frankrijk: Edit-France, 1995.

Feodoroff, Nicholas V. *History of the Cossacks.* Commack, NY: Nova Science, 1999.

Forster, George. *A Journey from Bengal to England through the Northern Part of India, Kashmire, Afghanistan, and Persia, and into Russia by the Caspian-Sea. Vol. 2.* Londen, 1798. Herdruk, Languages Department Punjab, 1970.

Friedland, Susan R. *Caviar: A Cookbook with 100 Recipes, A Guide to All Varieties.* New York: Charles Scribner's Sons, 1986.

Gemelin, Samuel. *Travels in Russia in Three Domains, Cherkass to Astrakhan, 1769 to 1770.* Sint-Petersburg, Rusland: St. Petersburg Academy of Sciences, 1773.

Georgacas, Demetrius J. *Ichthyological Terms for the Sturgeon and Etymology of the International Terms for Botargo, Caviar and Congeners: A Linguistic, Philological, and Historical Study.* University of North Dakota Press, 1978.

Georgi, Johann Gotlieb. *Russia: Or a Compleat Historical Account of all Nations which Compose the Empire.* Vert. William Tooke the Elder. Vol. 4. Londen, 1783.

Glants, Musya, en Joyce Toomre, red. *Food in Russian History and Culture.* Bloomington: Indiana University Press, 1997.

Glavin, Terry. *A Ghost in the Water.* Vancouver: New Star Books, 1994.

Gödecken, Horst. *Der königliche Kaviar.* Hamburg: Heinrich Siepmann Verlag, 1969.

Goode, George Brown. *The Fisheries and Fishing Industry of the United States.* Washington: Government Printing Office, 1884.

Grigson, I. *Fish Cookery.* Londen: Penguin Books, 1973.

Hanway, Jonas. *An Historical Account of British Trade over the Caspian Sea, with the Author's Journals of His Travels from London through Russia into Persia and Back Again through Russia, Germany and Holland.* Londen, 1754.

Herodotus. *The Histories.* Vert. Aubrey de Sé Incourt. Baltimore: Penguin Books, 1954.

Hildebrand, Samuel F., en William C. Schroeder. *Fishes of the Chesapeake Bay.* Bulletin 513, U.S. bureau of fisheries, 1972 Herdruk, Smithsonian.

Holmes, William Richard. *Sketches on the Shores of the Caspian, Descriptive and Pictorial.* Londen: R. Bentley, 1845.

Hosmer, Dorothy. 'Caviar Fishermen of Romania.' *National Geographic* (maart 1940).

Ian, Vasilii. *Batu-Khan: A Tale of the 13th Century.* Vert. Lionel Erskine Britton. Londen: Hutchinson International Authors, 1945

Ivanov, V.P. *Biological Resources of the Caspian Sea.* Astrakan: KaspNIRKH, 2000.

Koerlanski, Mark. *Salt: A World History.* New York: Walker, 2002.

Koerlanski, Mark. *Cod: A Biography of the Fish That Changed the World.* New York: Walker, 1997.

Kraft, Herbert C. *Lenni Lenape: Archaeology, History, and Ethnography.* Newark: New Jersey Historical Society, 1986.

Krasinski, Count Henry. *Cossacks of the Ukraine.* Londen: Partridge and Oakley, 1848.

Lazlo, Pierre. *Salt, Grain of Life.* Vert. Mary Beth Mader. New York: Columbia University Press, 2001.

LeBrun, M. *The Present State of Russia. Vol. 2, part 6. Observations on his Journey through Russia and Persia.* Herdruk, New York: Da Capo Press, 1968.

Lord Kinross. *The Ottoman Centuries: The Rise and Fall of the Turkish Empire.* New York: Morrow, 1977.

Mathisen, Ole A., en Donald E. Bevan. *Some International Aspects of Soviet Fisheries.* Columbus: Ohio State University Press, 1968.

May, Col. John. *Journals, relative to a journey to the Ohio Country.* 1789, archieven van de Pennsylvania Historical Society.

Molochovets, Elena. *A Gift to Young Housewives.* Vert. Joyce Toomre. 1897. Herdruk, Bloomington: Indiana University Press, 1998.

Norman, Barbara Makanowitzky. *Tales of the Table: A History of Western Cuisine.* Englewood Cliffs, N.J.: Prentice Hall, 1972.

Olearius, Adam. *The Travels of Olearius in Seventeenth-Century Russia.* Vert. en red. Samuel H. Baron. Stanford: Stanford University Press, 1967.

Oliphant, Lawrence. *The Russian Shores of the Black Sea.* 1853. Herdruk, Keulen: Könemann, 1999.

Parkinson, John. *Tour of Russia, Siberia and the Crimea, 1792-1794.* Red. William Collier. Herdruk, Londen: Frank Cass, 1971.

Perry, Captain John. *The State of Russia Under the Present Czar.* 1716. Herdruk, Londen: Da Capa Press, 1967.

Popkin, Susan A., en Roger B. Allen. *Gone Fishing: A History of Fishing in River, Bay and Sea.* Tentoonstellingscatalogus Philadelphia Maritime Museum, 1987.

Putnam, Peter. *Seven Britons in Imperial Russia, 1698-1812.* Princeton: Princeton University Press, 1952.

Radcliffe, William. *Fishing from the Earliest Times.* Chicago: ARES, 1921.

Raleigh, Donald J. red., en A.A. Iskenderov, comp. *The Emperors and Empresses of Russia: Rediscovering the Romanovs.* Armonk, N.Y.: M.E. Sharpe, 1996.

Ramade, Frédéric. *L'Universe du Caviar.* Parijs: Editions Solar, 1999.

Riasanovski, Nicholas V. *A History of Russia.* New York: Oxford University Press, 1963. Eerste ed. 1963, mijn ed. 1984.

Riddervold, Astri, en Andreas Ropeid, red. *Food Conservation: Ethnological Studies.* Londen: Prospect Books, 1988.

Rieber, Alfred. *Merchants and Entrepreneurs in Imperial Russia.* Chapel Hill: University of North Carolina Press, 1982.

Rostovtseff, M. *Iranians and Greeks in South Russia.* Oxford: Clarendon Press, 1922.

Royle, J.F. *On the Production of Isinglass along the Coast of India.* Londen: Wm. H. Allen, 1842.

Ryder, John A. *The sturgeons and sturgeon industries of the eastern coast of the United States, with an Account of Experiments bearing upon Sturgeon Culture, pages 231-328.* Bulletin van de U.S. Fish Commission, 1888. Washington, vol. VIII.

Rundquist, Jane. 'Fishing and Utilization of Sturgeon by Aboriginal Peoples of the Pacific Northwest.' Paper geschreven voor Sierra Aquafarms, Inc., 1994. San Francisco.

Shulz, A. Ya. *Researchers into Fishery Conditions in Russia.* Rapport aan het State Properties Ministery, Sint-Petersburg, vol. 4, 1861.

Sebold, Kimberly R., en Sara Amy Leach. *Historic Themes and Resources Within the New Jersey Coastal Heritage Trail.* Washington: U.S. Department of Interior, 1995.

Secor, D.H., en R. Waldman. *Historical Abundance of Delaware Atlantic Sturgeon.* Transacties van de American Fisheries Society, 1999.

Shephard, Sue. *Pickled, Potted and Canned: How the Art and Science of Food Preserving Changed the World.* New York: Simon & Schuster, 2001.

Sim, Mary B. *Commercial Canning in New Jersey: History and Early Development.* Trenton: New Jersey Agricultural Society, 1951.

Skinner, John E. *A Historical Review of the Fish and Wildlife Resources of the San Francisco Bay Area.* California Department of Fish and Game, juni 1962.

Smith, R.E.F., en David Christian. *Bread and Salt: A Social and Economic History of Food and Drink in Russia.* Cambridge: Cambridge University Press, 1984.

Sobel, Dava, vert. *Letters to Father: Suor Maria Celeste to Galileo, 1623-1633.* New York: Walker, 2001.

Somerville-Large, Pater. *Caviar Coast.* Londen: Hale, 1968.

Speer, Lisa, *et al. Roe to Ruin: The Decline of Sturgeon in the Caspian Sea and the Road to Recovery.* National Resources Defense Council, Wildlife Conservation Society en Sea Web, december 2000.

Sternin, Vulf, en Ian Dore. *Caviar: The Resource Book.* Moskou: Cultura, 1993.

Stockard, Charles R. 'Our New Caviar Fisheries.' *Century Magazine,* juli 1908.

Stoddard, Charles Augustus. *Across Russia: From the Baltic to the Danube.* New York: Charles Scribner's Sons, 1891.

Stutz, Bruce. *Natural Lives, Modern Times: People and Places of the Delaware River.* New York: Crown, 1992.

Tannahill, Reay. *Food in History.* New York: Stein and Day, 1973.

Taylor, William W., en C. Paola Ferreri, red. *Great Lakes Fisheries Policy and Management: A Binational Perspective.* East Lansing: Michigan State University Press, 1999.

Thomazi, Auguste. *Histoire de la Pêche, des ages de la pierre a nos jours.* Parijs: Payot, 1947.

Tompkins, Calvin. *Living Well Is the Best Revenge.* New York: Viking Press, 1971.

Toussaint-Samat, Maguelonne. *A History of Food.* Vert. Anthea Bell. Cambridge, Mass.: Blackwell, 1994. Mijn ed., 1992: Zie catalogus van de universiteit van Pennsylvania.

Tower, Walter Sheldon. 'Passing of the Sturgeon.' *Popular Science Monthly*, oktober 1908.

Ure, John. *The Cossacks.* Londen: Constable, 1999.

Vaisman, A., en V. Gorbatovski, red. *Wild Animals and Plants in Commerce in Russia and CIS Countries.* Moskou: TRAFFIC Europe, 1999.

Volok, Anne, met Mavis Manus. *The Art of Russian Cuisine.* New York: Macmillan, 1983.

Waldman, John R., en David H. Secor. 'Caviar Trade in North America: An Historical Perspective.' *Proceedings of the Symposium on the Harvest, Trade and Conservation of North American Paddlefish and Sturgeon.* Washington: TRAFFIC North America en het WNF, 1999.

Weigley, Russell F., red. *Philadelphia: A 300-Year History.* New York: W.W. Norton, 1982.

White, William C. 'Fishy Breezes from Soviet Astrakhan.' *Asia*, oktober 1931.

Wildes, Henry Emerson. *The Delaware.* New York: Farrar & Rhinehard, 1940.

Williamson, Douglas F., George W. Benz en Craig M. Hoover, red. *Proceedings of the Symposium on the Harvest, Trade and Conservation of North American Paddlefish and Sturgeon.* Washington: TRAFFIC North America en het WNF, 1999.

Register

Over de auteur

Inga Saffron, al vijftien jaar werkzaam als correspondente voor de Philadelphia Inquirer, heeft tijdens haar journalistieke loopbaan zowel geschreven over buitenlandse als binnenlandse aangelegenheden. Ze was gedurende de chaotische periode na de val van de Sovjet-Unie midden jaren negentig vier jaar lang correspondente voor de krant in Moskou. Dankzij haar werk kon ze veel door de voormalige Sovjet-Unie reizen en bracht ze diverse bezoeken aan de Kaukasus en Centraal-Azië.

Voor, na en tijdens deze buitenlandse reizen was ze lid van de featuresredactie van de Inquirer, waar ze zich specialiseerde in kunst en cultuur. Na haar terugkomst vanuit Moskou in augustus 1998 werd ze benoemd tot architectuurrecensent van de Inquirer.

Voordat ze voor de Inquirer ging werken, woonde ze een paar jaren in Dublin en Parijs als student en freelance-journalist. Ze woont in Philadelphia met haar echtgenoot, schrijver Ken Kalfus.